Auxiliando a humanidade a encontrar a Verdade

ATLÂNTIDA
NO REINO DA LUZ

© 2009 – Conhecimento Editorial Ltda.

ATLÂNTIDA
NO REINO DA LUZ

Todos os direitos desta edição reservados à
CONHECIMENTO EDITORIAL LTDA
www.edconhecimento.com.br
conhecimento@edconhecimento.com.br
Caixa Postal 404 – CEP 13480-970
Limeira – SP – Fone: 19 3451-5440

Nos termos da lei que resguarda os direitos autorais, é proibida a reprodução total ou parcial, de qualquer forma ou por qualquer meio — eletrônico ou mecânico, inclusive por processos xerográficos, de fotocópia e de gravação — sem permissão por escrito do editor.

Projeto gráfico:
Sérgio Carvalho
Projeto da capa:
Sandro Cruvinel (Contati Design)
Revisão:
Meiry Ane Agnese

ISBN 978-65-5727-045-5
3ª Edição – 2020

• Impresso no Brasil • Presita en Brazilo

Dados Internacionais de Catalogação na Publicação (CIP)
(Câmara Brasileira do Livro, SP, Brasil)

Paranhos, Roger Bottini
 Atlântida — No reino da luz / Roger Bottini Paranhos. — volume 1 — 3ª ed. — Limeira, SP : Editora do Conhecimento, 2020.

 ISBN 978-65-5727-045-5

 1. Ficção espírita 2. Espiritismo 3. I. Título

09-08632   CDD – 133.93

Índices para catálogo sistemático:
1. Ficção espírita : Espiritismo : 133.93

Roger Bottini Paranhos

ATLÂNTIDA
NO REINO DA LUZ
Volume 1

3ª edição
2020

A humanidade somente encontrará a felicidade quando reconhecer que a mensagem crística trazida pelos grandes avatares da Terra é o roteiro absoluto para uma vida harmônica.

Hermes

Sumário

Capítulo introdutório
Ainda o universalismo crístico 9
CAPÍTULO 1
Exílio de Capela 29
CAPÍTULO 2
Ano novo solar 53
CAPÍTULO 3
O poder do vril 75
CAPÍTULO 4
O Conselho do Vril 83
CAPÍTULO 5
O mundo primitivo 91
CAPÍTULO 6
Conhecendo um novo mundo 106
CAPÍTULO 7
Três encontros 115
CAPÍTULO 8
Entrevista com Kundô 133
CAPÍTULO 9
O mundo dos sonhos 141
CAPÍTULO 10
Despedida de Atlântida 150
CAPÍTULO 11
As gêmeas 157

Capítulo 12
O treinamento das gêmeas 169
Capítulo 13
Retorno a Atlântida 180
Capítulo 14
Reencontros com Arnach 192
Capítulo 15
Primeiros conflitos 201
Capítulo 16
Em busca da cura 209
Capítulo 17
Ensinamentos de luz 215
Capítulo 18
Fim do sonho 223
Capítulo 19
Reaprendendo a viver 233
Capítulo 20
Alucinando 246

Capítulo introdutório

Ainda o universalismo crístico

Quando dei por mim, estava sentado em confortável poltrona elaborada em um material que não é deste mundo. Abri os olhos e vi um imenso oceano. O vento que vinha do mar me beijava o rosto com uma suavidade muito agradável, enquanto meus cabelos balançavam de um lado a outro, algumas vezes encobrindo minha visão. Decididamente, eu não estava no plano físico, pois havia assumido minha forma de manifestação eterna: aquela que retrata nossa plena identidade milenar no mundo imperecível. O corpo espiritual é de natureza ideoplástica e assume a forma das encarnações ou vivências com que mais temos afinidade no plano astral.

Virei-me para o lado esquerdo e ali vi meu amigo e espírito guardião nesta vivência: Ramiro. Ele estava em pé, com os braços cruzados sobre o peito, meditando; talvez aproveitando a beleza daquele mar sem fim para mergulhar dentro de si. Resolvi não despertá-lo de seu transe místico. Provavelmente já estávamos ali há um bom tempo. O trabalho de me desdobrar para o plano espiritual leva sempre longos minutos. Enquanto me aguardava, o nobre amigo parecia ter se perdido em seus pensamentos mais profundos, viajando pelo imo de sua alma.

À medida que eu recuperava a lucidez no Mundo Maior, resolvi aproveitar aquela bela paisagem para realizar, também, minhas reflexões. Estávamos no cume de um monte não muito alto. Sob nossos pés, um agradável gramado verdejante convidava a descalçar os sapatos e caminhar sobre a relva fofa. Cena maravilhosa! Era o entardecer de um belo dia de Sol, e o clima primaveril daquela praia se fazia muito agradável. Senti vontade inclusive de dar um passeio à beira-mar, caminhar pela areia e sentir a água salgada banhar minhas pernas, lavando-me a alma. Porém minha intuição me dizia que deveríamos aguardar a chegada de Hermes ali mesmo.

Relaxei e passei a refletir sobre todas as loucuras que aconteceram após o lançamento do livro *Universalismo Crístico - O Futuro das Religiões*. Só agora, mais de um ano depois, passei a compreender melhor as insistentes ameaças dos magos negros, protagonizadas por Galeato. Foi necessário que a Terra executasse uma volta completa no Astro-Rei para eu me dar conta da gravidade contida na mensagem libertadora que materializávamos naquele livro. Realmente a visão revolucionária da "consciência espiritual do terceiro milênio" abalou os interesses do império do mal na Terra, e isso não sairia barato para quem colocou essa ideia no papel. Que Deus me proteja hoje e sempre!

É interessante que, mesmo recebendo todos os alertas possíveis, algumas vezes só compreendemos a mensagem quando entramos na "zona de choque". Mas o que passou, passou... Sou como a fênix, renasço de minhas cinzas. E serei assim eternamente. Lutar por um ideal é o alimento de minha alma. Aceito qualquer desafio apresentado pelos mestres da luz, porque na verdade é isso que me traz alegria e me mantém animado para viver nesse mundo de sombras e tristezas. Além disso, sinto-me mais realizado caminhando quilômetros em zonas infernais ao lado de mestres como Hermes do que ficando à toa, apenas tocando flauta em um pretenso paraíso. O paraíso apresentado pelas religiões tradicionais não é para mim, pois é no campo de batalhas que me renovo e conquisto a vitória sobre mim mesmo.

O mundo como está não é o que desejo para meu futuro e para o da humanidade. Jamais me acomodarei ou me adaptarei a ele. Pelo contrário, vou trabalhar sempre para ajudar a mudá-lo. Quero um mundo onde as pessoas tenham consciência espiritual. Trabalharei até o último de meus dias para despertar consciências. É esse o alimento de minha alma, é esse o meu destino!

Ramiro retornou, então, de seu transe e sorriu, satisfeito em ver-me plenamente lúcido na dimensão espiritual.
— Como tu estás, meu amigo?
— Bem... Agora estou muito bem... — respondi reticente. Algumas nuvens negras ainda pairam no horizonte, mas é só uma questão de tempo para o Sol brilhar de forma intensa novamente. Somos filhos eternos de Deus. A Luz sempre brilhará para quem acreditar na vida eterna. Não há depressão que consiga se instalar em corações que já viram a "face" do Criador.

Eu me levantei, então, e nos abraçamos como bons irmãos de longa data. Era impossível não sentir o carinho irradiado pelo querido amigo, durante o amplexo fraternal. Nesse instante, Ramiro falou-me, com um sorriso cativante no rosto:
— Pronto, mano, para narrarmos a fantástica epopeia da Atlântida?

Fiz um sinal afirmativo com a cabeça, admirado com seu comportamento descontraído. Percebi que ele estava se esforçando para evoluir nesse aspecto. As pessoas mudam, tanto no mundo das formas como no reino astral. Somos seres em eterna evolução! Ele, então, prosseguiu:
— Temos que corrigir algumas informações para o trabalho do novo livro. No capítulo único sobre a Atlântida do livro *Akhenaton - A Revolução Espiritual do Antigo Egito*, tu captaste o relato de Hermes como se ele, Ártemis, fosse um homem.

Olhei assombrado para o amigo e perguntei, com indisfarçável curiosidade:
— Mas Ártemis não era homem?

Ele fez um sinal significativo com as sobrancelhas e respondeu:
— Não! Nessa encarnação Hermes era uma mulher fabulosa, que depois passou a ser cultuada como a deusa grega Ártemis, uma das doze divindades do Olimpo e a mais popular entre elas. Inicialmente foi ligada à floresta e à caça, depois, associaram-na também à luz da Lua e à magia. Filha de Zeus e irmã gêmea de Apolo, ficou conhecida pelos romanos como Diana. Claro que essas informações são lendas, assim como todas as divindades criadas a partir de personalidades incomuns.

Coloquei a mão na cabeça e disse:

— Nossa, que mancada! Não percebi que o nome Ártemis é feminino e nem me toquei sobre a deusa grega Ártemis, naquela época.

Caminhei de um lado a outro, coçando o queixo, e completei:

— Sim! Faz muito sentido. E depois Hermes viveu como o grande Toth no antigo Egito e também foi divinizado como o deus da escrita e da sabedoria, na terra de Kemi.

Ele concordou com serenidade e falou:

— Tudo bem! O teu erro é compreensível. Tu apenas estavas preso aos teus paradigmas. Naquela época, tu tinhas mais dificuldade em perceber e aceitar que reencarnamos algumas vezes como homem, outras como mulher, apesar de saberes muito bem disso. São barreiras inconscientes que atravancam nosso progresso.

Concordei com um gesto sincero, enquanto ajeitava os cabelos que eram desalinhados a todo instante pela brisa serena que vinha do mar, e perguntei:

— E eu cometi mais algum erro a respeito disso? Narrei alguma encarnação minha como homem, mas era mulher?

Ele riu da minha preocupação e respondeu:

— Não. Até agora não cometeste esse equívoco. Desde que vieste do sistema de Capela, na constelação do Cocheiro, há mais de 12 mil anos, tu tiveste a grande maioria de tuas encarnações no mundo físico com personalidade masculina.

Meditei sobre o assunto e falei, um pouco decepcionado comigo mesmo:

— Espero que Hermes não tenha ficado chateado com esse meu erro.

Ramiro sorriu e disse-me, de forma jovial:

— Hermes é um irmão compreensivo. Tu bem sabes! Além disso, ele está muito à frente de nós. Pouco se importa com a natureza masculina ou feminina, assim como tu e eu.

O nobre amigo e guardião fez uma pausa estudada em sua exposição e arrematou:

— Ele nem se importou com o fato de tu tentares seduzi-lo nessa existência na Atlântida, quando ele era a grande Ártemis.

Eu me virei rápido para ele e perguntei:

— Fala sério, Ramiro? Eu não fiz isso!

Ele riu, divertindo-se com a situação, e disse, em tom jocoso:
— Brincadeira... Hermes, na personalidade de Ártemis, foi mãe de tua esposa Evelyn.
Olhei para ele com cara de poucos amigos e respondi:
— Brincadeira de mau gosto! Tu não perdes a oportunidade de me esculachar e puxar-me a orelha.
Ramiro apoiou suas mãos em meus ombros, como só os grandes amigos fazem, e falou, com um largo e carinhoso sorriso no rosto:
— Quem mandou você me pedir para ser seu anjo guardião nesta existência? Agora tenho que cumprir meu papel, ou seja, puxar-lhe a orelha a todo instante.
Ele meditou por algum tempo, com o olhar perdido no horizonte, e arrematou, com sua voz denunciando leve emoção:
— Eu preciso fazer isso, meu irmão. Não deves perder o foco de tua missão. Tu não tens ideia da importância de teus relatos para o futuro espiritual da humanidade.
Concordei com um olhar significativo, demonstrando estar ciente da responsabilidade que estava em minhas mãos. Depois voltamos a respirar profundamente o ar puro daquele paraíso e a apreciar a beleza do mar, abraçados, como fazem os grandes amigos que se amam como irmãos.
Nesse instante, fomos envolvidos por uma irradiação de energia que nos deixou em estado de êxtase e de infinita alegria. Percebemos, então, a aproximação de Hermes, que lentamente foi se materializando diante de nós, enquanto caminhava em nossa direção.
Nossos olhos ficaram imediatamente marejados, à medida que aquele ser de imenso amor e sabedoria aproximava-se. Isso sempre acontece conosco ao nos depararmos com o semblante amoroso e amigo de nosso querido mestre, sempre disposto a nos brindar com sua simpatia contagiante, mesmo quando falhamos na luta contra nossos próprios demônios interiores.
Vestindo sua tradicional túnica sacerdotal branca, com os cabelos negros esvoaçantes presos por discreta tiara, ele rapidamente se achegou a nós com um sorriso cativante no rosto.
Com imenso carinho, talvez feliz por ver nossa amizade sincera,

cumprimentou-nos com um forte abraço, unindo-nos em um fraterno amplexo de luz.
Que energia sublime! Algo inesquecível! Como não agradecer mil vezes a Deus por ter o privilégio de interagir de forma tão próxima com um ser do quilate espiritual de Hermes Trimegisto? Impossível. Esses séculos de luta pela libertação e aquisição de lucidez espiritual não poderiam ser melhor recompensados.
— Meus queridos irmãos, bom revê-los — disse-nos o grande mestre, de forma jovial.
Em seguida, fizemos uma sutil reverência, demonstrando toda a nossa admiração e gratidão àquele que tantas vezes nos mostrou o caminho da Luz. Ele rapidamente quebrou o clima formal imposto por nós e convidou-nos a caminhar pela praia. Fiquei especialmente animado. Estava ansioso por descer a colina e banhar-me naquela água revigorante.
Ramiro, de forma cortês e elegante, informou-nos que outras atividades urgentes o aguardavam. Ele sabia que Hermes necessitava falar comigo em particular e partiu, sem alarde. Despedimo-nos de meu guia protetor com um olhar significativo.
Em seguida, caminhamos por alguns minutos apreciando a dádiva daquela natureza paradisíaca, até que Hermes me perguntou:
— E as lutas da vida humana, Roger? Percebo teus dilemas, diante das fortes emoções que tu viveste nos últimos tempos.
Eu concordei com um gesto espontâneo e falei, sem reservas, enquanto apreciávamos o voo sereno das aves à beira-mar:
— Hermes, outros devem seguir o Universalismo Crístico com urgência. Sinto-me como um "boi de piranha", sendo atacado pelas trevas. Se outros não atravessarem o rio junto comigo, não aguentarei sozinho esse ataque impiedoso. Onde estão os eleitos do Cristo, que não se manifestam? Estão dormindo? Por que não despertam para seu compromisso de instaurar a Nova Era na Terra? Sinto-me como um fugitivo de meus próprios fantasmas. Tenho medo. Sim, temo; não por mim, mas sim pelo futuro do projeto Universalismo Crístico na Terra.
Os magos negros raras vezes conseguem atuar diretamente

sobre mim, por causa da intervenção de Ramiro e de toda a equipe, portanto, estão atacando a tudo e a todos. Qualquer pessoa que desperta do mundo das ilusões e se mobiliza para estimular a mudança em outros logo é assediada, com o objetivo de desanimá-la. Poucos são os guerreiros que resistem bravamente e não abandonam o ideal libertador do Universalismo Crístico.

Hermes colocou sua destra sobre meu ombro, tentando acalmar-me, enquanto caminhávamos pela praia, e disse, com sua voz serena e impregnada da mais pura sabedoria:

— Jesus já nos falou sobre isso na parábola do semeador. Aqueles que desistem diante das primeiras adversidades são as sementes lançadas em meio aos espinhos... Nós não temos o controle absoluto sobre tudo o que ocorre no plano físico. As coisas vão acontecer, devem acontecer, mas não podemos interferir no livre-arbítrio do mundo. Só nos resta gritar cada vez mais alto para que o homem desperte de seu mundo de ilusões e enxergue a visão libertadora e desprovida de preconceitos do Universalismo Crístico, despindo-se de seu ego humano e compreendendo definitivamente que é um espírito imortal em peregrinação pelos mundos físicos, com o objetivo de despertar sua consciência em direção à luz de Deus. Também temos observado tua iniciativa, durante as projeções astrais noturnas que realizas, de dirigir-se até o centro do país e, lá da estratosfera, ficar girando de braços abertos, irradiando o ideal do Universalismo Crístico sobre todo o território nacional, por alguns minutos. Essa é uma magia do bem muito poderosa. Parabéns por essa inspiração de ordem divina, querido irmão. Estamos orientando Ramiro para te dar todo o suporte necessário para a execução dessa atividade.

Eu sorri, feliz com o reconhecimento do "chefe", e, com os olhos úmidos de emoção por estar ao lado do grande Hermes Trimegisto, perguntei, com voz trêmula:

— Mas por que eu, meu mestre? Por que uma alma tão instável e suscetível ao ataque das sombras foi escolhida para materializar, no mundo físico, essa revolução fantástica? Sinceramente, não entendo. Quem está próximo a mim e me conhece de perto sabe que não possuo a grandeza espiritual dos santos, nem mesmo a fibra dos idealistas, que não se vergam nem mesmo diante das maiores tempestades.

O sábio mestre ajeitou os longos cabelos negros, mais escuros que a asa de um corvo, e depois me abraçou, talvez comovido com meus dilemas pessoais. Em seguida, respondeu, enquanto eu me mantinha cabisbaixo:
— Eu estava acompanhando teus pensamentos, antes de chegar. E, naquele momento, tu mesmo deste a resposta para essa indagação. És como a fênix, meu querido amigo. Tu renasces de tuas próprias cinzas! É nisso que apostamos. A nova humanidade que surgirá não precisa de gurus perfeitos, que jamais cometam deslizes. É o fim da era dos líderes espirituais infalíveis e o início do ciclo da autoconscientização. A visão espiritual do terceiro milênio precisa de um pioneiro que possa caminhar em todas as frequências, em todas as estradas; andar na luz, assim como anda nas trevas. Teu leque é muito amplo, consegues interagir com todo o Universo que te é apresentado. Tu podes trazer para os braços do Cristo pessoas que dificilmente seriam convencidas pela tradicional explanação evangélica. É difícil explicar. Tu és como um curinga no baralho divino. A visão libertadora da consciência espiritual do terceiro milênio necessita ter um modelo despojado, liberto de formalismos. Só assim será possível espiritualizar as gerações futuras. Cada vez fica mais claro que o modelo religioso apresentado à humanidade até o momento está com os dias contados. Urge que a revolução do Universalismo Crístico ganhe o mundo. Caso contrário, as gerações futuras estarão fadadas a um precário desenvolvimento espiritual, haja vista seu natural distanciamento do modelo religioso obsoleto dos dias atuais, assim como já expusemos no livro *Universalismo Crístico - O Futuro das Religiões*.

Hermes meditou por um instante e concluiu, com a voz impregnada de sabedoria, enquanto arrastava os pés pelas marolas e com a mão direita sob o queixo:
— O Universalismo Crístico é uma visão espiritual "elástica". Talvez esse seja seu grande diferencial. Por possuir amplo leque de aceitação das crenças pessoais, atrairá uma multidão que está insatisfeita com os modelos espirituais vigentes, resgatando até mesmo os ateus e agnósticos, que não aceitam as informações espirituais por causa dos absurdos e equívocos das

religiões obsoletas do passado.

Eu concordei com suas palavras e atalhei:

— Sim, tens razão. Todavia, algumas pessoas podem achar o Universalismo Crístico permissivo demais, como se fosse uma ação do mal para desencaminhar os fiéis do "caminho da salvação". Já vi fanáticos utilizarem esse pobre discurso por muito menos.

O sábio mentor assentiu com a cabeça e falou:

— O grande segredo dessa permissividade do Universalismo Crístico é atrair aqueles que estão distanciados da Espiritualidade, por sentir que a visão severa e fantasiosa das religiões não tem nada a contribuir para suas vidas. Atuará também sobre aqueles que são religiosos, à medida que comecem a realizar reflexões sobre suas crenças. Como a visão espiritual do futuro é ampla, desprendida de dogmas e baseada em uma plataforma sensata, atrairá naturalmente as pessoas. E, como tu bem sabes, a partir do momento que o homem busca espiritualidade, ou seja, quando ele abre definitivamente a "caixa de Pandora", tudo muda em sua vida, porque ele adquire uma consciência superior. Como disse Einstein: "A mente que se abre a uma nova ideia jamais voltará ao seu tamanho original". Pouco a pouco e naturalmente, o novo adepto do Universalismo Crístico construirá um entendimento da vida maior, que ele não conhecia, fazendo-o enquadrar-se em um conceito lógico e sensato de caminhada em direção à Luz. Depois disso, a evolução espiritual tornar-se-á natural. Só precisamos dar o empurrão necessário para libertar a humanidade de seu torpor, ou seja, de sua alienação diante das verdades imortais.

Ele meditou alguns instantes e concluiu, com suas habituais comparações atléticas, que muito me fazem rir.

— Essa visão permissiva do Universalismo Crístico pode ser comparada a uma academia de ginástica, que convida à prática de exercícios físicos para uma saúde melhor, porém sem obrigação. Se o novo adepto desejar fazer apenas alongamentos, já é um começo. Assim, naturalmente, ele vai se integrar à academia e perceber que, além de alongar-se, poderá usufruir de uma gama de exercícios aeróbicos e musculares. Logo, ele compreenderá que isso lhe trará infinitos ganhos para a saúde da alma. Por esse motivo, o Universalismo Crístico precisa ter uma porta de acesso bem ampla. A acomodação espiritual da humanidade é muito grande. Nós já teremos conquistado grande vitória se as pessoas simplesmente assimilarem e praticarem (de forma sincera) a máxima: "Ama ao teu próximo como a ti mesmo e não faças aos outros o que não gostarias que te fizessem".

Eu meditei sobre suas palavras, que me pareciam bem lógicas, e disse-lhe:

— Mesmo assim, acho que devemos agir rápido para alastrar o Universalismo Crístico na Terra. Percebo que as trevas estão dando tudo de si, neste momento, para derrubar-nos.

Hermes concordou com seriedade e disse:

— Assim o é! O momento é crucial. Estamos vivendo uma fase de transição para um novo ciclo de evolução planetária, e nossos irmãos que ainda vibram na frequência da escuridão compreendem que, em breve, não terão mais como evitar a ação da Luz. Eles acreditam que agora ainda podem segurar essa onda, por isso estão intensificando o assédio e o ataque. Aproveitam o momento em que a humanidade está entorpecida, em que ainda dorme. Este é o melhor momento para "assaltar" a alma dos incautos.

Eu concordei com um expressivo olhar e afirmei:

— Bom. Só me resta, então, continuar nessa caminhada, lutando pelo despertar de meus irmãos que ainda dormem.

— Assim deve ser! — respondeu Hermes, irradiando magnífica luz de todo o seu ser. E é por esse motivo que já estamos no astral traçando o projeto que materializarás no mundo físico, após a conclusão dos dois livros sobre a Atlântida.

Trata-se de um novo livro sobre o Universalismo Crístico, que terá uma visão mais avançada. Para melhor entendermos, podemos chamar o primeiro livro do "UC", de "básico"; já esse próximo será uma explanação *advanced*.

Eu demonstrei grande empolgação com o novo projeto, porém, quando ia pedir mais detalhes, Hermes mudou de assunto, perguntando-me:

— Pronto para o novo trabalho?

Percebi que ele não desejava perder o foco do trabalho atual. Então, estaquei o passo, procurando projetar-me para a terra de Posseidon, enquanto uma onda mais forte banhava nossos pés com a sempre agradável água do mar.

Depois de um breve momento de meditação, em que eu apreciei a beleza da branquíssima espuma deixada pelas ondas, respondi:

— Sim. Entretanto, tenho alguns receios sobre esse tema. Falar sobre a Atlântida é algo que sempre me preocupou. Era um mundo muito diferente do nosso, bem avançado para a época. Tu sabes de minha preocupação em narrar temas que possam fazer o leitor imaginar que nosso trabalho trata-se de ficção. É muito difícil obter credibilidade entre os leigos e céticos. Quero conquistá-los, também. Ademais, aqueles que buscam o saber espiritual necessitam sentir-se seguros, ao ler nossos livros. O mais importante é a essência da mensagem, contudo, preocupo-me em deixá-los sempre tranquilos com relação à credibilidade do conteúdo.

Hermes fez um gesto de concordância, enquanto pegava uma estrela-do-mar trazida pelas ondas. Ele beijou, então, o pequeno animal equinodermo e o devolveu ao seu habitat.

— Sim, eu sei, também penso assim. E sabes bem disso. Por isso queremos que um canal com os "pés no chão" escreva sobre o maravilhoso continente da Atlântida, inclusive relatando sobre a fabulosa energia Vril que permitiu ao povo da Grande Ilha atingir elevado grau tecnológico, em uma época em que os demais povos do planeta ainda viviam em uma estrutura social nômade ou agrícola bem primária. É importante descrever também o importante trabalho realizado pelos atlantes para impulsionar o progresso entre essas outras civilizações. Lembras disso tudo?

Eu sorri, honrado com a incumbência que recebia do grande mestre, e disse:

— Fico feliz! Farei o possível para colocar no papel o reflexo direto de teu pensamento, querido mestre. Dessa vez não falharei, como fiz no livro *Akhenaton*, onde registrei Ártemis como um homem. Ramiro já me esclareceu sobre isso, como bem deves saber.

Hermes respirou fundo e atalhou, enquanto olhava para as poucas nuvens que cruzavam o céu azul:

— Já te disse para não me chamar de mestre. Mestre é o Cristo, entidade máxima de nosso mundo, que orientou-nos a trazer a mensagem do amor e da evolução, durante toda a história da Terra, independentemente de cultura, povo e época, e que temos em Jesus seu canal mais marcante no Ocidente. Inclusive, na Atlântida, o Cristo inspirou o grande Antúlio para trazer as verdades eternas à terra de Posseidon.

O sábio mestre ficou, então, em silêncio por alguns segundos, olhando profundamente em meus olhos, preparando-me para realizarmos um salto no tempo, depois prosseguiu:

— Preciso pedir-te mais uma vez, Radamés!

Aquela referência à minha personalidade de 3.300 anos atrás, época do faraó Akhenaton, fez-me viajar no tempo em pensamento, levando-me, mais uma vez, à terra dos faraós, em uma fração de segundo.

— Durante a confecção da trilogia sobre a implantação do monoteísmo na Terra, pedimos-te para narrar aqueles marcantes acontecimentos conforme tua ótica, e isso causou importante empatia nos leitores. Como já te disse, tu tens o dom de transitar em todas as tribos. Tua narrativa foi tão envolvente que conseguiste despertar a atenção de muitas pessoas que somente amavam a terra de Kemi, o antigo Egito, mas não tinham interesse pelo tema espiritualidade. É algo estranho até para nós. Tua linguagem consegue penetrar onde nossa forma de expressão tem dificuldade, por isso temos que te pedir novamente para seres o narrador dos dois volumes sobre a Atlântida, tanto *No Reino da Luz* como *No Reino das Trevas*.

Aquele pedido me perturbou profundamente, e Hermes percebeu. Virei-me em direção ao mar e fiquei em profundo silêncio. Ele se aproximou e colocou a mão sobre meu ombro, de forma tranquila e serena. Ficamos assim, olhando o mar por alguns longos minutos, até que eu lhe disse:

— Tu sabes o que estás me pedindo? Narrar sobre a implantação do monoteísmo na Terra, relembrando minhas encarnações como Radamés e depois Natanael já foi algo muito difícil para mim. Agora, pedes para revelar a encarnação que mais me envergonha e traumatiza. Será que vou ter que expor toda a minha vida em nossos livros? Sinto vergonha! Sinto-me

nu em praça pública.
Hermes concordou, com um gesto, e depois falou com sabedoria:
— Sim! Tua história é muito bonita, é uma história de vitória. Não deves sentir vergonha de um passado de três mil anos e do próximo que irás narrar, de doze mil anos. Pensa em quantas pessoas se transformaram e transformarão por abrires teu coração e expor tuas vivências marcantes nesses importantes momentos da história da humanidade terrena. E tu achas que viveste essas experiências por mero acaso? A mente divina já planejava, nesses longínquos períodos, utilizar-se, nos dias atuais, de tuas experiências, para despertar a humanidade, durante o período de transição para a Era de Aquário.
O grande mestre da espiritualidade fez uma breve pausa e depois prosseguiu:
— Além do mais, creio que esse livro resgatará definitivamente Arnach do mundo das trevas. Ele está a um passo da libertação total e já se prontificou a auxiliar-nos nesse trabalho. Tenho certeza de que isso será o detonador psíquico que falta para sua redenção.
Eu, então, lembrei-me de nossas lutas, durante todos esses séculos, para libertar Arnach do mundo de ilusões que criara para si e que, de certa forma, construiu-se com minha contribuição, na longínqua Atlântida.
Para os que não se recordam, Arnach é o mago negro apresentado nos livros *Sob o Signo de Aquário* e *Universalismo Crístico*.
Era fundamental prosseguir com nossos projetos, independentemente de meus temores, então, balbuciei:
— Sim, Arnach, meu irmão, Arnach! Nós precisamos ajudá-lo.
Hermes olhou-me com infinito amor, percebendo meu angustiante transporte no tempo, e arrematou, de forma hipnótica, assim como costumávamos fazer naquele longínquo tempo, na ilha que veio a se tornar uma lenda marcante na consciência do homem moderno:
— Será que podemos contar contigo, caro Andrey?
A menção ao meu nome na extinta Atlântida, minha pri-

meira encarnação após chegar do exílio do sistema de Capela, catapultou minha consciência para uma era ainda mais remota. Vi-me novamente na época de ouro da grandiosa Atlântida, ao lado da Grande Pirâmide, em seus anos de apogeu. Em meus olhos, vi luz e felicidade; e, ao meu lado, alguém muito especial...

Eu andei de um lado a outro, com as mãos na cintura, ofegante, demonstrando dúvida e insegurança, e perguntei a Hermes, mal contendo as lágrimas:

— Eu tenho saudade de Isetnefret. Onde está Crystal? Faz um ano que sinto sua presença, velando meus passos, no entanto, não a vejo mais. Desde o lançamento do livro *Universalismo Crístico*, momento em que se intensificaram os ataques das sombras, não consigo vê-la. Sei que ela está me protegendo e amparando, mas sinto muito sua falta. Foi lá na Atlântida que nos separamos, foi lá que surgiu esse abismo entre nossas almas.

Fiquei em silêncio por um breve momento e depois falei, já mais calmo:

— Talvez seja bom relembrar e assim libertar-me desse bloqueio inconsciente. Sinto que ainda não superei tudo o que aconteceu na Grande Ilha.

Hermes cruzou os braços sobre o peito e disse-me, com olhar envolvente:

— Ela estará junto a ti, fortalecendo-te para narrares a história épica da Atlântida: o reino perdido. Tu sabes que esse não será apenas mais um romance despretensioso sobre a Atlântida. Lembra-te? Combinamos de jamais "chover no molhado".

Fiz um sinal de conformidade, e o grande mestre prosseguiu:

— Ele terá a finalidade de oferecer ao leitor um comparativo sobre aquele importante momento de transição planetária com o atual, que, de certa forma, são bem semelhantes. E Crystal estará contigo, meu amigo, para a elaboração deste livro. Assim como vocês foram esposos na época de Akhenaton, na gloriosa Amarna, na Atlântida também viveram juntos. E isso será fundamental para a essência do livro.

Quando Hermes falou que Crystal estaria junto a mim, uma lágrima solitária correu por meu rosto. Hermes segurou, então, minha cabeça com as duas mãos e beijou-me a testa. Olhei em seus olhos e percebi um sentimento de imensa compaixão por todos os dramas que vivi no transcorrer desses séculos sem fim. Ele estava de costas para o mar e de frente para mim. E assim ficou por alguns segundos, mirando-me e irradiando grande sentimento de amor à minha instável alma, até que se desmaterializou totalmente.

Naquele mesmo instante, pelo espectro de meu grande mestre, que se esvaía gradualmente, pude ver Crystal aproximando-se, caminhando lentamente sobre as águas do mar. Ela trajava um deslumbrante vestido longo violeta, que combinava perfeitamente com seus olhos, de mesmo tom. Seus cabelos ruivos, meio ondulados, soltos até a altura dos ombros, presos apenas por uma tiara de cristais luminosos, brilhavam, irradiando uma energia violeta vigorosa, a energia da transmutação!

Sua pele clara, angelical, e o sorriso que emoldurava seu rosto, de traços delicados, levaram-me às lágrimas. Fiquei estático. Era a personificação de uma verdadeira fada. Só pude estender-lhe os braços, enquanto aguardava sua aproximação.

Ela, então, achegou-se lentamente e beijou-me o rosto. Em seguida, disse-me, com sua voz angelical, quase um sonho para mim:

— Em nenhum momento te abandonei, meu querido. Tu precisavas ficar só para reorganizar tua vida. Agora estou aqui e vou ajudar-te a conquistar mais essa importante vitória. Tu sabes que podes contar sempre comigo. Jamais te abandonarei. Não há motivo que me faça esquecer alguém tão importante em minhas vidas e que tanto fez por mim. Tu erraste no passado, seguiste pelo caminho das sombras, mas foste sempre generoso e agraciou minha alma com experiências maravilhosas e inesquecíveis, que me impulsionaram para a luz, de forma determinante. Viver ao teu lado sempre foi como uma linda sinfonia celestial. Teu carisma é apaixonante; tua inteligência e presença de espírito é algo que alimenta a alma de quem está em busca da Luz. Tu és raro, meu amor. Saiba disso!

Ela passou, então, sua delicada mão por meu rosto, e eu a abracei, perdido em meio a lágrimas descontroladas. Disse-lhe, enquanto brincava com os graciosos caracóis de seus cabelos:

— Sim, tu é que és muito especial. Jamais fugiste ao teu

compromisso e sempre tiveste grandeza para assimilar os reveses da vida com dignidade. Tu és uma mulher de valor, alguém que deve ser exemplo para nossa humanidade tão perdida em sua caminhada. Em vez de revidar minhas fraquezas com ódio e rancor, foste grandiosa, ergueste-me das sombras, com tua nobreza de caráter. Quando achei que não poderia mais voar, tu me ajudaste a curar minhas asas; quando pensei que não conseguiria mais respirar, tu abriste meus lábios e me salvaste.

Eu, então, beijei as mãos delicadas daquela que havia sido minha esposa Isetnefret, no Egito de Akhenaton, e disse-lhe:

— Obrigado por me amar, apesar de todos os infortúnios que aconteceram em nossa longa jornada, desde Capela.

Ela não conteve as lágrimas e me abraçou, para esconder seus olhos, que deixavam correr o bálsamo da alma. Eu, então, respirei fundo e continuei:

— Hermes quer que eu seja narrador, novamente, assim como na trilogia *Akhenaton*, *Moisés 1* e *Moisés 2*. Ele reforçou a importância disso pela questão da empatia. No entanto, cometi erros marcantes naqueles longínquos anos que ainda vivem em minha memória. Tudo começou na Atlântida, minha caminhada pela estrada das sombras, nosso distanciamento... É muito doloroso relembrar tudo isso.

A bela Crystal sorriu de forma especial. Seus dentes brilharam de forma translúcida, e seus olhos, da cor da ametista, úmidos pelas lágrimas, iluminaram seu rosto de felicidade, ao dizer-me:

— Vamos lá, Andrey, Radamés, Natanael, Roger... Isso é passado para tua alma. Tu és outra pessoa hoje em dia. A humanidade precisa conhecer essa história. Um livro consistente e com informações inéditas sobre a Atlântida é um desejo antigo dos leitores de todo o mundo.

Ela suspirou por alguns segundos e voltou a falar com sua voz encantadora, enquanto ouvíamos o barulho da rebentação das ondas e os gritos fugazes das gaivotas à caça de mariscos:

— Ah! Como me orgulho de ti. Falhaste, sim, no momento em que a Atlântida foi encoberta pelas sombras, mas simplesmente porque tu eras cobiçado pelas trevas. Raras vezes caminhaste no mundo de forma despercebida. Tu atrais as atenções, é difícil teres uma vida que te pertença. Tu és do mundo. Tu és do Cristo, tua vida não te pertence. Compreenda isso! Siga cumprindo teu destino. Nem tenho como explicar-te o que receberás, quando retornares em definitivo para o Mundo Maior.

Ela, então, percebeu a leveza de minha alma, nutrida por aquelas maravilhosas emoções, e disse-me, com um magnetismo que não é desse mundo e com um olhar igualmente mágico:

— Vem, caminhemos pela praia.

A cada passo que eu dava, sentia meus pés flutuarem sobre a areia molhada. Minha alma estava leve como há muito não acontecia. A vida realmente é uma grande gangorra, com seus altos e baixos. Temos que ser fortes nos momentos de dor e tristeza, porque assim venceremos.

Nós podemos vencer sempre, jamais devemos desistir da vida. E aquele que vence encontra uma felicidade que vale por mil existências. Basta ter paciência e trabalhar por sua reconstrução interior.

Inebriado pela mais absoluta felicidade, pedi, então, para andar com a bela fada de mãos dadas. Ela sorriu e disse-me:

— Tu continuas carente, meu querido.

Eu ri como uma criança e respondi:

— Na verdade, sempre fui mais um filho que um companheiro, não é?

Ela olhou-me, então, de forma significativa, mordeu o lábio inferior e respondeu, com os olhos úmidos:

— Não, verdadeiramente, não. Tu foste sempre muito importante para mim, um verdadeiro amor. Apenas teu passado te convoca a resgates mais difíceis, ao contrário de mim, que sempre fui mais regrada e tive uma vida de menor exposição. Tu sempre foste rebelde; genial, mas rebelde...

Segurei firme em sua delicada mãozinha e disse-lhe, com a garganta asfixiada pelas lágrimas:

— Foi na Atlântida, não é? Ali começou meu calvário.

Ela afirmou com um gesto delicado com a cabeça e disse, tentando auxiliar-me a iniciar o processo de regressão de memória àquele período distante da história da humanidade:

— Sim... A terra do Vril teve impacto significativo em tua caminhada. O poder que exercias sobre o "quinto elemento" levou-te à caminhada tortuosa de que agora te recuperas. Será bom tu narrares conforme tua ótica. Hermes tem razão... Hermes sempre tem razão... Isso te ajudará a quebrar bloqueios que estão nas regiões mais profundas de teu inconsciente. Será como uma salutar terapia de regressão a vidas passadas, que permitirá a ti dar um grande salto na expansão de tua consciência. Compreenderás melhor o mundo e os homens e assim te tornarás mais habilitado para cumprir tua missão na Terra.

Eu concordei com um significativo olhar e disse:

— Aceito o desafio! Contigo ao meu lado, vencerei mais essa etapa. Tenho confiança em ti. Tu és grandiosa, porque nada te impede de ver o lado bom das coisas e das pessoas. Tu és uma mulher muito especial, realmente rara neste mundo. Ao lado de um grande homem deve existir sempre uma grande mulher. Sou feliz por ter tido a honra de ter sido teu esposo em mais de uma oportunidade. Talvez eu seja abençoado por Deus ainda nessa existência para encontrar uma mulher que tenha tanta nobreza de caráter quanto tu. Caso contrário, caminharei só. Acima de tudo deve estar o ideal, pois, como tu mesmo disseste, minha vida não é minha! Não estou aqui para viver uma vida voltada para meus interesses, mas sim para fazer vencer o grande projeto: instaurar o Universalismo Crístico na Terra.

Crystal ficou feliz com minha determinação e acrescentou:

— Sim! O Universalismo Crístico precisa ser estabelecido na Terra. Tudo o mais é secundário, comparado a isso. É uma imensa responsabilidade que está em tuas mãos. Mas estamos contigo. Tem a certeza disso.

Eu concordei com um gesto discreto. Ela sorriu, então, com seu jeito doce, quase infantil, e falou:

— Tu te lembras de quando viemos do sistema de Capela, na Constelação do Cocheiro? Nossa, parece que foi ontem!

Eu sorri, meditando sobre suas palavras, enquanto apreciávamos o Sol descendo em direção à linha do horizonte, em meio ao oceano.

— Sim, parece que foi ontem... Doze mil anos atrás... Tu poderias já ter regressado para lá. Alcançaste e até mesmo ultrapassaste o avanço espiritual necessário para regressar, no entanto, ficaste aqui entre nós, da mesma forma que Hermes decidiu abandonar a migração para um mundo superior com os atlantes da fase de ouro do continente perdido.

Ela segurou minha mão e falou:

— Nosso lar é onde está nosso coração. Somos cidadãos do Universo. As experiências nas escolas planetárias são apenas momentos efêmeros diante de nossa vida eterna. Tríade, no sistema de Capela, foi nosso lar, mas agora a Terra, o planeta azul, é quem reclama nossa atenção. E é aqui que devemos viver, até que o Criador nos convoque a outras paragens nesse céu infinito, para trabalhar em Seu augusto nome.

Concordei com um simples gesto e a abracei mais uma vez. Ela repousou a cabeça em meu peito, e ficamos balançando por alguns segundos, aproveitando aquele momento mágico de reencontro, como se estivéssemos dançando ao som de uma doce música. Sussurrei, então, em seu ouvido:

— Só sinto paz ao teu lado, confiança, carinho verdadeiro... Lamento por todos os meus erros. Sou um autêntico Capelino, pois "mordi a maçã do pecado e perdi o paraíso" por duas vezes, tanto em meu exílio de Capela quanto em minha primeira encarnação nesse mundo, na Atlântida, quando escapou de minhas mãos a oportunidade de viver o paraíso na Terra ao teu lado, por todos esses séculos.

Profundas emoções inundavam a alma da bela fada naquele instante. Com suas delicadas mãozinhas segurando as minhas e com o olhar voltado para elas, Crystal falou, com sua voz serena e angelical embargada pelas lágrimas:

— Agora vamos ao trabalho. Continua a realizar a tarefa que chamaste para ti, antes de nascer nesta vida.

Eu apertei delicadamente suas mãos e disse-lhe, em tom de súplica:

— Por favor, só mais um pouco. Deixa-me aproveitar esse momento raro.

Ela concordou, e ali ficamos abraçados observando o Astro-Rei mergulhando na linha do horizonte, em silêncio absoluto, quebrado somente pelo incansável movimento das ondas do mar. Sabia que aquele era o Oceano Atlântico, mais precisamente, o Atlântico Norte, que engoliu a Atlântida, continente objeto deste livro. No entanto, estávamos em uma praia provavelmente do norte da África, porque, na América, o Sol nasce no mar, e não o contrário.

Crystal sorriu com minha perspicácia e esclareceu-me:

— Estamos em Buena Vista Del Norte, uma das praias de Tenerife, que compõem o arquipélago das Ilhas Canárias, o principal ponto de ligação da "Atlântida Europeia"[1] com o mundo antigo. Aqui neste ponto encontrava-se o "portal dimensional europeu" entre nossa Atlântida e o mundo comum. Deste local uma civilização superior saía para educar os povos do mundo, mas, no final de seu ciclo, quando a Atlântida mergulhou em trevas, passou a utilizar esse portal para dominar as civilizações primitivas do planeta, como irás narrar.

Fiz um sinal de concordância e disse-lhe:

— Sim! As lembranças começam a invadir minha mente como uma represa recém-aberta. Está na hora de começarmos. Que Deus e o Cristo nos abençoem!

---

1 1 Neste trabalho utilizaremos o termo "Atlântida Oriental ou Europeia" para designar o lado do continente próximo à Europa (Ilhas Canárias) e "Atlântida Ocidental ou Americana" para o lado da América, na região da Flórida e das ilhas do Caribe. No "Reino da Luz", quando os habitantes de Posseidon se amavam e eram um povo só (apesar das duas raças), não havia diferenças. Mas, ao passo que caminhamos em direção ao "Reino das Trevas", houve uma separação entre essas duas regiões, que terminou desencadeando a terrível guerra que levou o continente atlântico à submersão nas águas profundas do oceano de mesmo nome.

Capítulo 1

Exílio de Capela

As duas luas no céu de Tríade, naquela noite, estavam estranhamente indagadoras. Pareciam perguntar-me se eu estava satisfeito com o plantio que havia realizado. Sim! Elas riam de minha desgraça, puniam-me por meu fracasso espiritual. Em nossas lendas, esses dois satélites naturais de nosso mundo representavam o anjo bom e o mau. A lua mais distante, com tonalidade azul, representava o bem, ou seja, os bons valores da alma. Já a mais próxima e maior, a que tinha matiz avermelhado, representava os caprichos inferiores do homem.

Enquanto eu aguardava o retorno de minha esposa, fiquei meditando sobre aquela situação. Sempre ouvíamos da boca dos profetas os diversos alertas sobre a chegada do "fim dos tempos", momento em que seríamos avaliados em nosso processo evolutivo-espiritual, assim como está ocorrendo na Terra, neste momento. Entretanto, os incautos que evoluíam no sistema planetário da estrela de Capela, na constelação do Cocheiro, assim como a humanidade atual da Terra, acreditavam que esse dia jamais chegaria ou, então, que se tratava apenas de mais uma alucinação de mentes fanáticas.

Mas o momento havia chegado. Os rebeldes de duas das quatro escolas planetárias do sistema da estrela de Capela deveriam ser expurgados para um estranho planeta a quarenta e dois anos-luz de distância, para lá reiniciarem o aprendizado espiritual que negligenciaram.

Sabíamos que seria um desterro para um mundo rudimentar, muito distante da tecnologia e do conforto que já havíamos conquistado, e isso era o que mais me irritava. Eu e muitos dos que seriam exilados haviam auxiliado, com muito suor, a conquistar os avanços de nosso mundo, porém, tínhamos desprezado os valores da alma. Agora éramos tratados como intrusos no próprio paraíso que ajudáramos a construir.

Onde estava a justiça divina, que desconsiderava nosso espírito de pesquisa e trabalho? Muitos que seriam eleitos para ficar naquele mundo moderno pouco tinham contribuído, e nós, que tanto fizemos, seríamos expulsos, na categoria de criaturas indesejáveis para o progresso futuro. Que os ditos eleitos fossem, então, expurgados para o mundo primitivo, já que não faziam tanta questão das conquistas tecnológicas ali obtidas. Se a moral lhes era mais importante que o conforto, eles que mudassem para o "mundo das cavernas", que havia sido destinado a nós, e lá vivessem dentro de sua retidão e moral irretocável.

Todos esses pensamentos invadiam minha mente confusa, enquanto eu olhava para uma das crateras da lua vermelha, muito mais próxima de nosso planeta do que a Lua terrena em relação à Terra e que parecia imitar um rosto com sorriso irônico.

— Maldição! — pensei, irritado. Não quero perder esse mundo. Não vou me entregar sem luta.

Naquele momento, minha esposa entrou na varanda, ela era filha de um dos altos representantes do templo mundial de Tríade. Eu me levantei da cadeira com um salto e corri em sua direção, perguntando-lhe:

— Evelyn, o que disse teu pai? Temos alguma chance de ficar?

Esclareço, neste instante, que utilizarei os nomes que recebemos na Atlântida, tanto para designar nossa última existência em Tríade como também no astral espiritual da Terra, antes de ingressarmos no mundo físico, no continente atlântico. Além de ser desnecessário para a narrativa, o excesso de nomes pode confundir o leitor.

Ela se jogou na poltrona e falou com desânimo:

— Ô, Andrey! Ele disse que será melhor recomeçarmos

uma nova jornada no planeta de exílio e que não intercederá para evitar nossa partida.

Eu me irritei e chutei a cadeira que estava à minha frente e, depois de resmungar alguns impropérios, falei, com indignação e raiva incontidas:

— Teu pai é um monstro! Como pode negar asilo à própria filha?

Evelyn me olhou com tristeza e apenas respondeu:

— Por diversas vezes, meu pai nos alertou no passado, no entanto, estávamos surdos para a verdade. Ele falou que precisamos aprender uma lição de humildade e respeito aos semelhantes. Acredito que ele tenha razão. Andrey, vamos assumir a responsabilidade por nossos erros. Terminamos nos deslumbrando com o que a ciência nos proporcionou e desprezamos os valores da alma. Analise-se, meu amor, e verá que esquecemos gravemente de respeitar e amar nossos semelhantes. A ambição e a cobiça dominaram nossas almas, de forma sorrateira, e nem percebemos. Agora compreendo, os anos que vivi longe de meu pai me levaram a esse distanciamento dos sagrados valores espirituais. Ele disse, inclusive, que não me reconhece mais e que deixei de ser a filha amorosa e querida, razão de seu maior orgulho. Lembro-me agora de minha infância, meus sonhos de menina... No que transformei minha vida? Desde que nos tornamos cientistas, esquecemo-nos dos valores espirituais. Essa febre de materialismo condenou-nos todos. Boa parte dos futuros exilados não são criminosos comuns, como era de se esperar, são apenas pobres criaturas arrogantes e distanciadas de Deus.

Depois de breve pausa, em que mantivemos um silêncio mortal, ela concluiu, com olhar perdido em direção ao céu estrelado.

— Meu pai disse, também, que, se nos esforçarmos, poderemos voltar em breve ao nosso mundo. Vão ser abertas "portas" de retorno, de tempos em tempos, para quem atingir a meta de evolução espiritual necessária para regressar. Talvez tenhamos alguma chance de nos libertar, em poucos séculos, desse mundo primitivo em que iremos viver.

Fiquei calado, analisando pela janela de nosso apartamento o movimento frenético das ruas, fruto do desespero das pessoas que descobriam, pouco a pouco, que seus dias em nosso mundo estavam contados. Choro e ranger de dentes! A mesma fórmula que Jesus preceituara à humanidade terrena milhares de anos depois, para aqueles que virassem as costas para o código moral de evolução espiritual de seu mundo.

O mecanismo de evolução espiritual é único em todo o Universo. As escolas planetárias evoluem, e os alunos que negligenciam essa evolução devem ser apartados para mundos de aprendizado inferior. Assim é o plano divino.

Nós, capelinos, havíamos mordido a maçã do pecado e estávamos perdendo o paraíso. Em breve, chegaríamos à Terra, para civilizá-la. A raça dita "adâmica" estava a poucos momentos de sua transmigração de Capela para a Terra. Foi com nossa chegada que a humanidade criou a lenda de Adão e Eva, pois mordemos a maçã do pecado e perdemos o paraíso. Isso ficaria gravado em nosso inconsciente por vários milênios.

Em seguida, olhei para meu punho e percebi que, naquele momento, a marca do exílio estava em alto relevo, o símbolo universal que identifica os reprovados nos processos de seleção evolutiva nos infinitos mundos habitados no Universo e que o apóstolo João, no livro do Apocalipse, interpretou como o número da besta: 666.

Eu olhei para minha companheira de jornada e lhe falei:

— Ontem era apenas um pequeno e apagado desenho, como se fosse somente o sutil contorno das veias sob a pele; hoje, a marca dos exilados está nítida e em alto relevo. Decididamente, o Criador nos pune!

Ela me abraçou e disse, com carinho e ternura na voz:

— Não adianta lamentarmos. Vamos passear por este mundo que tanto amamos. Vamos nos despedir de Tríade e de sua beleza cativante. Em breve, o astro intruso ao nosso sistema planetário rasgará os céus, e chegará o momento de nossa partida. A passagem desse asteróide deflagrará o exílio inevitável para esse mundo obscuro que teremos de chamar de lar, pelos próximos séculos.

Eu sorri e falei mais conformado, demonstrando uma de minhas características mais marcantes naquela época: uma imprevisível variação emocional. Algumas vezes com o coração em

luz; outras, em trevas.
— Sim, é inútil lutar! Nossa alienação com relação aos valores maiores da vida fez com que perdêssemos o importante convite para prosseguirmos com as conquistas deste mundo. Entretanto, outros desafios surgirão no mundo primitivo que nos servirá de escola.
Eu sacudi a cabeça, com as mãos paradas na cintura, e concluí:
— Não consigo compreender como deixamos isso acontecer. Tínhamos todo o conhecimento e a sabedoria para evitar essa falência em nossa caminhada. Parece que fomos hipnotizados por nossa própria ambição e arrogância.
Evelyn acariciou meu rosto e disse:
— Tínhamos imenso conhecimento, porém pouca sabedoria. Mas meu pai falou que adentraremos nesse novo mundo em uma condição privilegiada. Em virtude de nossos avançados conhecimentos científicos e por sermos almas portadoras de erros brandos, encarnaremos no mundo físico na região mais avançada do planeta. Esse continente chama-se terra de Poseidon e se encontra em uma dimensão intermediária, entre o físico e o espiritual, apenas um nível acima do mundo tridimensional dessa escola planetária. Lá teremos uma vida superior, muito semelhante a que temos aqui em Tríade. Além de auxiliarmos no progresso desse continente mais avançado, seremos chamados a educar e promover o avanço dos povos mais primitivos de outras áreas desse planeta incipiente. Isso implicará instruir também nossos irmãos capelinos que cometeram crimes mais graves. Eles serão exilados conosco, mas habitarão as regiões inóspitas desse mundo sombrio. Deus nos abençoa, meu amor. Tenha a certeza disso.
Eu meditei por alguns instantes e voltei a refletir:
— Acredito que teu pai tem razão, seremos exilados, mas será em condições bem favoráveis. Perdemos a honra de evoluir no sistema de Capela, no entanto, teremos ricas oportunidades para crescer e auxiliar o avanço de um novo mundo. Não devemos pensar que esse exílio é apenas sofrimento e descaso da parte de Deus. Nós, como cientistas e amantes do progresso, devemos sorrir para essa oportunidade, e não lamentar.

Um brilho surgiu nos olhos de minha adorada esposa. Ela sorriu, então, e falou, com alegria:
— Sim, vamos transformar esse fel em licor divino. Aquele que só vê espinhos em uma rosa perde importante oportunidade de crescimento.

Assim, nos dias seguintes, visitamos locais que marcaram nossa jornada evolutiva em Tríade, relembrando os bons momentos de nossa vida juntos. Éramos um casal que se amava verdadeiramente. Dessa forma, divertimo-nos muito, enquanto o desespero tomava conta daqueles que percebiam a enigmática marca em seus pulsos. Tínhamos um ao outro, e isso bastava para vencer aquele momento difícil.

Em alguns momentos, passeávamos pelos parques deslumbrantes de nosso mundo, onde era possível desfrutar de uma beleza natural incomparável com a da Terra: belas e acolhedoras árvores, flores lindíssimas, pássaros de beleza desconcertante. Tudo isso compunha uma paisagem inesquecível, enriquecida pelo conforto e a alta qualidade de vida propiciada pelo avanço tecnológico, até então obtido.

Em Tríade, simplesmente não havia necessidade alguma de trabalho mecânico ou manual. Tudo era realizado pelas máquinas construídas e controladas com eficiência por nossa sociedade. O trabalho humano era apenas mental. As atividades físicas eram executadas somente para lazer e para mantermos o corpo em forma e saudável.

Então, eu segurei a mão de Evelyn e perguntei-lhe, com um aperto no coração:
— Por que nos acostumamos com o belo a tal ponto que deixamos de percebê-lo? Por que o conforto e a riqueza nos fizeram esquecer a presença de Deus em nossas vidas? Será que somos tão pequenos que só conseguimos amar nossos semelhantes e reconhecer a grandiosa presença de Deus quando estamos em situação de aflição e miséria? Por que, Evelyn? Diga-me!

Seus doces olhos, úmidos de emoção, buscaram os meus, e ela falou-me, com sua voz suave e encantadora:
— Talvez seja porque ainda nos falta o verdadeiro sentimento de amor ao próximo. Creio que, quando demonstramos espiritualidade nos momentos de dor e aflição, trata-se somente

de um reflexo instintivo em busca da proteção e do amparo de uma força maior. As almas sublimadas, que já se tornaram eleitas a uma vivência superior, libertas das rodas cármicas, não se esquecem de Deus quando superam as dificuldades da vida; na verdade, elas passam a trabalhar mais intensamente pela obra do Senhor dos mundos. A maior das provações não está na pobreza e na doença, mas sim na riqueza e no poder. E essa é a prova coletiva por que nosso mundo agora está passando. Eu abaixei, então, a cabeça, vencido pela explicação lógica de minha esposa, e chorei.

— Chore, meu amor! — disse-me Evelyn. Lave tua alma para melhor compreender os erros do passado. Eu tenho feito isso todos os dias, desde que soube de nosso exílio. Quero marcar esse ensinamento em minha alma de forma definitiva, para jamais cometer esse equívoco novamente.

Procurei agir como ela e, em nosso último dia em Tríade, tomei uma iniciativa que levou minha esposa às lágrimas de felicidade. Decidi me despedir de seu pai de forma carinhosa e sem ressentimentos. Nas últimas semanas, eu o estava culpando por não nos ajudar a evitar o exílio, mas havia me decidido a enfrentar nosso destino com outros olhos. Acataria a vontade de Deus de queixo erguido, sem lamúrias. E, assim, de coração leve, aguardamos a aproximação do astro intruso no céu de Tríade.

Aquele foi um dia estranhamente calmo. A ação sedativa e hipnótica do asteróide higienizador fez os exilados entrarem em estado de sonolência e alienação. Andavam pelas ruas quase como autômatos.

À noite, ele surgiu, então, realizando um espetáculo sinistro no céu, como se fosse uma bola de fogo a sugar nossas almas, levando aqueles que haviam se esquecido que o objetivo da vida é, acima de tudo, evoluir à chama da purificação. E aqueles que fogem desse compromisso, escravizando-se ao mundo das ilusões, precisam ser despertados por meio da dor, já que o amor e a sabedoria não encontraram guarida em seus corações.

Aguardamos o momento final sentados em poltronas confortáveis, na sacada de nosso apartamento. Vestindo nossas melhores roupas e de mãos dadas, sem nada dizer, ficamos a observar a aproximação daquela terrível bola de fogo, que parecia hipnotizar-nos.

O imenso asteróide cruzou os céus de nosso planeta, entrando em choque com a atmosfera, causando um assustador espetáculo de cores e sons. O estrondo era ensurdecedor e lembrava o rugido de um leão ansioso por atacar suas vítimas. Apertei a mão de Evelyn, demonstrando-lhe segurança. Ela olhou para mim de forma serena, com um sorriso amável emoldurando seu belo rosto.

Em poucos minutos foi possível ver as almas já desencarnadas sendo atraídas, de forma incontrolável, pelo estranho objeto nos céus. As almas despreparadas de Tríade gritavam desesperadas de medo, acreditando-se condenadas a um inferno eterno ou, então, ao aniquilamento. Não demorou muito para os exilados que ainda viviam na esfera física, assim como nós, serem despregados de seus corpos, sofrendo aquela atração irreprimível.

Ao contrário do que está acontecendo na Terra atualmente, a passagem do astro intruso no céu promoveu instantaneamente o desenlace físico de todos os exilados, que foram carregados de uma única vez para seu novo mundo: a Terra. O atual processo de exílio planetário de nosso mundo durará cerca de cem anos, e as almas que serão expurgadas já estão sendo preparadas para o translado rumo ao planeta Absinto, de forma gradual e sistemática.

Em questão de poucos minutos o asteróide passou bem à nossa frente. Segurei firme a mão de minha esposa e disse-lhe:

— Sinto-me tranquilo. Estarei, em breve, em um mundo desconhecido, onde viverei muitos desafios. Mas você estará lá comigo, e isso me traz paz ao coração. Quero viver ao teu lado por toda a eternidade, meu amor.

Evelyn ficou com os olhos marejados e falou com sua voz doce, asfixiada pelas lágrimas:

— Eu amo você e vou estar sempre ao seu lado.

Naquele instante, um fogo intenso se apoderou de nossas almas, e rapidamente fomos arrebatados de nossos corpos físicos, que caíram sem vida. Com a velocidade de um raio, fomos atraídos em direção àquele enigmático asteróide que parecia possuir vida própria. Era um verdadeiro monstro executor! A sensação era de uma pressão atrativa insuportável e, ao mesmo tempo, de um calor que parecia queimar-nos a pele.

Respirávamos rapidamente, por diversos minutos, por causa da ansiedade incontrolável e também para tentar, inconscientemente, controlar aquele fogo que parecia nos consumir.

E, como se uma morte não fosse o bastante, sofremos uma segunda. Para atravessarmos o portal dimensional, simbolizado pelo astro intruso, foi necessário nos desfazermos não só do corpo físico, mas também do perispiritual. O perispírito é o corpo intermediário que liga o espírito ao corpo físico. É também um veículo de manifestação mais sutil, do qual o espírito se utiliza em sua vida espiritual, quando está vivendo fora da dimensão humana.

A migração para o planeta Terra exigia que nos despojássemos de todos os corpos elaborados a partir do sistema astral e biológico dos mundos regidos pela estrela de Capela. A viagem dos exilados realizar-se-ia tão somente com a alma, que pode se deslocar na velocidade do pensamento.

Depois de alguns momentos de atordoamento, quando em nenhum instante soltei a mão de Evelyn, conseguimos perceber novamente o mundo ao nosso redor. Estávamos todos sendo conduzidos pelo asteróide, que continuava a queimar, em atrito com a atmosfera do planeta. Assim, em seguida, sem aviso prévio, nossos corpos astrais começaram a se desfazer, como se estivéssemos derretendo. Vivemos mais uma sensação incontrolável de dor e medo.

Evelyn me abraçou como uma criança assustada e soltou um gemido que cortou meu coração. Em poucos segundos, deixamos de ter uma forma de manifestação humana. Nossos corpos literalmente se desfizeram. Uma sensação horripilante! Tornamo-nos apenas centelhas divinas, uma chama de consciência, feitos à imagem e semelhança de Deus, que assim o é.

Víamo-nos somente pelos olhos da alma, pois não podíamos mais nos reconhecer pelos sentidos sensoriais humanos. Era inútil procurar a mão de minha amada. Não tínhamos como nos segurar mais um ao outro; entretanto, a intensidade de nosso amor nos manteve unidos por toda essa terrível experiência de dupla morte.

Atlântida - No reino da luz

Um novo e pavoroso estrondo se seguiu e, repentinamente, abandonamos o asteróide, que era apenas um portal interdimensional. Fomos todos transmigrados de Capela para o Sistema Solar, na órbita do terceiro planeta: a Terra. Tudo isso foi realizado em apenas alguns poucos segundos, na velocidade do pensamento. Todo o processo foi conduzido por espíritos da ordem dos arcanjos, seres de evolução muito superior à compreensão humana, responsáveis pela administração sideral dos dois sistemas estelares envolvidos: Capela e Solar. Eles mantinham-se serenos e nos olhavam com imenso amor e respeito. Isso tranquilizou-nos. Além do mais, percebíamos neles absoluto controle da situação. Nada poderia dar errado.

Ao adentrarmos na atmosfera terrestre, imediatamente fomos recompondo nossos corpos perispirituais com os elementos astrais e biológicos da Terra. O choque foi dantesco! Para traçarmos um perfil comparativo, foi algo semelhante a estar acostumado a beber água pura em Tríade e ter de beber água lamacenta e contaminada na Terra. À medida que nossos corpos eram reconstruídos com a energia astral do planeta azul, sentíamos um fogo queimar-nos por dentro; um sofrimento inenarrável, causado pelas energias primárias do planeta.

Vários dias depois de penetrarmos a atmosfera terrestre, ainda sentíamos esse impacto indesejável, como se tivéssemos sido vítimas de terríveis queimaduras provocadas por desconhecida radiação ou, então, sofrido um estranho envenenamento. Somente meses depois conseguimos respirar de forma serena e prazerosa. Isso tudo era ainda agravado pela situação insatisfatória de nossas almas, que chegavam ao planeta Terra na condição de anjos arruinados.

Eu e Evelyn ainda fazíamos parte do grupo que foi premiado com a oportunidade de entrar na esfera vibratória mais sutil de Atlântida, um mundo superior em relação ao restante da Terra, pois se encontrava em uma dimensão menos grosseira. Nossos demais irmãos caíram diretamente na energia rudimentar do mundo primitivo da Terra de então. Depois, ficamos sabendo que eles passaram por um longo período de inconsciência, tal a dificuldade de adaptação ao novo mundo, que nos abrigaria a partir daquele momento, há doze mil anos.

Boa parte dos capelinos que ingressaram na esfera primária da Terra, quando reencarnaram pela primeira vez, sofreu deformidades físicas e distúrbios psicológicos gravíssimos, em decorrência de os veículos de manifestação física da Terra (corpos físicos) serem muito primitivos em comparação com os de nosso antigo mundo. Era algo semelhante a pilotos de Fórmula 1 terem de dirigir carros velhos, verdadeiramente arruinados.

Em virtude disso, os Capelinos que viriam a reencarnar em meio aos atlantes tiveram um processo de adaptação bem mais brando. A Atlântida, na verdade, não fazia parte do processo geológico da Terra da terceira dimensão, era como um reino semimaterial, que pairava em meio ao Oceano Atlântico. Ela poderia ser vista pelos homens comuns dos demais continentes que se aventuravam pelos mares, mas muitos não a percebiam, por ela estar em uma frequência superior ao alcance dessas almas primárias.

Muitas das lendas sobre discos voadores e seres alados dos povos antigos nada mais eram do que visitas dos avançados atlantes, realizadas a esses povos, para auxiliá-los em sua caminhada rumo ao progresso.

No transcorrer desta obra, relatarei a infinidade de aplicações da energia Vril que permitia aos atlantes um domínio tecnológico que assombraria o homem do século XXI.

A própria teoria científica do continente único, Pangeia, demonstra que não havia um continente físico, em meio ao Oceano Atlântico. O "encaixe" entre as Américas e a Euráfrica (Europa e África) mostra, de forma clara, que os continentes estavam unidos até o período Jurássico, quando o mundo era dividido entre um continente único e um imenso oceano primordial. Durante o Jurássico, Pangeia se fragmentou, formando os continentes Gonduana e Laurásia.

Esse processo de fragmentação se seguiu por muitos milhões de anos, até se tornar o mundo que conhecemos. Somente há 12 mil anos a Atlântida iniciou, então, seu processo de integração com o mundo da terceira dimensão, para pouco tempo depois desaparecer nas águas do imenso Oceano Atlântico. Um dia abordaremos com mais detalhes as diversas dimensões que compõem a vida na Terra.

Em resumo: a Atlântida vivia em uma frequência superior e foi se materializando na dimensão física, à medida que sua humanidade foi baixando a vibração espiritual, conforme explicaremos no transcorrer deste livro.

Para ser ainda mais claro, o mundo atlante era como os reinos mitológicos das fadas, elfos, duendes etc., um mundo à parte, superior, envolto em mistério, inacessível ao homem comum. Ele tinha como missão promover sua evolução e educar os povos primários do restante da Terra. Essa seria, agora, nossa tarefa no novo mundo em que estávamos prestes a viver. Não existe um reino de Deus e um reino do homem; o que chamamos de matéria é apenas a porção visível do espírito.

Essa sintonia harmônica de Atlântida com as frequências sutis superiores é que nos permitiu dominarmos plenamente a energia Vril e viver em uma dimensão superior a do restante da Terra.

A elevação da vibração espiritual da Terra, pela ação das gerações futuras, fará a humanidade terrena voltar, no futuro, a dominar essa avançada tecnologia, digna somente de uma humanidade que compreende os sagrados objetivos da vida: amor e evolução.

Essa condição especial de Atlântida é um dos motivos pelos quais os arqueólogos não conseguem localizá-la nos dias atuais, inclusive a Grande Pirâmide, submersa na região do Triângulo das Bermudas, "brinca" com aqueles que a buscam, aparecendo e desaparecendo, em meio à névoa submarina, por ser de natureza semimaterial.

E, assim, Evelyn e eu passamos vários anos na dimensão astral de Atlântida, estudando todos os detalhes sobre o conhecimento científico daquele novo mundo, para sermos úteis em nossa primeira encarnação no planeta azul. Os mentores espirituais ficaram, em pouco tempo, impressionados com a facilidade com que nós dois dominávamos e entendíamos o misterioso processo de manipulação do "quinto elemento".

O Vril era chamado de quinto elemento porque representava, na Antiguidade, um elo perdido entre o mundo material e o astral. Aqueles que o dominavam necessitavam ter o poder sobre toda a matéria, representada pelos quatro elementos: terra, água, fogo e ar, mais o domínio do fluido vital que interpenetra todo o Universo.

A grande energia não era percebida com os limitados sentidos físicos. Era necessário penetrar em uma frequência mais sutil para percebê-la, e somente essas raras almas poderiam manipular essa força, de acordo com suas respectivas capacidades; uns mais, outros menos.

Os quatro elementos eram apenas uma representação simbólica dos diversos estados da matéria. Os atlantes conheciam detalhadamente todas as combinações que compõem os elementos químicos; compreendiam o comportamento dos átomos e das moléculas formadas e o porquê de certos átomos serem extremamente reativos, enquanto outros são praticamente inertes. Conheciam também com profundidade propriedades como eletronegatividade, raio iônico, energia de ionização etc.

Usando o Vril eles realizavam também fantásticas metamorfoses de um elemento em outro, inclusive os que não possuem correspondência. A tão sonhada conquista da pedra filosofal, a metamorfose do cobre em ouro era algo facilmente obtido nas indústrias de Atlântida, que manufaturavam produtos sem gerar detritos. Era possível elaborar qualquer coisa por meio de qualquer elemento, inclusive o barro e até mesmo o nada, ou melhor, a partir do oxigênio. As notáveis "câmaras de ar" de Atlântida criavam do "nada" tudo o que necessitávamos.

Os atlantes geravam, por esse processo, um metal ainda mais nobre que o ouro, chamado oricalco. Muitos templos e palácios atlantes eram ornamentados com esse mineral, que não se encontra em estado natural na Terra. O oricalco só era possível de ser manufaturado pelo Vril. No dia em que a arqueologia moderna encontrar esse raro metal, terá finalmente encontrado vestígios da fascinante Atlântida.

O exterior dos templos, com exceção dos pináculos, era, em geral, recoberto de prata, e os pináculos, revestidos de ouro. No interior, o teto era de marfim, todo enfeitado de ouro, prata e oricalco.

Este último metal realçava a beleza das construções, com seu brilho dourado fascinante. Sua aparência era como de ouro, com o brilho dos diamantes. Os enfeites em oricalco no teto dos templos lembravam as estrelas do céu. Algo realmente divino!

Na época de ouro de Atlântida, não havia estátuas nos templos. Os atlantes não adoravam imagens. Com a chegada dos capelinos, essa prática começou a ser instituída, durante o triste período da decadência.

A energia Vril permitia, também, a criação de veículos não poluentes. Por meio da inversão do eixo gravitacional, os automóveis locomoviam-se sem rodas, flutuando a dez centímetros do chão. A movimentação em todas as direções e a diferença de velocidade era comandada por mudanças na inclinação desse eixo. Os veículos também podiam subir e deslocar-se a dezenas de metros do solo.

Mas voltemos à nossa narrativa. Abordaremos mais detalhadamente esse fascinante tema no transcorrer deste relato.

Depois desse período de adaptação, fomos, então, informados de que nossa "descida" para a vida humana estava próxima e que já era hora de conhecermos nossos futuros pais. Eles estariam presentes em uma reunião emergencial dos mestres atlantes na Grande Pirâmide, no templo do "quinto elemento", o fabuloso Vril!

Na dimensão astral, fomos convidados a presenciar o momento em que os atlantes foram informados da chegada dos capelinos em seu mundo de paz, amor e evolução. Foi inevitável nos prostrar de joelhos, mesmo tentando resistir. Nunca fui afeito a esse tipo de submissão, mas não tínhamos como controlar aquela energia que nos impulsionava à reverência absoluta. A Grande Pirâmide era impressionante, e a energia que circulava lá dentro, algo realmente assombroso.

Os cristais energizados com o poderoso quinto elemento, o Vril, tinham o poder de reestruturar totalmente quem se colocasse dentro da Grande Pirâmide. Era um mecanismo que possuía inteligência artificial. De forma automática, analisava os indivíduos que estivessem sob seu raio de ação e promovia recombinações de seu DNA, levando a correções biológicas notáveis.

Os atlantes, antes de nossa chegada, raramente necessitavam desses recursos. Mas, depois que os capelinos chegaram, tudo mudou. Nossas almas, contaminadas com traumas inconscientes, desequilíbrios e demais toxinas, exigiam, sistematicamente, esse tipo de intervenção. Nossas mentes enfermas poluíam o perfeito corpo físico que recebíamos geneticamente de nossos pais, causando doenças que não faziam parte da vida em Atlântida. No mundo primitivo da Terra, isso passou a ocorrer de forma ainda mais preocupante.

Enquanto caminhávamos deslumbrados pelo interior da Grande Pirâmide, observávamos as paredes em cristal branco, que pareciam ter vida própria. Era possível ouvir sons sutis das correntes de Vril a percorrer aquela cadeia de transmissão energética. Os cristais brancos de quartzo sempre foram os mais perfeitos catalisadores do Vril.

Desde aquele dia, sempre senti que a presença de Deus morava dentro da Grande Pirâmide de forma especial. Parecia que, no reflexo das paredes, o olhar do Onipresente vigiava tudo e todos, sempre permitindo-nos seguir nosso livre-arbítrio, porém demonstrando sutilmente alegria em nossas decisões acertadas e tristeza em nossos equívocos.

É impressionante imaginar como os atlantes atingiram tal desenvolvimento há doze mil anos, época em que o homem moderno acredita que existiam somente sociedades tribais. Era realmente assim no restante do globo, talvez com uma ou outra exceção, como os povos das atuais China e Índia, que já começavam a ter uma sociedade mais estruturada.

O grande fator de diferenciação do povo atlante em relação à humanidade atual era sua visão liberta de paradigmas. Eles enxergavam o plano invisível e não eram escravos do materialismo, como os povos atuais. Isso fez os habitantes do imenso reino de Poseidon desenvolverem de forma admirável as faculdades paranormais, permitindo-lhes uma ligação direta com outras realidades dimensionais, como, por exemplo, o mundo dos espíritos, que chamavam quinta dimensão ou apenas dimensão superior.

O Vril era uma energia dinâmica e poderia se apresentar sob vários aspectos. Uma de suas formas mais comuns de manifestação era pela "inversão do eixo gravitacional" de elementos materiais. A partir de uma indução energética, era possível erguer pesados blocos de rocha como se fossem monólitos de isopor. Essa tecnologia permitia a construção de grandes edifícios sem a utilização de guindastes ou outras máquinas pe-

Atlântida - No reino da luz

sadas. Era necessário apenas conduzir as pedras colossais aos locais apropriados, após serem lapidadas por meio de avançada tecnologia, semelhante ao laser moderno. Os atlantes jamais lutavam contra a gravidade, resolviam o problema utilizando essa força a seu favor.

Os primeiros egípcios, que ainda dominavam parcialmente o Vril, construíram as pirâmides e a esfinge de Gizé utilizando essa mesma tecnologia. Somente o Vril poderia erguer monólitos com duas toneladas, sem utilizar resistentes roldanas e guindastes.

Hoje em dia, os arqueólogos procuram mil explicações. Algumas muito absurdas, como a construção de uma rampa circular até o topo das pirâmides egípcias, para conduzir os pesados blocos. Qual rampa resistiria a tal peso? Diversas teorias insensatas são levantas simplesmente pela dificuldade da ciência atual em abandonar seus limitados paradigmas de compreensão; comportamento este que tem atrasado a evolução tecnológica e espiritual da Terra de forma preocupante.

Outros povos descendentes dos atlantes, como os habitantes da Ilha de Páscoa e os sumérios também utilizaram essa fantástica energia para erguer suas construções e monumentos. É fácil perceber que os egípcios, maias, incas, astecas e outros povos da Antiguidade receberam a influência direta dos atlantes, antes e após a submersão da Grande Ilha.

Com a iminente catástrofe, diversas embarcações abandonaram Atlântida antes do grande cataclismo. Esses habitantes foram viver em outras terras e caldearam sua cultura com a dos povos primitivos do resto do globo, trazendo-lhes um grande e definitivo impulso para o desenvolvimento, fato que até hoje impressiona as culturas modernas.

Os egípcios são um grande exemplo. Até a quinta dinastia, eles possuíam avanço considerável. Ao contrário da ordem natural da evolução dos povos, a sociedade egípcia rapidamente cresceu, para depois entrar em franca decadência. Inclusive, os primeiros egípcios eram monoteístas e, com o passar dos séculos, declinaram à crença em vários deuses. A falta de compreensão superior dos capelinos rebeldes, aliada ao primitivismo dos povos oriundos da Terra, promoveu a crença pagã entre os gregos, egípcios e, posteriormente, os romanos.

Outro exemplo da presença atlante no resto do mundo é a construção de pirâmides por todos os povos antigos do planeta, sendo que no Egito tivemos as mais impressionantes demonstrações dessa cultura. A Atlântida era um continente repleto desses fabulosos "catalisadores energéticos", que eram construídos usando as mais belas pedras, desde o granito até o basalto negro. Na capital Posseidon, como já relatamos, encontramos a mais colossal dessas construções: a "Grande Pirâmide", quatro vezes maior que a pirâmide de Keops, no Egito, composta de blocos de cristal branco, que, depois, foram fusionados, tornando-se uma única peça. Essa Grande Pirâmide, hoje submersa nas profundezas do mar, está localizada exatamente na região conhecida como Triângulo das Bermudas, gerando uma espécie de energia magneto-espiritual, que desencadeia os fenômenos já conhecidos, como o desaparecimento de barcos e a rotineira alteração da leitura dos instrumentos de navegação.

Os atlantes dominavam também a tecnologia da informação, por meio de cristais de quartzo manipulados pela energia Vril. O avanço na área da informática foi tal que eles construíram centrais de informação semelhantes aos registros Akhásicos do plano espiritual, onde está armazenado todo o pulsar da vida no cosmos. As informações contidas nesse poderoso banco de dados podiam ser acessadas por quaisquer recursos sensoriais, desde imagem até estímulos cinestésicos.

O povo atlante possuía os registros de todos os acontecimentos de sua civilização e utilizavam essas informações para evitar o retrabalho. Os habitantes de Atlântida consideravam imperdoável desperdício de energia "criar o já criado", portanto, possuíam um sistema integrado de informações que gerava benefícios a todas as cidades do continente.

Outro ponto que fascinava os cientistas atlantes era a total automação dos processos produtivos, mas não com a finalidade de excluir a sociedade, gerando desemprego, como ocorre nos tempos atuais. A meta era a libertação das atividades rotineiras, para que o homem pudesse dedicar-se ao processo de criação e ao progresso espiritual.

Em Atlântida, as questões espirituais estavam intimamente

associadas à ciência e às demais áreas do conhecimento humano e espiritual. Era impossível falar de qualquer assunto sem envolver a causa primária da vida, que é a realidade espiritual.

Por esse motivo, os grandes mestres haviam convocado aquela reunião para ser realizada no interior da Grande Pirâmide e lá ouvir as orientações do mundo maior.

Eu e Evelyn aguardamos, ansiosos, o início daquela imprevista assembleia. Era possível perceber, entre os veneráveis anciãos de Atlântida, uma grande apreensão.

Sentados, lado a lado, bem juntinhos e de mãos dadas, apenas acompanhávamos, com olhares curiosos, a movimentação da chegada daqueles espíritos elevados. Além da apreensão natural pelos acontecimentos que se desenrolavam, ainda estávamos ansiosos para conhecer nossos futuros genitores.

Todos os sacerdotes da Grande Energia haviam sido chamados, em decorrência de uma tragédia ocorrida em Posseidon, fato inimaginável naquela época. Um jovem de dezesseis anos havia causado a morte intencional de duas pessoas, por meio da manipulação maléfica do Vril.

Evelyn apertou minha mão e sussurrou em meu ouvido:

— Andrey, será que essa morte foi causada por algum dos capelinos que já reencarnaram na terra de Posseidon?

Fiz um gesto com os ombros, demonstrando que não sabia a resposta. O último caso de assassinato em Atlântida era um fato antiquíssimo, somente sendo possível rememorá-lo por meio de consulta nos bancos de dados. Para se ter uma ideia, nem mesmo havia polícia em Atlântida. Todos estavam chocados com o acontecimento e analisavam a tragédia que, para os tempos modernos, nada mais é que mera rotina nas páginas policiais, mas que, para a civilização atlante, tratava-se de grave ocorrência.

Os espíritos ali reencarnados já haviam superado o estágio evolutivo em que os homens desrespeitam a vida de seus semelhantes; isso que a população do continente não era pequena. Viviam em Atlântida, naquela época, mais de sessenta milhões de habitantes, e a harmonia era algo comum, mesmo diante da diversidade de opiniões.

Logo ficamos sabendo que um jovem capelino, do primeiro

grupo a reencarnar em Atlântida, já havia sucumbido ao caldeirão de emoções descontroladas, algo típico em consciências que ainda estão em desarmonia com o grande plano do Senhor dos mundos. Ele desenvolveu uma técnica de utilização da energia Vril que permitia matar pessoas a distância, por asfixia. Após desentender-se com seus colegas de estudo, ele havia realizado o crime absurdo para testar seu invento. O rapaz havia sido preso em uma sala de isolamento mental, pois poderia comandar a energia Vril mentalmente e cometer novos crimes para libertar-se. Os atlantes estavam chocados. Jamais pensaram na utilização da poderosa energia para a prática do mal; ainda mais assim, de forma quase incontrolável, caso o rapaz não fosse enclausurado.

Poucos minutos depois do amplo debate sobre o tema, o sumo sacerdote do templo dirigiu-se com passos lentos ao grande altar e disse-nos:

— O que dizer, meus irmãos? Estou tão estupefato quanto todos aqui presentes. Compreendendo minha incapacidade para solucionar esse problema, orei ao Grande Espírito e pedi-lhe esclarecimentos para nos orientar na busca pela solução que traga paz à nossa sociedade.

O venerável líder dos sacerdotes ergueu-se e descortinou uma tela de cristal espelhado que ficava no fundo do altar. Em seguida, todos os presentes realizaram profunda oração íntima, pedindo a presença dos mentores espirituais da Terra, com o objetivo de obter algum esclarecimento.

Passados alguns minutos, a tela tornou-se opaca, e surgiu uma bela paisagem ao fundo. Uma cachoeira desaguava em um pequeno lago ornado com belas flores e vegetação exuberante. Aquela tela de cristal era um intercomunicador entre os dois planos: o material e o espiritual.

Em seguida, surgiu na tela o Grande Espírito, que ficaria conhecido no futuro como Jesus de Nazaré. Ele sorriu e disse, com voz majestosa, mas que não disfarçava sua preocupação:

— Que a luz dos planos superiores envolva todos os irmãos! Eu recebi vosso apelo e aqui estou para esclarecer-vos sobre o acontecimento que aflige essa assembleia de irmãos dedicados à busca do bem. Como todos vós sabeis, os mundos são escolas

Atlântida - No reino da luz 47

evolutivas para o crescimento dos filhos de Deus. Os habitantes da Ilha de Posseidon atingiram patamar superior ao programado por nosso planeta Terra. Justo se faz que os irmãos aprovados para uma vivência superior migrem para uma dimensão ou para um mundo de ordem mais elevada. E, seguindo a orientação do Criador, já migraram para a Terra espíritos exilados do Sistema de Capela, na Constelação do Cocheiro, almas rebeldes que necessitaram ser afastadas do processo de aperfeiçoamento daquele mundo para não prejudicar as almas sinceras que desejam crescer conforme o processo de evolução traçado naquela escola divina. Os exilados de Capela já se encontram em vosso meio, reencarnando sistematicamente e concretizando o processo de transição planetária, onde novas comunidades são inseridas ou apartadas nos diversos mundos do Universo. No período de um século, esses irmãos em estágio evolutivo inferior reencarnarão gradualmente, à medida que os atuais habitantes da Grande Ilha ascenderão a um mundo superior, após seu desenlace da matéria. Essa transformação mudará o cenário de vosso mundo, determinando uma decadência no nível espiritual de seus habitantes. Esperamos que esses irmãos rebeldes se adaptem sem causar traumas ou desavenças incontroláveis. O caso que vos aflige é o primeiro sinal, de muitos que surgirão, em decorrência da imaturidade espiritual dos filhos de Capela. O grupamento espiritual que está reencarnando entre vós está assumindo o compromisso de tornar-se um referencial de desenvolvimento para todo o globo, em substituição à importante contribuição da humanidade atual do reino de Posseidon. Essa equipe necessita de vosso apoio e orientação para conseguir vencer os desequilíbrios de sua alma e assim atingir o objetivo traçado. Esperamos poder controlar a situação e manter esse paraíso em seu atual estágio de avanço tecnológico. Caso contrário, será necessário destruir o continente, para que o grupo escolhido para reencarnar aqui também venha a viver entre os povos bárbaros do resto do planeta, onde a tecnologia e o avanço ainda não foram alcançados e não poderão causar maiores danos ao planeta.

O nobre emissário divino silenciou por alguns instantes e depois concluiu:

— Vós já estais eleitos para viver em esferas superiores à

Terra, mas conto com vossa colaboração, meus irmãos, para educar os rebeldes e mostrar-lhes o caminho do amor, única fonte de edificação espiritual para alcançarmos a evolução até os braços de Deus. Por isso peço-vos que essa última encarnação em que vivereis na Terra seja dedicada ao auxílio espiritual aos irmãos capelinos. Suportem com amor e paciência as "crianças espirituais" que o Pai nos envia para educarmos. Espero ter-vos esclarecido, meus amados irmãos. Ficai com a luz de Deus!

Naquele instante, a tela de cristal voltou a ficar opaca e depois se tornou um espelho perfeito, ao mesmo tempo em que todos os atlantes ali reunidos trocavam ideias sobre as informações recebidas.

Nesse instante, um de nossos principais instrutores, desde que chegamos à Terra, chamou-nos para acompanharmos a conversa de um grupo de jovens. Ficamos deslumbrados com a beleza daqueles seres que irradiavam energia pura e agradável.

Sem demora, nosso nobre instrutor aproximou-me de um jovem casal à nossa frente e falou:

— Andrey, eis teus futuros pais.

Ele apontou para um homem alto, com olhar carinhoso e sonhador, e falou:

— Esse é Atônis, sacerdote do templo do sol. E a jovem noiva ao seu lado chama-se Criste. Esse jovem casal abrirá as portas da reencarnação no mundo humano para você, meu filho. Saiba aproveitar a oportunidade que receberás.

Sem me dar tempo para dizer qualquer coisa ou até mesmo agradecer, ele se virou para minha companheira e falou:

— Evelyn, você também terá uma oportunidade muito especial. Eis sua futura mãe: a sacerdotisa Ártemis, uma alma de elevadíssimo quilate espiritual, e ao seu lado está seu futuro pai, mestre Násser.

Nós ficamos instantaneamente magnetizados por aqueles seres e nada falamos ao nosso orientador. Apenas fizemos uma reverência discreta com a cabeça.

Ele esboçou um pálido sorriso e falou-nos:

— Fiquem aqui junto a eles, procurando conhecer seus anseios e pensamentos. Eu tenho de acompanhar outros encaminhamentos.

Concordamos como duas crianças assustadas. E, no momento em que o orientador estava se afastando, resolvi perguntar-lhe por que havíamos sido escolhidos para ter pais assim tão especiais.

Ele me olhou de forma significativa e disse:

— Vocês possuem grande conhecimento sobre o Vril e o manipulam de forma impressionante. Escolhemos esses jovens casais para serem seus pais por dois motivos: primeiro, para que juntos possam explorar todo o potencial de suas energias criadoras pelo bem da Terra; e, segundo, para que vocês possam ter uma infância segura, em meio a pais que lhes deem carinho e boa formação moral.

Ele meneou a cabeça e concluiu:

— O poder é algo muito perigoso e cobiçado e ele pode corromper! Admiramos o poder de suas mentes, mas também temos receio do que esse poder pode ocasionar a almas instáveis como as suas.

Ele se despediu e foi dedicar-se a outros assuntos, enquanto eu e Evelyn ficamos pensativos. Minha bela esposa olhou, então, para suas mãos e disse-me, com indisfarçável preocupação:

— Andrey, por que ele nos disse isso? Será que ele crê que usaríamos o Vril para o mal? Terá visto algo em nossas almas que desconhecemos?

Eu beijei suas delicadas mãos e desconversei:

— Talvez seja só uma medida preventiva, já que somos capelinos. Venha! Vamos observar a conversa de nossos futuros pais.

Os quatro jovens mestres debatiam, de forma ardente, sendo que Atônis acreditava não ser necessário se preocupar, pois os capelinos se transformariam para o bem e viveriam em harmonia no paraíso que era nosso continente. Ártemis já não pensava assim.

— Atônis, se eles não se modificaram em seu mundo, por que o fariam no nosso?

— Não sei, Ártemis, acho que confio demais nas pessoas. Creio sinceramente na modificação para a Luz.

— Creio também nessa modificação, mas após uma série de encarnações, e não abruptamente! — respondeu a futura mãe de Evelyn.

Se imaginássemos que nos tempos atuais, doze mil anos após, os homens ainda estariam se matando, promovendo guerras estúpidas e vivendo em pleno atraso espiritual, acho que todos ficaríamos chocados com a falta de perseverança no bem desses irmãos que ingressavam no plano evolutivo da Terra, naqueles longínquos dias.

Após debaterem por algum tempo, eles perceberam que Násser estava calado, meditativo. Os demais amigos chamaram sua atenção para a conversa do grupo, e ele disse, em tom soturno.

— Irmãos, todas as teses são corretas e possíveis, mas devemos pensar na possibilidade de os capelinos não se adaptarem à frequência elevada de nosso mundo. Vejam bem, todo o conhecimento e avanço de nossa civilização perder-se-ão, pois o continente terá de ser destruído! Para evitar isso, poderíamos levar a outras terras um conhecimento básico, inofensivo, com o objetivo de civilizar o resto do planeta e assim promover o avanço dos capelinos no mundo primevo, caso se confirme a destruição da Grande Ilha e de seu legado de amor e sabedoria.

Todos concordaram com as palavras de Násser.

Criste, então, falou preocupada:

— Daqui a cem anos estaremos em avançada idade e não poderemos empreender essa fantástica viagem. Certamente teremos poucos anos mais de vida e não poderemos ser verdadeiramente úteis, sendo que nem ao menos poderemos procriar nas novas terras.

O cidadão atlante alcançava facilmente os cento e trinta anos de idade, em razão da existência regrada, liberta de vícios e a elevada qualidade de vida. O continente era liberto de poluição e com uma selva controlada, onde os animais selvagens habitavam as zonas afastadas dos grandes centros populacionais. Além do mais, a medicina era avançada, e os habitantes não possuíam carma para queimar em doenças degenerativas.

Násser caminhou de um lado a outro, meditativo, e falou:

— Você tem razão, Criste! Essa viagem não é para nós, mas para os discípulos que deveremos orientar. Serão os capelinos de boa índole que iremos instruir e trazer-lhes a luz dos conhecimentos básicos de nossa civilização. Mesmo que eles se rebelem, não possuirão conhecimento tão avançado que venha prejudicar as novas terras em que viverão.

Atônis sorriu e disse, com seu estilo brando e amigável:

— Concordo com a ideia, apesar de achar que essa fuga para outras terras não será necessária. Mas qual será o pensamento dos planos superiores sobre essa ideia? Será que eles desejam que o conhecimento atlante siga para terras primitivas?

Naquele instante, surgiu do nada uma luz cristalina, e materializou-se entre eles um espírito sublime que disse:

— A inspiração divina está em vossos corações. Essa é a vontade dos planos superiores! Iniciai aprendizes que demonstrem o coração puro, mas dentro dos limites que eles deverão conhecer, para que não prejudiquem o restante do globo. A energia Vril, elemento de discórdia entre almas primárias, deve ser conhecida somente em sua mais simples aplicação. Nós estaremos unidos ao vosso projeto e trabalhando com afinco para que ele se realize!

Logo após, o espírito de luz se desmaterializou diante de nossos olhos. Nossos futuros pais não ficaram surpreendidos, pois essas aparições espirituais eram comuns na Atlântida do período pré-apocalíptico. Já nós dois ficamos bem impressionados.

Em seguida, Násser abaixou a cabeça e, após, concluiu:

— Se os espíritos responsáveis pela evolução da Terra estarão conosco de tal forma é porque realmente a chance de os capelinos vencerem suas tendências inferiores é bem remota.

Atônis olhou para Násser e concordou, com um gesto amargurado.

Em breve nossos pais casariam e teriam seus filhos. As portas para o mundo humano se abririam novamente para nós. Seríamos submetidos a mais uma oportunidade de aprendizado, por intermédio da encarnação na escola evolutiva terrena, mais especificamente, na sutil dimensão de Atlântida, com o objetivo de nos tornarmos pessoas melhores e úteis para a grande obra de Deus.

Capítulo 2

Ano novo solar

A manhã estava belíssima e, apresentando um céu azul espetacular, brindava-nos com sua beleza, enquanto magníficos raios solares surgiam no horizonte, para abençoar a vegetação exuberante da Atlântida Ocidental.

A capital Posseidonis estava em festa. Era o dia de reverenciarmos o começo de mais um ano, entendido como o início de um novo dia, no momento em que o Astro-Rei despontava no horizonte, o que não ocorre nos dias atuais. O ano iniciava com o primeiro raio de Sol do primeiro dia da primavera. Éramos um povo essencialmente solar.

Sempre de mãos dadas com Evelyn, eu observava, pela janela de nosso veículo de deslocamento aéreo, a beleza das aves, sobrevoando, elegantes, as frondosas árvores que contornavam a colina do principal templo do Sol de toda a Atlântida, onde meu pai, Atônis, era sumo sacerdote.

Eu olhei para minha bela noiva e disse-lhe:

— Atônis deve estar radiante. Esse é o dia mais importante do ano para ele.

Ela sorriu de forma afetuosa e falou, com sua voz suave, como música para meus ouvidos:

— Sim, Andrey, para ele, o primeiro dia do ano é sempre muito especial. Lembro-me, até hoje, de sua emoção, quando nos abençoou em nosso primeiro ano como sacerdotes do Vril. As lágrimas corriam de seus olhos, denunciando toda a sua felicidade por nos batizar em nosso início de carreira.

Eu concordei com um gesto sereno e falei, enquanto acariciava sua pequena mão:

— Lembro-me, também. Atônis queria que eu fosse um sacerdote do Sol, como ele, mas minha vocação para o Vril era indiscutível. Tua mãe, querida, a nobre Ártemis, nem precisou convencê-lo disso. Minha vocação para a ciência era indiscutível. Não herdei a tendência de meus pais para a filosofia espiritual.

Em Atlântida, a ciência, a arte, a filosofia e a religião eram entendidas como provenientes de uma única fonte: Deus; portanto, todos os que se dedicassem a essas áreas eram considerados sacerdotes.

Nós rimos das agradáveis lembranças de nossa adolescência, enquanto desfrutávamos da bela vista aérea. Agora, já éramos jovens independentes, e, em breve, nosso casamento seria oficializado.

Hoje, relembrando aqueles dias e mesmo considerando que éramos exilados de um mundo superior, em Capela, percebo o quanto fomos privilegiados. Creio que, de todas as encarnações que vivi na Terra, essa foi a que me proporcionou melhores condições, em todos os sentidos: saúde, inteligência, beleza, conforto, boa formação familiar e excelente condição social e financeira. Tudo estava absolutamente ao meu favor.

Acredito até que essa foi a vida em que fui mais belo, entre todas as que Deus me ofertou no planeta azul. Como filho de Atônis e Criste, herdei perfeita genética, oriunda da mais pura linhagem da raça branca de Poseidon.

Eu era surpreendentemente parecido com meu pai, a ponto de os amigos brincarem, dizendo que eu era um clone dele (a civilização atlante dominava perfeitamente essa técnica). Somente nossas personalidades eram diferentes.

Como a velhice e a degradação física entre esse nobre povo só ocorria próximo aos cem anos de idade, nem parecíamos pai e filho, e, sim, gêmeos ou, então, apenas irmãos muito parecidos.

Nossa maior diferença, quando estávamos lado a lado, eram nossas vestes. Ele usava os trajes sagrados de sumo sacerdote do templo do Sol: uma túnica branca, com cordéis e adereços dourados; sandálias em estilo semelhante ao grego, quase sempre da mesma cor dourada; seus colares solares também eram muito marcantes, sem contar o adorno na cabeça, que se assemelhava a uma coroa de ouro. Eu vestia uma roupa justa ao corpo, calças e blusas semelhantes às vestimentas atuais, porém mais confortáveis, sempre da cor bege e com o poderoso símbolo do Vril no peito. Nos momentos de lazer, usávamos vestes informais, mas a trabalho e em grandes celebrações vestíamos roupas que identificavam nossas atividades dentro da grande sociedade atlante.

Assim como meu pai, eu era alto, tinha dois metros. Em Posseidon, raros homens mediam menos de um metro e noventa centímetros de altura; e o tamanho médio dos homens era igual ao meu. Já as mulheres mediam em geral um metro e oitenta centímetros.

Os atlantes do lado ocidental da ilha apresentavam predominantemente pele clara. Eu tinha a tez branca e possuía longos cabelos, bem lisos e louros; minha pele era absolutamente sem manchas e rugas; e meus olhos, de um azul brilhante, da cor do céu. Desde muito jovem, eles eram profundamente penetrantes e hipnóticos. Poucas pessoas não me fixavam o olhar, fascinadas. Meu rosto tinha traços delicados, sem perder a masculinidade. Por vivermos em uma sociedade perfeita, não sofríamos as duras ações da natureza.

Meu corpo jovem e atlético, sempre vigoroso, aliado ao domínio do Vril, fazia de mim um dos mais cobiçados partidos de toda a Grande Ilha. Certamente eu era um belo exemplar de meu povo. Mas só tinha olhos para Evelyn, pois sempre fui completamente apaixonado por ela. Disso ela jamais duvidou.

Ela tinha a pele bem clara, também; seus cabelos eram muito parecidos com os meus, porém castanhos claros, como seus olhos. Ela media em torno de um metro e oitenta centímetros de altura. Sua beleza delicada me fascinava. Aparentava ser frágil como um beija-flor, entretanto, algumas vezes, impressionava-me com sua determinação, semelhante à de uma águia.

Eu a amava mais que tudo na vida. Adorava passar horas apreciando seus mais despretensiosos movimentos. Suas delicadas mãos acariciando o pelo macio dos gatos; seu andar elegante, que representava a alegria da vida; tudo nela era mágico ao meu olhar. Dormir cheirando seus cabelos, para mim, era o paraíso na Terra. Sempre, antes de deitarmos, eu beijava seus olhos e agradecia a Deus por estarmos juntos.

Sim, formávamos um lindo casal! O que mais dois rebeldes exilados de Capela poderiam desejar? Nada. Éramos plenamente abençoados.

Além de toda a beleza natural que herdamos de nossos pais, ainda nos destacávamos pelo porte nobre e pelo poderoso título que ostentávamos: sacerdotes do Vril. Isso nos alçava a uma categoria especial dentro de nossa sociedade. Apesar de vivermos em um sistema fundamentado na mais absoluta igualdade, nossa condição incomum nos rendia convites especiais. Éramos admirados e respeitados por toda a comunidade atlante, ainda mais por sermos filhos de nobres cidadãos que exerciam elevados cargos de âmbito nacional.

Os pais de Evelyn eram muito destacados. A bela e nobre Ártemis era vista como uma das principais sacerdotisas do Vril, de todos os tempos. Alguns diziam que não havia registro de uma mulher que dominasse o quinto elemento de forma tão abrangente, em toda a história do continente. E isso que as mulheres ocupavam o mesmo espaço dos homens. Não havia distinção alguma com relação ao gênero, sendo muito comum as mulheres terem elevados cargos, inclusive no sacerdócio científico, assim como acontecia com Ártemis.

As mais importantes decisões sobre a grande energia passavam por suas mãos, pois ela era um dos raros sacerdotes que podiam interagir com o grande conselho do Vril, composto por quatro anciãos, sendo um deles seu próprio pai. Já seu esposo, Násser, exercia atividades de alta relevância na administração de todo o continente.

Meus pais e os de Evelyn haviam conquistado importante espaço dentro da sociedade atlante, desde aquele dia em que os conhecemos, antes de nossa encarnação na Grande Pirâmide.

Estávamos chegando ao pico da colina, onde seria realizada a cerimônia de ano novo, quando olhei para o relógio da aeronave e disse à Evelyn:

— Meu amor, ainda é cedo, vamos sobrevoar a região. Desde criança, sempre achei as encostas da colina do sol um dos locais mais belos de nossa terra. O tumulto da cerimônia, hoje, será desgastante. Vamos relaxar um pouco, antes do evento.

Ela concordou e, então, com apenas um olhar, alterei as rotas gravitacionais da aeronave, que era impulsionada pela silenciosa energia Vril. Poucos atlantes possuíam esse poder. As naves eram todas idênticas, e ninguém tinha a posse delas. Os veículos eram de todos, ou seja, estavam sob a administração do governo.

Após um atlante usá-lo, qualquer um poderia entrar na nave e partir com ela. Para isso, elas eram programadas para atender a rotas preestabelecidas. O usuário entrava no veículo e apenas mencionava em voz alta seu destino. A nave, então, imediatamente seguia o curso solicitado, avaliando as rotas mais adequadas e controlando o fluxo de outros veículos que cruzassem seu caminho. Isso garantia a total segurança de todos e permitia que os passageiros se dedicassem a outras atividades, enquanto realizavam a viagem.

Somente os sacerdotes do Vril ou pessoas que tinham relativo domínio sobre a grande energia tinham como dirigir manualmente o veículo. Eram exceções as aeronaves especiais de turismo, guiadas somente por pessoas autorizadas para seu uso manual.

Raras vezes, intervínhamos no mecanismo automático de deslocamento. No entanto, naquele dia, resolvi quebrar a rotina. Planamos por trinta minutos pelos arredores da colina, para usufruir daquele espetáculo maravilhoso.

A encosta possuía cascatas divinas. Além do mais, eu e Evelyn adorávamos ouvir os cantos dos pássaros e o som dos demais animais, ao amanhecer. Em determinado ponto do passeio, comandei a nave para ficar em estado estacionário, próximo a uma bela cachoeira, a oitenta metros de altura. Abrimos a porta principal da elegante aeronave e ficamos abraçados, respirando profundamente aquele ar puríssimo, levemente úmido, por causa do vapor da queda d'água.

As naves atlantes, movidas pelo Vril, não geravam nenhuma energia motriz para manterem-se em estado estacionário, assim como os helicópteros modernos. A inversão dos eixos gravitacionais simplesmente as mantinha paradas no ar, como se estivessem no solo, no mais absoluto silêncio. Somente ouvidos bem treinados poderiam ouvir o sutil som da energia Vril percorrendo as centrais de força da aeronave, assim como ocorria nos corredores da Grande Pirâmide. Quando em movimento, só ouvíamos o som do atrito do vento na fuselagem.

Eu, então, abracei Evelyn um pouco mais forte e disse-lhe, ao pé do ouvido:

— O que posso querer mais? Nossa vida é absolutamente perfeita. Todos os dias, quando acordo, agradeço ao Espírito Criador por tantas dádivas.

Ela concordou, com um meigo sorriso, enquanto retribuía o abraço. Ficamos assim por mais alguns segundos, como se nossa vida estivesse sendo embalada por uma música divina, até que completei:

— Evelyn, eu creio que a amo mais do que a mim mesmo. Não sei o que seria de minha vida sem tê-la ao meu lado. Sinto grande tristeza quando a imagino longe de mim. Só de pensar em perdê-la, sinto um aperto no peito. Você parece ser mais importante do que o ar que respiro.

Ela ficou séria e disse, com voz tensa:

— Não diga isso, Andrey. Você sabe que o princípio divino que seguimos é amar ao próximo como a nós mesmos. Você deve amar-se acima de tudo, para poder irradiar a nossos semelhantes o amor divino que brotar em seu coração. Ademais, fomos sempre ensinados a não ter apego a nada, nem a ninguém. Nós estamos nesse mundo para evoluirmos, tornarmo-nos pessoas melhores, e não para saciarmos os anseios do ego humano. Sua mãe mesmo nos ensinou isso. Criste sempre diz para colocarmos nossos anseios pessoais em último lugar. Todo atlante deve viver para a sociedade, esquecendo-se de si mesmo. O desprendimento de Criste é tão grande, que ela mesma não fica enciumada por você tratar minha mãe como se fosse sua.

Eu concordei, com um gesto confuso, e disse-lhe:

— Sim, você tem razão. Mas não sei por que, às vezes, sinto essa fraqueza interior, como se a felicidade extrema pudesse fugir de minhas mãos. Em algumas noites tenho pesadelos. Criste já me falou sobre isso, ensinando-me que aquilo que mais tememos torna-se nosso maior inimigo na busca pela iluminação espiritual. Eu mesmo não compreendo esse medo. Parece que não sou digno dos méritos e privilégios que recebo.

Eu me afastei em direção à ponta da plataforma da nave, com a intenção de chegar mais perto da cachoeira, e disse, mais para mim mesmo do que para ela.

— Eu domino o Vril com grande facilidade, mas parece que não sou senhor de meu próprio eu. Gostaria de ter o equilíbrio interior de meus pais.

Evelyn se aproximou e falou, enquanto me abraçava pelas costas:

— Você vai ter esse equilíbrio, Andrey, e será o maior sacerdote do Vril que a terra de Posseidon já conheceu. Você desenvolverá novas técnicas para aplicar o quinto elemento e trará progresso e conforto à nossa sociedade, como nunca se viu.

Eu sorri e disse-lhe, desanuviando minha mente:

— Sim! Mas você sabe o que quero, eu desejo muito atravessar o portal para o mundo primevo. Desejo viajar pelo restante do globo, para a esfera da terceira dimensão, e utilizar o Vril para ajudar esses povos primitivos que estão além do nevoeiro que encobre os limites de nosso reino. Quero atravessar as brumas das fronteiras que nos separam dessa terra de sofrimento.

Ela concordou serenamente e disse, beijando meu rosto com brilho no olhar:

— Claro, meu amor! Esta é a aplicação mais bela do Vril: promover a cura e melhorar as condições de vida de quem sofre. Se essa for a vontade de Deus, você ajudará a promover o progresso das almas que nasceram na esfera de dor da Terra. Abençoados somos nós, por termos nascido em Posseidon!

Eu concordei com as palavras de minha amada noiva e disse:

— Sim, pedirei a nossos pais que nos permitam conhecer definitivamente esse mundo de que só temos notícia pelos relatos das equipes que trabalham para assisti-los. Mas, agora, vamos para o templo do Sol. Está quase na hora da cerimônia. Quero que meu pai me veja lá, prestigiando mais esse dia de imensa alegria para ele.

Rapidamente fechamos a porta da aeronave e nos dirigimos ao topo da colina. Lá estacionei o veículo serenamente, na área destinada, nas proximidades do templo do Sol.

A porta de material vítreo de alta resistência se abriu, e descemos radiantes da aeronave. Tínhamos a força da juventude e um mundo pleno de grandes realizações pela frente.

Ártemis, a quem eu chamava de minha segunda mãe, havia me dito, dias antes, que depositava em mim esperança muito grande com relação ao uso do Vril. Apesar de sua filha ser uma grande sacerdotisa da grande energia, ela me afirmou, confidencialmente, que esperava de mim algo raro, nos anos vindouros: materializar o Vril. Poucos sacerdotes, durante séculos, tinham realizado esse fascinante processo de manipulação do quinto elemento. Em geral, conseguiram isso por breves segundos, sempre dentro do templo principal da Grande Pirâmide.

O único que realizou um feito realmente espetacular nesse sentido foi Antúlio: o grande avatar de Atlântida, aquele que recebeu a mensagem da Luz diretamente do Cristo Planetário, assim como ocorreria com Jesus e outros grandes iluminados de nossa humanidade, no futuro.

Antúlio, poucos anos antes de voltar para o reino espiritual, materializou o Vril na forma de uma chama eterna, em um dos altares das diversas salas de meditação da Grande Pirâmide. Segundo os antigos, aquela chama estava acesa e intocável desde a vinda de nosso messias, séculos antes do período que estamos narrando. Os anciãos também nos afirmavam que a chama só se apagaria no dia em que Atlântida se afastasse do caminho da Luz. Todos os dias os sacerdotes oravam em frente à chama, pedindo ao Criador força e discernimento para que nossa civilização jamais permitisse que aquela chama abençoada se extinguisse.

Essa materialização do Vril que Ártemis previa em minha formação como sacerdote não possuía nenhuma função prática. Apenas seria um sinal de que eu obtivera absoluto controle sobre o quinto elemento, algo como tornar visível a movimentação dos elétrons no processo de gerar eletricidade ou, então, a visualização do processo de reação em cadeia, ao gerar energia nuclear.

Contudo, a maior preocupação de Ártemis era com relação

ao meu ego. Ela desejava meu sucesso mais do que ninguém, no entanto, temia por minhas origens. Eu era um instável capelino, e não um atlante da era de ouro. Atlântida vivia uma nova era. A cada dia, mais casos estranhos aconteciam. Decididamente, uma nova humanidade estava passando a habitar a terra de Posseidon, e os sábios atlantes sabiam disso.

O poder do Vril se tornava, inclusive, cada vez mais restrito, por questões de segurança. Antigamente, ele era liberado para qualquer aplicação, agora, até mesmo em sua utilização mais básica – a movimentação das aeronaves –, já era estudada a possibilidade de ser protegida com senhas de segurança.

E assim, pouco a pouco, eu me tornava o centro das atenções, e os elogios tornavam-se inevitáveis. Inclusive, a cerimônia de que iríamos participar estava sendo filmada e retransmitida para todo o continente. Em termos religiosos, aquele evento do qual poucos poderiam participar era comparável à missa do galo rezada pelo papa na Capela Sistina, em Roma.

Em alguns momentos, tornava-se visível em meu semblante aquela mesma arrogância e prepotência que eu havia cultivado, com raízes profundas, em minhas vivências em Tríade, no sistema de Capela.

O nariz empinado, o peito estufado, como se eu fosse um pavão, tornava isso evidente para olhos mais observadores. Lembrando as estrelas da música pop da atualidade, eu posava para fotos, respondia perguntas para jornalistas e fazia questão de deixar marcada minha presença em qualquer evento.

Meus pais nada percebiam. Atônis sempre foi meio avoado, até mesmo em sua encarnação como o faraó Akhenaton, na décima oitava dinastia egípcia. Minha mãe, Criste... Bom, vocês sabem como são as mães de todos os tempos, sempre vendo somente o lado bom de seus filhos, ainda mais quando ele se sobressai. Já Ártemis analisava meu perfil psicológico de forma discreta, sem nada dizer, e, mesmo assim, não conseguia evitar totalmente o envolvimento emocional. Era como uma segunda mãe para mim; agia, muitas vezes, como tal.

Quero, nesta narrativa, abster-me de relatar, a todo momento, os avanços tecnológicos de Atlântida, em alguns pontos muito superiores aos atuais. Obviamente que tínhamos recursos para captar e transmitir imagens e sons com nossa tecnologia, que era, em todos os aspectos, superior aos recursos digitais atuais. Receptores em cristal de quartzo captavam as transmissões magnéticas com facilidade, em qualquer canto do grande continente, desde o portal, na costa da atual Flórida, na América, até as Ilhas Canárias, na Europa; inclusive algumas colônias próximas, fora da Atlântida, captavam esses sinais, mas a qualidade caía significativamente, por ser um mundo de natureza mais grosseira. Da mesma forma, tínhamos aparelhos de comunicação semelhantes aos atuais telefones celulares, contudo, a tecnologia era baseada no Vril, portanto, chamaremos, nesta narrativa, apenas de telefones móveis.

Em seguida, vieram os cumprimentos usuais dos amigos, entre eles Ryu e Arnach. Este último eu considerava como um verdadeiro irmão. Ele era muito parecido comigo, porém com cabelo quase branco, de tão louro, e com os fios levemente cacheados.

Essa nossa afinidade vinha de longa data. Fomos amigos em várias encarnações anteriores, no sistema de Capela. Sempre namorador, ele aparecia nos eventos cada vez com uma nova companhia. Sua instabilidade emocional em nada era espelhada no perfil de seus pais, autênticos atlantes, assim como nossos pais. Eu estranhava aquela instabilidade de Arnach com relação ao amor.

Eu só tinha olhos para Evelyn; nem a mais bela mulher de Atlântida poderia atrair meus olhares. Minha noiva era tão perfeita, aos meus olhos, que me completava totalmente. As outras mulheres de toda a humanidade eram para mim apenas irmãs, às quais eu desejava toda a felicidade do mundo.

Dessa vez, Arnach estava acompanhado de Ariane, uma linda habitante da Atlântida Oriental. Ela possuía a pele vermelha, assim como os antigos egípcios. Seus sedosos cabelos negros e os profundos olhos indagadores provocavam verdadeiro fascínio em Arnach, que parecia não se cansar de novas experiências amorosas, escandalizando a velha geração de nosso país.

Ele também tinha sido nomeado sacerdote do Vril. Às vezes, eu me perguntava como ele conseguia manter a concentração necessária para dominar o quinto elemento. Parecia que sua mente estava sempre voltada para o sexo feminino. Três, em cada quatro palavras que mencionava, referiam-se à beleza das mulheres, que sempre desejava conquistar. Ele vivia em eterno clima de desafio amoroso. Era bater o olho em uma nova mulher, e ali estava ele planejando como derrubar suas defesas e, assim, ceder aos seus encantos de conquistador. Poucos dias depois, ele se cansava e perdia todo o interesse. Parecia que ele não desejava encontrar o amor, e, sim, apenas sentir a adrenalina do desafio da conquista, algo que, na época, eu encontrava dificuldade para compreender.

Ele, então, sussurrou, de forma maliciosa, em meu ouvido:

— Coisa linda, não é, Andrey? Preciso me conter para não me apaixonar. Ela mora muito longe. Mesmo com nossas rápidas naves, não desejo ficar cruzando o continente a todo instante, para vê-la.

Ele esboçou um discreto sorriso e complementou:

— O pai de Ariane é governador de parte da região que faz fronteira com o portal oriental de acesso para o "mundo de dores". Ele é responsável por várias excursões a esse mundo funesto. Isso me assusta. Quero distância daquela região. Além do mais, ele quer um bom casamento para a filha. Tenho que escapar de suas garras, pois não almejo casar tão cedo. Há muita coisa boa para aproveitarmos nessa vida.

A menção de Arnach ao "mundo de dores" atiçou novamente minha curiosidade. Já éramos adultos e ainda não conhecíamos o restante do globo. A saída de Atlântida era algo que exigia autorização formal das autoridades, algo bem burocrático. Olhei para Evelyn, confirmando nossa conversa anterior, e disse-lhe:

— Não aguento mais de curiosidade para conhecer o "mundo de dores". Hoje mesmo falarei com meus pais sobre nossa ida. Fale com os seus também. Chega a ser irônico não termos realizado ainda essa viagem. Nossa profissão e nosso conhecimento nos autorizam a isso. Até mesmo alguns filhos de fazendeiros do interior já foram conhecer a esfera primeva, em absurdas viagens de turismo.

Por diversas vezes havíamos pedido autorização para participarmos de alguma das expedições ao mundo primitivo da

Terra, mas sempre ouvíamos que não estávamos preparados. Esse era um de meus maiores desejos para o ano novo que se iniciava.

Enquanto eu estava perdido em meus pensamentos, Evelyn chamou a atenção de Arnach para que ele se aquietasse, pois meu pai já tinha subido ao altar e estava de braços erguidos em direção ao Sol nascente.

Mas, antes, não perdeu a oportunidade de censurá-lo:
— Arnach, Ariane é a irmã caçula de Nereu. Ele não me parece muito amigável. Controle suas atitudes. Ouvi falar que Nereu tem um poder incomum sobre o Vril e tem o humor muito instável. Além disso, ele é muito amigo de Atlas, que assumiu este ano o cargo de administrador geral da Atlântida Oriental. Apesar de jovem, ele conquistou a confiança do conselho dos anciãos.

O genioso galanteador sorriu discretamente e manteve-se em silêncio, em respeito a meu pai, que estava pronto para a cerimônia e aguardando a atenção de todos.

O culto solar de Atlântida em nada se assemelhava aos rituais dos povos primitivos do resto do mundo. Assim como ele faria no antigo Egito, na personalidade de Akhenaton, Atônis demonstrava que Deus não estava no Astro-Rei em si, mas se manifestava por intermédio dos raios solares, que são elementos criadores da vida. Da mesma forma que o Espírito Divino está presente em toda criação, alimentando-a e permitindo a vida, assim é com relação aos raios solares, sempre abençoando tudo e todos de forma indistinta.

Éramos conhecedores profundos dos astros e sabíamos que todo o sistema planetário é regido por uma estrela, centro gerador da vida para vários mundos. A devoção ao Sol era apenas uma forma de reverenciar Deus, que se utiliza das estrelas como instrumentos mantenedores da vida, nas escolas planetárias.

É interessante relatar, também, que Atônis personificou tão bem o culto aos raios solares como forma de adoração e reconhecimento do poder divino por intermédio do Sol que os antigos egípcios, herdeiros diretos dos atlantes, criaram, posteriormente, a crença no deus Aton, que era uma abreviação do nome Atônis. Certamente, uma lembrança inconsciente de seus seguidores em encarnações futuras. Séculos depois, ele próprio reencarnaria como o faraó Akhenaton, para reforçar a crença nesse deus secundário do panteão egípcio, que foi o passo inicial para devolver à humanidade (de forma definitiva) a crença monoteísta que havia se perdido, desde os tempos da antiga Atlântida, conforme relatamos no livro *Akhenaton - A Revolução Espiritual do Antigo Egito*.

Essas lembranças inconscientes são tão fortes que, no templo do Sol da Atlântida, o Astro-Rei nascia entre duas montanhas. Quando Akhenaton estava procurando um local para fundar sua nova capital, viu esse mesmo quadro místico na região hoje conhecida como Tell-el-Amarna, no Egito. Lá construiu a fabulosa cidade de Akhetaton, que revolucionou o mundo por fugazes trinta anos.

Atônis se manteve, então, em silêncio, com os braços abertos e de costas para todos nós, porém voltado para o Sol, que despontava no horizonte. Suas vestes brancas e os adornos dourados ficaram misticamente iluminados ao contato com os primeiros raios solares da manhã; seu belo rosto, emoldurado por longos cabelos louros, pareceu transformar-se, no momento em que ele elevou aos céus uma súplica íntima ao Criador dos mundos.

Naquele dia, e só naquele, os raios solares atingiam uma escultura de cristal de dois metros de altura, que retratava uma mulher grávida. Em seu ventre, em vez de uma criança, via-se uma magnífica pirâmide, que somente naquele dia e horário irradiava diversos matizes de cores, em contato com o Sol matutino. Esse fenômeno durava pouco mais de uma hora e simbolizava o início de mais um ano. Era algo lindo de se observar.

A construção daquela escultura era mais uma das fantásticas aplicações do Vril. Lapidar uma pirâmide dentro de outra escultura, sem tocá-la, somente um habilidoso sacerdote do quinto elemento poderia realizar tal feito. A idade daquela escultura também era secular, assim como a chama de Antúlio.

Vale relatar, também, que a palavra "Deus", na antiga língua atlante, era unissex, representando o masculino e o feminino. As mulheres geravam a vida, então, todo atlante dava especial atenção à natureza feminina do Criador, ou seja, o Todo

Atlântida - No reino da luz 65

Poderoso era visto como Deusa, em alguns momentos, e Deus, em outros. Nesse momento, Atônis estava reverenciando a Deusa que gerava a vida, em seu pleno aspecto feminino.

Já nos primeiros segundos em que os raios solares atingiram a escultura, provocando o fenômeno de cores já relatado, Atônis passou a falar com sua voz doce e eloquente. Sua devoção ao Espírito Criador sempre foi algo que muito me emocionou.

— Criadora da Vida, Senhora de todos os mundos. Mais uma vez se manifesta aqui, aos nossos olhos, um símbolo de Teu poder magnânimo. As forças que manipulas no macrocosmo representamos aqui em nosso pequeno símbolo de Teu poder criador. Sabemos que Tu, nossa Mãe, geras a vida e a alimentas, assim como nós, Teus filhos, fazemos com nossas crianças, desde o homem até os animais, nossos irmãos menores.

Nesse momento, alguns harpistas e violinistas passaram a tocar, em seus instrumentos, uma melodia divina, que encantou-nos todos, enquanto Atônis prosseguia com sua oração divina.

— Senhora da Vida, abre nossos olhos para percebermos sempre a beleza das pequenas coisas que vemos na natureza e o quão é importante mantermos a harmonia da obra que criaste. Nós dominamos a tecnologia do Vril, manipulamos a Tua obra criadora, por meio da engenharia genética, aperfeiçoando nossa forma de manifestação física. Atingimos o saber, mapeamos a vida, mas, em nenhum momento, esquecemos que tudo isso nos foi permitido por Tua infinita bondade. Caso contrário, nada disso nos seria possível. Também não esquecemos que o avanço deve ocorrer sempre em harmonia, jamais provocando destruição ou desarmonia. Permite-nos, ó, Grande Mãe, que jamais nos escape da memória que o progresso deve trilhar o caminho do amor.

Atônis manteve-se em silêncio por alguns instantes e ficou observando o disco solar no horizonte. Em seguida, voltou-se para nós e passou a examinar o público presente. Eu estranhei aquele procedimento. Meu pai parecia estar nos suplicando algo, no imo de sua alma. Em seguida, vi duas grossas lágrimas correndo em seus olhos e apertei firme a mão de Evelyn. Senti um aperto no peito. O que estava se passando com Atônis? Ele, então, esclareceu-nos:

— Desculpem-me, meus irmãos, por essa minha demonstração exterior que não condiz com o momento. Mas meu coração sofre com os rumos que nossa sociedade está seguindo. Quero aproveitar esse instante, em que essa cerimônia está sendo transmitida para os sessenta e quatro milhões de habitantes de nosso país, para expor minhas preocupações. Mais um ano se inicia, e, a cada novo ano, vemos que nosso povo está perdendo seus valores. Todos nós sabemos que uma nova humanidade está reencarnando neste paraíso que chamamos terra de Poseidon. Os pais precisam saber orientar seus filhos, para que eles também consigam perceber a importância de amar e proteger sua terra e seus semelhantes. As novas gerações trarão em seus corações dúvidas e dilemas internos de suas vivências anteriores do mundo em que vieram. O inconsciente de nossos filhos está povoado de pequenos dramas, que nem mesmo eles saberão interpretar. Cabe-nos dedicar-lhes muito amor e orientá-los a vencerem tendências que, algumas vezes, podem ser mais fortes do que eles mesmos.

Enquanto meu pai falava, percebi minha mãe, Criste, sentada elegantemente ao seu lado, de pernas cruzadas e com seu porte nobre, digno de uma rainha, olhando-me com carinho, como se estivesse depositando em mim toda a esperança de que eu correspondesse às palavras de meu pai. Atônis era um grande homem, um idealista como poucas vezes o mundo conheceu, um coração de ouro, ou melhor, de oricalco!

Eu olhei para Criste com firmeza e lhe disse, telepaticamente:

— Pode confiar em mim!

Ela sorriu e respondeu-me da mesma forma:

— Eu sei que posso, meu amado filho.

Os atlantes tinham bastante facilidade para se comunicar por pensamento, principalmente com seus afins. Mãe e filho tinham, então, capacidade de realizar isso a quilômetros de distância, sem contato ocular.

Atônis abaixou os braços, estendeu as palmas das mãos para o público à sua frente e disse, sorrindo:

— Talvez eu esteja me preocupando demasiadamente. Lamento por esse imprevisto na cerimônia, mas algo dentro de mim me dizia que eu deveria falar-lhes sobre isso. Vamos, então, orar à Grande Deusa e encerrar as festividades. E que esse novo ano seja de grandes realizações para todo o nosso povo! Que a Senhora da Vida nos abençoe!

Enquanto meu pai prosseguia com suas exposições, perdi-me em meus pensamentos. Olhei para Arnach e os demais amigos de minha geração e comecei a analisar nosso comportamento e compará-lo com o de nossos pais. Seria somente um conflito de gerações? Impetuosidade dos jovens? Sim! Éramos diferentes deles. Parecia-me que eles eram mais devotados a Deus e aos valores da alma. Eles ouviam de forma mais clara e intensa a "voz interior". Entre os jovens, muitos colocavam isso em segundo plano, até mesmo por não terem a profundidade espiritual necessária.

Decididamente, nossos pais eram espíritos nobres, senhores de si, enquanto nós possuíamos um imenso "porão" de traumas interiores que desconhecíamos. A nova geração de Atlântida era como os icebergs dos mares gelados do norte. Tínhamos uma gigantesca área inconsciente submersa em nossas mentes, que não sabíamos reconhecer, nem dominar.

Assim, aquele mesmo medo interior que eu havia narrado a Evelyn, antes de chegarmos à cerimônia, tomou-me de assalto repentinamente. Em meu pensamento ecoava: "O que será isso? Por que tantas perguntas sem respostas? Por que Atônis e Criste parecem ser tão resolvidos, enquanto eu e meus amigos parecemos tão instáveis e suscetíveis às paixões? O que era Arnach e sua estranha instabilidade emocional? E Atlas, então, que preocupava cada vez mais os anciãos da capital por causa de seu gênio instável, lá na Atlântida Europeia? Por sua vez, Gadeir demonstrava perigosa ambição política no lado ocidental da Grande Ilha. Ele era diplomático e gentil, mas todos sabiam que aspirava ao mesmo que Atlas: o poder absoluto!". Muitas perguntas povoavam minha mente, e eu não encontrava as respostas.

Além disso, havia a questão da supremacia dos atlantes sobre a nova geração. Eles eram mais completos e perfeitos; tanto nos esportes como em todas as áreas, mostravam maior destreza e equilíbrio. Desde uma simples dança, passando por atividades esportivas e terminando na competência profissional. Em tudo eles sempre eram superiores.

Eu e meus amigos, pelo menos, tínhamos grande habilidade com o Vril, o que diminuía esse sentimento de rancor. Já os milhões de habitantes comuns da nova geração nem isso possuíam, eram seres medíocres, que não se destacavam dentro da perfeita sociedade atlante, o que agravava seu sentimento de inferioridade.

Isso, para espíritos exilados por sua arrogância, era algo muito amargo para digerir. Não foram poucas as vezes que vi a nova geração olhando com preocupante despeito para os atlantes da era de ouro. Os atlantes-capelinos irradiavam discreta raiva, que passava despercebida.

Inclusive, invejávamos seu lento processo de envelhecimento. Alguns pareciam tão jovens quanto nós, mesmo tendo vinte ou trinta anos a mais. Nossas almas imperfeitas aceleravam o processo degenerativo dos perfeitos corpos que recebíamos de nossos pais, ao ingressar na vida física.

Lembro-me, como se fosse hoje, do dia em que perdemos o campeonato de um esporte muito parecido com o voleibol para um time de atlantes da era de ouro. Eles eram bem mais velhos que nós, mas demonstravam incrível destreza, resistência e equilíbrio para vencer, enquanto nos desesperávamos, vítimas de nossa ansiedade descontrolada e imperícia.

No final da partida, Ryu, ofegante, com as mãos sobre os joelhos, olhou para nós e falou, em tom de fracasso:

— Não adianta lutarmos, eles são superiores a nós. São como garças elegantes, enquanto nós parecemos patos desajeitados.

Aquela triste declaração de Ryu desmoronou nossos egos. Caímos de joelhos no chão e reconhecemos nossa inferioridade. Essas experiências, em nossa adolescência, marcar-nos-iam profundamente, precipitando-nos ao despenhadeiro, nos momentos críticos de nossas existências. E assim ocorria, em todas as esferas, com todos os atlantes-capelinos.

Os atlantes da era de ouro eram espíritos mais evoluídos, porém não perfeitos. Nem percebiam nosso triste estado de espírito, após as contínuas derrotas, assim como nos diversos momentos em que ficava evidente sua superioridade em relação a nós. Se eles tivessem observado isso, durante todo o processo de transição para o novo ciclo, talvez pudessem ter-nos auxiliado a vencer nosso ego arrogante e vaidoso, mudando o triste destino do continente perdido.

Entretanto, o que passou não pode ser mudado. Devemos apenas aprender com nossos erros e construir um novo futuro. Eles eram professores e também aprendizes. Assim é a vida: aprendemos uns com os outros; os mestres com os alunos e vice-versa.

Assim, quando dei por mim, a cerimônia já estava sendo encerrada. Ao ver meu pai abraçando e beijando minha mãe com imenso carinho, corri para eles, como fazia quando era apenas uma frágil criança.

A expressão de felicidade deles ao ver-me dessa forma, tão espontânea, foi algo inesquecível. Atônis ficou ainda mais contente, porque isso corroborava a importância de suas palavras anteriores: educar bem os filhos, ou seja, mostrar-lhes o verdadeiro amor, para que, no futuro, tornassem-se dignos atlantes. Quem me dera pudesse ser motivo de orgulho para eles, durante toda a vida!

Terminada a cerimônia, todos nos dirigimos para uma ampla área verde, anexa ao templo da colina do sol, e lá se iniciaram as festividades com música e dança, para recebermos o novo ano. Em poucos minutos, a extrovertida juventude atlante já estava dançando e cantando, em meio àquela exuberante natureza. Entre as árvores, em um belo dia de Sol, todos sorriam, refletindo perfeitamente o que era a vida na Atlântida: paz, amor, alegria e felicidade.

Próximos às mesas com frutas e belas decorações, os sábios filósofos conversavam com os administradores da Grande Ilha sobre os rumos que nossa pátria deveria seguir, para atingir qualidade de vida superior e sobre os projetos para desenvolver as comunidades do mundo primevo, na terceira dimensão da Terra.

Já os jovens como nós, ainda com a cabeça despreocupada dos problemas da vida, mas sem descuidarmos de nossas responsabilidades, brincávamos e dançávamos, com um brilho apaixonante no olhar e com um largo sorriso no rosto.

Eu e Evelyn adorávamos dançar. Se os amigos deixassem, ficaríamos por horas naquele mundo só nosso: olho no olho, mãos unidas, corpos próximos, em uma magnífica troca de energias sublimes. Somente quem um dia encontrou uma pessoa verdadeiramente especial em sua vida pode mensurar o que estou narrando.

Com um olhar sincero e seguro de meus sentimentos, olhei profundamente nos olhos de Evelyn e disse-lhe:

— Estou a meio caminho do paraíso.

Desde criança eu lhe dizia isso, época em que nossos corações descobriram que havíamos nascido um para outro. Sabíamos, pelas informações de nossos pais, que éramos exilados de Capela e tínhamos perdido o paraíso em um mundo superior. Eles nos estimulavam a recuperar essa condição. Então, eu sempre falava à Evelyn que eu estava a meio caminho do paraíso, lutando para ser melhor a cada dia. E somente o fato de estar ao seu lado já era meio caminho andado para chegar lá.

Ela, então, sorriu e falou-me:

— Hoje é um dia tão maravilhoso, que já me sinto lá. Viver ao teu lado é o próprio paraíso!

Abraçamo-nos em completa felicidade e caminhamos rapidamente pelo gramado verdejante, até o outro extremo da festa, realizando brincadeiras com os amigos e abraçando todos. Os atlantes sempre foram alegres e simpáticos. A Atlântida da época de ouro era realmente o paraíso na Terra.

As belas moças atlantes, com seus encantadores vestidos brancos, tal qual a pureza de suas almas, cativavam todos. Elas calçavam delicadas sandálias, que realçavam ainda mais a beleza de seus pezinhos, dignos das mais sedutoras fadas do imaginário popular. Tiaras ricamente floridas prendiam os sedosos cabelos das lindas atlantes, que dançavam com desenvoltura e graça. A pele imaculada, resultado de alimentação basicamente oriunda dos raios solares, oxigênio, água e frutas leves, tornava-as ainda mais angelicais. E, quando sorriam... Ah! Era um raio de luz, pois sua dentição perfeitamente alva, aliada ao brilho dos olhos, geralmente azuis ou verdes, revelava-as mais belas do

Atlântida - No reino da luz

que uma pintura dos mais renomados artistas da Terra.

Tanto as louras da raça branca como as morenas da raça vermelha eram deslumbrantes. Nesses instantes, eu até ficava com pena de meu amigo Arnach. Ele parecia uma criança dentro de uma loja de doces.

Eu e Evelyn nos divertíamos com seu olhar perdido, mesmo na companhia da belíssima Ariane. Não foram poucas as vezes que ela teve de chamar-lhe a atenção por causa de seu olhar vago e perdido, em vez de concentrar-se na conversação com ela, aquela deslumbrante mulher.

Os rapazes eram também muito elegantes, geralmente vestiam túnicas brancas e discretas, ou, então, confortáveis calças e blusas, assim como nos dias atuais, porém feitas de tecido mais elástico, privilegiando o conforto.

Nossos longos cabelos pouco nos diferenciavam das mulheres. Éramos uma raça andrógina. Tanto homens como mulheres eram muito parecidos. Tínhamos poucos pelos no corpo, cabelos muito lisos e longos e uma constituição física delicada.

O que diferenciava os homens das mulheres eram basicamente os órgãos sexuais. Além disso, éramos mais fortes. Não muito, pois o domínio do Vril fazia praticamente nulas as atividades que exigiam esforço físico em Atlântida. Assim, desenvolvíamos a musculatura apenas para atividades esportivas.

As mulheres também tinham delicadeza especial e corpo com curvas sedutoras, semelhante às das mais belas da atualidade. A diferença é que elas não usavam isso para seduzir; os homens também não eram vulgares, sabiam a beleza que se escondia por baixo dos elegantes vestidos de suas pretendentes.

O amor entre os atlantes residia mais no olhar do que nas formas do corpo. Nós nos atraíamos pelos espelhos da alma: os olhos. A mulher mais sedutora era aquela que sabia melhor projetar, usando o olhar, a imensa beleza que morava em sua alma. Em resumo: as mulheres eram fadas, e os homens pareciam elfos da mitologia escandinava.

Mas nem tudo era alegria. Evelyn, às vezes, deparava-se com o olhar carregado de inveja de Electra, que também era sacerdotisa do Vril, contudo, desprezava os ensinamentos crísticos. Ela parecia concentrar em si somente sentimentos negativos, e todos que cruzavam seu caminho eram vistos como inimigos. Desde muito cedo, ela preocupava os mestres da velha geração, que observavam seus passos tortuosos com especial atenção.

Electra tinha obsessão por mim, e não apenas por causa de minha beleza, ela admirava meu poder especial sobre o Vril e minha elevada posição social. Além disso, desejava um bom casamento, e Evelyn lhe era um indesejável obstáculo. Logo percebi que minha noiva se fragilizou com o olhar cruel de Electra e disse-lhe:

— Não dê atenção a isso, meu amor. Você sabe que só tenho olhos para você.

Ela concordou, com um gesto sereno.

— Sim. Eu confio em você, mas é impossível não se sentir desconfortável com a pesada energia que ela me dirige. Como alguém pode ter tanto ódio no coração?

Olhei, então, com desprezo para Electra, e ela irradiou-me um sentimento de raiva e revolta interior. Logo depois, deu-nos as costas e foi dançar com um ingênuo rapaz.

Mas logo nos esquecemos do fato, pois Arnach se aproximou, com seu habitual senso de humor, contando suas hilárias estórias e fazendo-nos rir sem parar. Ariane, a cada instante, encantava-se mais por ele.

Arnach era assim, muito divertido e sedutor. O problema estava na consequência de seus atos amorosos. No final, todas choravam de tristeza por perdê-lo. Sua ausência lhes era insuportável.

Mas duas semanas era o prazo máximo de fidelidade e atenção que ele era capaz de oferecer. Não fazia por mal, simplesmente ele era assim, completamente instável no campo do amor. Parecia que a ideia de enraizar em seu coração tal sentimento por uma única mulher lhe era algo abominável, do que ele fugia com todas as suas forças. Talvez o medo de perder a liberdade de conquistá-las todas as noites o fazia evitar qualquer relação mais profunda.

E assim nos divertimos muito naquele dia, desejando a todos um ano promissor, assim como se faz nos dias atuais. Realizamos muitas brincadeiras, conversas amenas, à sombra acolhedora das árvores, com os sábios anciãos de Atlântida, até

Atlântida - No reino da luz

que, no final da tarde, Atônis chamou para si novamente a atenção e falou-nos, com largo sorriso no rosto:

— Que dia maravilhoso, meus irmãos! Momento de grande alegria para todos nós. O Astro-Rei já parte para o descanso na terra ocidental, abençoando-nos com seus distantes raios dourados. Obrigado a todos que vieram hoje aqui prestigiar nossa festa e que o ano seja repleto de grandes realizações para todos os filhos da terra de Poseidon!

Capítulo 3

O poder do Vril

No dia seguinte, lá pela metade da manhã, dirigi-me, pensativo, para a Grande Pirâmide de Posseidon. Geralmente, percorria aquele tranquilo e belo caminho acompanhado de Evelyn, mas, naquele dia, ela saíra bem cedo com Ártemis, para outros compromissos, permitindo que eu me entregasse aos meus pensamentos.

Durante o percurso, resolvi meditar sobre os acontecimentos do dia anterior: o discurso improvisado de meu pai, ressaltando a responsabilidade que pesava sobre os ombros da nova geração; e séculos de progresso, harmonia e a conquista de uma sociedade perfeita que poderiam estar correndo sérios riscos, caso não correspondêssemos às expectativas. Era fundamental que forjássemos um caráter nobre e digno, para manter os princípios sagrados da sociedade atlante íntegros; uma tarefa difícil para almas instáveis como a dos exilados capelinos.

Realmente, nossa sociedade encontrava-se cada dia mais desleixada, no que se refere aos verdadeiros valores da alma. A nova geração era arrogante e, pouco a pouco, começava a se entregar a práticas incomuns na Grande Ilha de outrora. Instabilidades emocionais, deficiências de caráter, atitudes fúteis e outras demonstrações de mediocridade espiritual indicavam, a olhos vistos, que a geração de ouro de Atlântida cedia lugar aos atlantes capelinos, uma nova e inferior linhagem de almas arrogantes, egoístas, invejosas e fúteis.

Inconscientemente, o que me tranquilizava era saber que Evelyn tinha o comportamento de uma atlante genuína. Sua retidão de caráter, responsabilidade e dedicação ao próximo me comoviam e me fortaleciam para manter-me no caminho correto. Intuitivamente, eu sabia que ela era a grande responsável pelo homem que eu havia me tornado. Como eu a amava loucamente, desejava sempre atender suas expectativas, comportando-me sempre com natural dignidade. Além disso, minha vida era um conto de fadas. Não havia por que me rebelar ou alimentar sentimentos negativos. Isso não fazia sentido.

Apesar de ser claro que nós, os capelinos, éramos os "patinhos feios", comparados com nossos ancestrais, eu tinha um grande trunfo: o notável domínio sobre o Vril. Isso mantinha meu ego sempre elevado, era uma forma de sentir-me superior.

Assim, em meio a esses pensamentos, eu pouco percebia meus lampejos de arrogância e prepotência. Considerava-me um atlante com caráter perfeito. Só estranhava aquele medo injustificável de algo que não sabia o que era e que me consumia. Em alguns momentos, eu me fazia uma série de perguntas internamente, que me causavam mais confusão e me levavam a um labirinto sem resposta. Isso, muitas vezes, deixava-me exausto. Eu, então, deitava na cama de minha casa ou em salas de repouso e entrava em sono profundo, por longas horas. Nada mais era que uma fuga inconsciente de meus fantasmas.

Segui em silêncio pelo encantador trajeto que levava à Grande Pirâmide, uma região cercada por frondosas árvores, com vegetação exuberante. Diversas trilhas ladrilhadas conduziam-nos ao acesso principal da mais notável construção de nosso país. Nem os palácios administrativos, decorados com prata, ouro e oricalco, conseguiam rivalizar com o imenso catalisador energético, que era considerado o coração de nosso país.

A região era restrita às aeronaves, porque poderiam influenciar nas poderosas correntes do Vril que circulavam pelas entranhas da fabulosa construção.

O poder energético contido na Grande Pirâmide era algo absolutamente grandioso, capaz de destruir o planeta milhares de vezes, caso não fluísse de forma correta, pelas paredes de cristal. Obviamente que não existia risco nenhum quanto a isso.

Nem mesmo durante o período em que vivemos em trevas corremos tal perigo, apesar da atitude impensada que eu tomaria no futuro...

A Grande Pirâmide de Posseidonis possuía inteligência artificial e um sistema de defesa próprio. Qualquer anormalidade em seu funcionamento ou ação criminosa provocava o desligamento de seu centro de força principal, localizado no coração da grande estrutura. E, se alguma criatura em desequilíbrio entrasse de forma desavisada nas dependências da "Casa Maior do Vril", corria o risco de ser desintegrada pelos sistemas de defesa. Existiam avisos acerca disso por todas as entradas.

Meditando sobre a beleza e a genialidade daquele colosso, diante de meus olhos, pensei: "Não podemos perder esse paraíso. Preciso conhecer os povos primitivos da Terra, para ter real noção da grandeza de nosso mundo e, assim, dar-lhe mais valor, do fundo da alma, assim como fazem meus pais".

Quando cheguei próximo à imensa pirâmide, fiquei a meditar sobre a importância do progresso que a sociedade atlante havia alcançado, refletido não só naquela gigantesca estrutura, mas em tudo ao nosso redor.

Se os arqueólogos descobrissem a Atlântida, certamente ficariam assombrados. Éramos uma sociedade industrial, doze mil anos antes de o homem moderno existir. Construções artesanais ou com acabamento duvidoso simplesmente não existiam. Veículos, casas, templos, lojas, absolutamente tudo era realizado com máximo esmero, seguindo modelos previamente concebidos. Isso evitava comparações desnecessárias. Ninguém possuía algo mais suntuoso que seus concidadãos, até mesmo porque isso é uma necessidade de almas pequenas.

A liberdade de criação era manifestada somente no campo artístico. Tudo o mais era elaborado pelos engenheiros e, depois que o molde estava pronto, bastava materializar, com a fabulosa energia Vril.

Nosso trabalho era o mais importante na hierarquia do quinto elemento. Cada cidade possuía sua central de geração da energia, em seus mais diversos aspectos. No entanto, na capital, na Grande Pirâmide, captávamos mentalmente esse fluído cósmico universal e o armazenávamos em perfeitas peças de cristal (em sua maioria, com forma piramidal), que acumulavam essa energia de maneira impressionante.

Depois, essas "pedras mágicas" eram transportadas para as linhas de montagem e produção, para serem operadas por técnicos comuns. Tais cristais poderiam manter a energia Vril elaborada para aquele fim por muitos e muitos anos, até mesmo por séculos, dependendo da capacidade de manipulação do sacerdote sobre o quinto elemento.

Algumas centrais de operação na Atlântida não eram recarregadas fazia muito tempo. Um exemplo era o fornecimento de energia para as residências, realizado por uma das centrais da Grande Pirâmide, com redistribuição para todo o continente. Era uma energia sem resíduos, grátis e renovável, que não exigia linhas de transmissão física, como a energia moderna.

Tratava-se de uma força oculta, que simplesmente alimentava uma rede invisível de centrais menores, com seus cristais energéticos interligados. Isso tudo ocorria de forma automática, sem a necessidade de intervenção humana. Poucos sabiam como aquele engenho energético havia sido elaborado, milênios antes. Acredito até que qualquer problema no funcionamento traria dificuldades para acionar seu plano de contingência, algo desconhecido há séculos.

Nosso trabalho consistia em nos sentarmos em confortáveis poltronas inclinadas, dispostas em círculos, e, juntos, concentrar esse fluido cósmico universal no centro da sala. Cada aplicação do Vril exigia adequação de forma diferenciada, nessa transformação energética.

A mais simples era para a geração de energia, semelhante à elétrica, que utilizamos nos dias atuais, porém desnecessária naquela época. Para a movimentação de veículos, era um tanto mais complexa, por causa da inversão dos eixos gravitacionais, para flutuação e direcionamento. Entretanto, a mais difícil era a elaborada para atender aos protótipos dos engenheiros, ou seja, aquela que criava todo o tipo de objetos de consumo necessários para uma vida moderna e tecnológica como a nossa; isso porque eram sempre específicas e inovadoras.

Além dessas aplicações, projetávamos cristais para armazenamento de dados, utilizados pelas áreas de tecnologia da informação. Esse trabalho também exigia um pouco mais de talento dos sacerdotes do Vril. Desse modo, absolutamente tudo o que a mente humana pudesse conceber poderíamos elaborar com o espetacular dinamismo do Vril.

Alguns sacerdotes do quinto elemento, os sacerdotes pesquisadores, grupo em que me incluía, também conseguiam fazer reprogramações no código genético de enfermos, mas isso, além de pouco necessário em nosso mundo, até então, já era algo automatizado, dentro das centrais de curas na Grande Pirâmide e nas demais pirâmides regionais, por todo o continente.

Quem tivesse qualquer tipo de desequilíbrio orgânico ou astral, ao adentrar na Grande Pirâmide, sentia imediatamente a ação dessa força curativa, recombinando seu DNA. Essa correção do código genético ocorria em todos os corpos, não só no físico; algo que assombraria os médicos modernos.

No passado, esses estudos tinham por objetivo exclusivo socorrer os povos do mundo primitivo, que, em breve, eu conheceria. Depois da chegada dos capelinos, esses efeitos curativos tornaram-se comuns e necessários entre a civilização atlante, por causa de nosso DNA perispiritual deficitário.

Não era raro os trabalhadores mais jovens da Grande Pirâmide caírem em profundo sono, em decorrência do efeito curador do Vril percorrendo seus corpos, que, vez por outra, começavam a apresentar distúrbios por causa de nossas toxinas espirituais, trazidas de Capela. Era como se fosse uma "radiação saudável", curando os corpos em desarmonia com a energia magnífica do quinto elemento.

O trabalho com o Vril exigia muita disciplina. E Arnach era muito bom nesse trabalho de total concentração. Às vezes, eu me perguntava como ele conseguia manter-se tão focado, se, nas horas de lazer, sua mente vivia perdida em seus dilemas românticos.

Ele não era um simples galanteador oportunista. Vivia também seus dramas interiores. Desfazia os relacionamentos sem motivo e, depois, sentia-se arrasado. Entretanto, no dia seguinte, lá estava ele nas oficinas do Vril, pontualmente, trabalhando como ninguém. Era algo impressionante como ele separava sua vida afetiva do trabalho.

Quem muito deseja atender aos caprichos da alma um dia pode se desapontar, se não atingir seu objetivo. E esse dia estava prestes a chegar para Arnach, o que causou uma revolução dentro dele, que veio, de certa forma, refletir na vida de todos nós.

Em alguns dias, na condição de sacerdote pesquisador, eu era dispensado do trabalho conjunto com o Vril e passava as tardes estudando novas aplicações para aquela misteriosa energia, que, para mim, parecia tão simples. Era estranho como a manipulação do Vril me parecia absurdamente fácil. Os longos séculos voltados para a ciência em Tríade, no sistema de Capela, haviam aperfeiçoado minha mente e meu espírito para executar aquela tarefa com facilidade, em um nível que beirava à perfeição.

A grande Ártemis acompanhava meus estudos com indisfarçável atenção e esclarecia minhas dúvidas, dentro do possível. Em determinada tarde, ela se aproximou e disse-me:

— Andrey, como vão seus estudos?

Eu empurrei para o lado a tela de cristal pela qual acessava o banco de dados central da Grande Pirâmide, por uma interface mental, e disse-lhe, com empolgação:

— Eu sinto, às vezes, que esse poder é ilimitado. Creio que, se desejássemos voar sem veículo algum, o Vril nos possibilitaria isso.

Ártemis sorriu com meu espanto, ante ao poder do quinto elemento, e falou:

— Talvez esse seja o segredo da vida. Nada é impossível. Nós é que estabelecemos limites em nossas mentes, bloqueando nossa capacidade criativa. Nós deixamos de realizar obras que superam a normalidade, porque temos pouca fé em nosso potencial.

Ela meditou por alguns segundos e, depois, mirando-me com seus brilhantes olhos cinza-prateados, perguntou-me, com carinho:

— Você se lembra de quando era pequeno e dizia que realizaria grandes coisas no mundo, que seu desejo era ser lembrado pelas gerações futuras como alguém que contribuiu muito para o progresso do reino de Poseidon e do mundo, em todas as suas dimensões?

Esforcei-me para lembrar-me daquele fato, mas não consegui. A sábia mentora prosseguiu, então:

— Não importa! Você já vive como desejava, desde aquele tempo. Eu creio que você encontrará novas aplicabilidades para o Vril, que ainda são desconhecidas. Sua mente desconhece fronteiras. Nem o céu é limite para você.

A bela mentora acariciou meu rosto e concluiu:

— Andrey, você é ainda tão jovem e domina a grande energia de forma especial. Lembre-se, qualquer dúvida, pergunte sempre. Será um prazer ajudá-lo em sua busca.

Ela sorriu, estava pronta para retirar-se, quando falei, da forma carinhosa como sempre a tratava:

— Minha mãe, preciso de sua ajuda agora. Eu quero materializar o Vril hoje mesmo. Sei que posso!

Ártemis era mãe de minha noiva, mas cuidava de mim desde criança como uma segunda mãe. Meus pais entendiam a necessidade disso, já que me tornei um sacerdote do Vril, atividade que não era o foco deles, pois eram sacerdotes solares. Os cidadãos atlantes não tinham apenas profissão; viviam totalmente para sua vocação.

Espíritos evoluídos não possuem sentimento de posse sobre os filhos. Meus pais, portanto, entregaram-me de coração à Ártemis, para que ela fosse a responsável por minha educação.

A nobre mentora sentou-se ao meu lado, ajeitou o vestido e perguntou, com o mesmo carinho de uma mãe diante do filho:

— Andrey, meu querido, você acha mesmo que está pronto?

Eu fiz um sinal afirmativo, e ela disse, com ansiedade:

— Vamos, então, preparar-nos.

Sentamos em duas poltronas, frente a frente, em uma pequena sala de estudos. Ela apenas acompanhou minha manipulação, sem nada dizer. Em poucos minutos, aparentando pouco esforço de minha parte, o Vril se materializou, de forma fascinante. Poderíamos criar o que desejássemos com o quinto elemento, mas raros poderiam vê-lo. Observar a materialização daquela energia era privilégio de poucos. A maioria dos atlantes apenas a conhecia por intermédio do símbolo do Vril nos uniformes dos sacerdotes, sem jamais o ter visto.

O quinto elemento mostrou sua face, diante dos meus olhos fascinados. Era como um holograma bruxuleante, que parecia ter vida própria, variando de cor e brilho, dentro de escalas incompreensíveis ao homem comum. Uma energia absolutamente maravilhosa!

Quando materializado, ele assumia a forma de um "oito" ou o símbolo do "infinito de pé", sempre tremulando. O som misterioso que emanava assemelhava-se a um mantra sagrado. Era como se ouvíssemos um sopro divino. Conforme diziam os antigos: "Presenciar o Vril era como ver o 'espírito de Deus'".

Em seguida, manipulei o éon do Vril e desenhei um coração para a querida mentora, minha segunda mãe. Ela colocou as mãos no rosto, sorriu e deixou escapulir uma lágrima de emoção. Em seguida, o Vril novamente desapareceu, tão misteriosamente como surgiu.

Ela me abraçou e disse:

— Parabéns pelo sucesso, meu filho!

Eu olhei para ela, com emoção, e falei:

— Como presente pelo meu feito, eu quero visitar o mundo da terceira dimensão. Desejo ultrapassar o nevoeiro que esconde os portais que separam Poseidon do mundo primevo.

Ártemis meditou por alguns instantes e falou:

— Que assim seja! Você merece conhecer o mundo lá fora. Você é um mestre do Vril e está pronto para atuar na Terra primitiva. Mas lembre-se, o mundo fora de Atlântida é de natureza mais grosseira, talvez você não consiga manipular o Vril como o faz aqui.

Eu fiz um gesto com a cabeça e demonstrei que havia compreendido sua observação.

Capítulo 4

O Conselho do Vril

No dia seguinte, Ártemis agendou um encontro com o Conselho do Vril, para que eu lhes demonstrasse o grande feito. Composto por quatro sábios, o Conselho decidia os principais rumos que seriam dados à pesquisa e à utilização do quinto elemento. Um dos conselheiros supremos era pai de minha segunda mãe, e isso lhe permitia ter fácil acesso àqueles grandes mestres que raramente apareciam em público. Alguns diziam que todos eles já contavam com mais de um século de idade. Viveram a juventude integralmente dentro da época de ouro, muito antes da chegada dos emocionalmente instáveis, os capelinos.

Ao lado de Ártemis, caminhei por amplos corredores, naquele imenso complexo que era a Grande Pirâmide da capital Posseidonis e que hoje se encontra submersa na região conhecida como Triângulo das Bermudas.

Depois de seguirmos por um acesso lateral, entramos em um elevador, o qual nos levou ao último pavimento, ou seja, a câmara no vértice superior da pirâmide. Lá seguimos por uma grande antessala, até chegarmos a uma porta de material vítreo, com mais de quatro metros de altura.

Apesar de estarmos no andar menos espaçoso, por causa da geometria piramidal, ainda assim, tudo parecia imenso. Em segundos, ela se abriu, e nos deparamos com dois grandes gatos, de pelos cinza e olhos profundos e indagadores, seguindo a tonalidade amarela. Eram guardiões do Conselho. Os gatos sempre foram excelentes filtros de energias. A função daqueles bichanos era neutralizar qualquer energia impura da qual fôssemos portadores. Eles olharam para nós e se aproximaram lentamente.

Depois de alguns instantes, em que nos estudaram, roçaram em nossas pernas, ronronando, com o objetivo de purificarnos e, assim, ser autorizada nossa passagem. Muitos desses fascinantes animais vagavam por todo o complexo piramidal, com a função de higienizar o ambiente.

O Vril necessitava de energia ambiente cristalina, para melhor fluir pelas intrincadas redes de cristais no interior da Grande Pirâmide. Essa necessidade era ainda maior no topo da majestosa construção, local por onde desciam as energias sublimes do Astral Superior. Aquela ala da pirâmide não poderia ser poluída, de forma alguma, por vibrações densas.

Seguimos, então, até uma sala de reuniões, onde se encontravam os quatro anciãos: dois homens e duas mulheres.

Nunca estivera naquele andar e, sem dúvida, estávamos no topo da pirâmide, já que aquele pavimento parecia ter reduzida extensão, talvez pouco mais de vinte metros quadrados.

A decoração e os móveis eram muito simples. Aqueles sábios, que podiam realizar qualquer coisa com o Vril, preferiam viver sob um estilo de vida monástica, de forma completamente desprendida dos desejos humanos.

Não pude controlar meu sentimento de espanto com aquela contradição. Justamente os mestres dos mestres do quinto elemento desprezavam todo o poder que a Grande Energia poderia lhes proporcionar. Isso não fazia sentido para mim.

Meus pensamentos não passaram despercebidos. Aqueles grandes sábios eram mestres em telepatia, radiestesia e hipnose, além de possuírem inimaginável habilidade com o Vril.

Eles me olharam com serenidade, talvez já com a intenção de me sondar, e aguardaram a manifestação de Ártemis. Ela, então, expôs aos conselheiros que eu era um jovem sacerdote que obtivera resultados notáveis com o quinto elemento. Falou, por fim, da materialização do Vril, feito por mim realizado no dia anterior.

Eles confabularam entre si, de forma significativa, e pediram gentilmente para eu realizar novamente o que havia feito. Dessa vez tive dificuldades. Talvez pela tensão do momento, causada pelos olhares inquisidores; porém, como da outra vez, o Vril se fez visível aos olhos de todos os presentes, de forma magnífica. Os conselheiros não disfarçaram o espanto. Depois de trocarem informações novamente, por breves instantes, passaram a me interrogar.

O pai de Ártemis me perguntou, fitando profundamente meus olhos, como se estivesse devassando as mais ocultas regiões de minha alma:

— Meu filho, você deve saber a importância do que acabou de realizar. Isso significa que o domínio do Vril em suas mãos é quase absoluto. Ao contrário do que ocorre com outros atlantes, não teríamos como limitá-lo. Com isso, pergunto: o que você pretende? O que deseja fazer com esse poder?

Eu estranhei aquela pergunta tão direta, quase ameaçadora, e apenas respondi:

— Nada demais. Apenas quero trabalhar por meu povo, utilizar esse poder que Deus me deu para ajudar nossos irmãos em seu progresso humano e espiritual.

Eu meditei, então, por alguns segundos, e concluí, de forma insegura:

— Eu gostaria, também, de conhecer o mundo primevo e ajudar no desenvolvimento dessa esfera rudimentar, como muitos falam. Tenho muita curiosidade de ver esse outro mundo, porque desejo auxiliar os hominídeos racionais dessa outra dimensão da Terra a civilizarem-se.

Ele, então, recuou por alguns instantes, como se estivesse meditando sobre minhas palavras, depois voltou a perguntar-me:

— Mas o que o move a ajudar o próximo? Você pretende auxiliar seus semelhantes motivado por um verdadeiro sentimento de amor ou apenas quer satisfazer sua curiosidade ou seu ego?

Aquela pergunta me pegou desprevenido. Fiquei pensando por alguns segundos e respondi:

— Acredito que o sentimento de amor ao próximo é o que me move. Quero para todos os meus irmãos um mundo mais feliz. Eu desejo que todos conquistem aquilo que também desejo para mim.

Atlântida - No reino da luz

O sábio, então, levantou-se, apoiou as mãos sobre a mesa e inclinou seu corpo cansado em minha direção. Com o olhar fixo, ele voltou a questionar-me:
— E se as coisas não acontecerem como você espera? E se tiver que abrir mão de seus objetivos e interesses? E se o nosso mundo "descer" para a dimensão primeva e formos conquistados por povos bárbaros ou, então, se tiver que abrir mão das coisas que deseja para si, qual será sua reação?

Aquelas foram novamente perguntas inesperadas, colocando-me em xeque. Eu esperava ser interrogado sobre questões técnicas, e não sofrer aquela estranha abordagem psicológica. Depois de um momento de hesitação, respondi, com estranho brilho no olhar:
— Tudo acontecerá conforme planejo. Não permitirei que seja diferente. E, se formos conquistados por povos bárbaros, lutarei até o fim de minhas forças para não sucumbirmos nas mãos do inimigo. Darei meu sangue para vencer os adversários, se isso for necessário.

Ártemis, então, olhou para seu pai, que lhe disse, com severidade:
— Espírito guerreiro! Não pode tornar-se mestre do Vril. Sessão encerrada.

Aquela dura observação me causou indignação, fazendo-me perder o controle:
— Como você pode me julgar assim, sem conhecer-me? Essa entrevista foi muito rápida para ser conclusiva, e eu já sou um mestre do Vril, não preciso de seu título!

Ele se virou para mim e falou, com um tom que misturava serenidade e compaixão, capaz de gelar minha alma:
— Conheço-o, meu jovem, melhor do que você mesmo. E é por isso que temo pelo poder que você adquiriu tão rapidamente. Você é instável, desconhece o vulcão que se esconde nas entranhas de sua alma. Receio que essa força sedutora que possui lhe traga muitos dissabores no futuro. O Vril é um poderoso e sedutor elemento, que pode tornar-nos anjos de Deus ou arrastar-nos para o caminho sombrio. Eu não sinto equilíbrio em tua alma. Deus queira que eu esteja enganado, mas você é um capelino. Você não deveria possuir esse poder, no estágio de

evolução em que se encontra. No entanto, essa é a vontade do Espírito Criador, que te legou esse destino. Quem somos nós para julgar os desígnios de Deus? É uma péssima época para um instável filho da "raça adâmica" deter o poder absoluto sobre o Vril. Estamos ingressando em um tempo de conflitos, e não sabemos seu desfecho. Sim, sinais negros do mal flutuam na linha do horizonte!

O grande sábio refletiu, então, por mais alguns instantes e, por fim, sentenciou, taciturno, porém em tom profético:

— Espero que não chegue o dia em que você irá amaldiçoar essa energia poderosa que hoje o fascina. Sim, ela o fascina! Eu vejo isso, apesar de você disfarçar esse sentimento.

Eu, então, perturbei-me e falei, com evidente irritação:
— Suas observações são injustas. Eu me conheço muito bem. Eu tenho o controle sobre mim.

O misterioso ancião, que parecia tudo saber, voltou a perguntar, em tom conciliador, procurando acalmar-me:

— Então, diga-me por que você acorda algumas noites, assustado, sem saber o motivo? Seria por causa de pesadelos cujo significado não compreende?

O silêncio reinou na sala do Conselho. Como ele poderia saber aquilo? Será que Ártemis havia lhes informado sobre meus dramas interiores ou estava lendo pensamentos, por algum método hipnótico? Não esbocei resposta nenhuma. Meu olhar dizia tudo.

— E por que você passa horas com o olhar perdido, como se estivesse fora do mundo? Existem traumas em seu inconsciente que você desconhece e que poderão aflorar no futuro, de forma incontrolável, colocando-o, facilmente, sob o domínio sorrateiro das trevas. Você é um capelino e, como tal, traz uma bagagem espiritual perigosa, que precisa ser controlada a todo instante.

Aquelas observações graves e diretas me desequilibraram; o sangue me subiu à cabeça. Dei um passo em direção ao meu inquiridor e falei, com o dedo em riste e com olhar transtornado:

— Você se diz um grande sábio, mas se comporta como um...

Ártemis se surpreendeu com aquela atitude exagerada e

Atlântida - No reino da luz 87

destemperada de minha parte, então, colocou rapidamente a mão em meu ombro, freando meus impulsos e me disse, ao pé do ouvido, com uma severidade que não lhe era comum:
— Basta, Andrey! Ele tem razão. Está ficando evidente seu descontrole.
— Minha mãe! — repliquei em tom choroso. Estou sendo agredido e desrespeitado.
Ela acariciou meus cabelos e falou, com serenidade:
— Meu filho, a função do Conselho é colocar-te à prova. Eles não estão aqui para agradar-te. Compreende?
Eu concordei, com um gesto decepcionado. Respirei profundamente, por alguns segundos, até serenar meu estado de espírito, e, em um tom conciliador, dirigi-me novamente ao Conselho:
— Desculpem por minha imaturidade! Nunca quis o título de mestre do Vril, apenas gostaria de estagiar no mundo primitivo. Acredito que será importante para meu amadurecimento e talvez lá possa descobrir e vencer o que se esconde no inconsciente de minha alma e que tanto preocupa este sábio Conselho.
Os conselheiros, então, ergueram-se e disseram, a uma só voz:
— Ficamos felizes por tua lucidez. Pedido concedido!
Eu agradeci com um gesto sereno e me despedi de Ártemis, cabisbaixo, com a desculpa de que eu precisava meditar em uma das salas de oração, nos pavimentos inferiores.
Entretanto, antes de sair, uma das anciãs ergueu-se diante de mim e disse:
— Meu jovem, só mais um minuto, por gentileza.
Eu me voltei para a mesa do Conselho e aguardei suas palavras. Ela, então, falou, com muito carinho:
— Meu filho, o que tanto aflige teu coração?
Eu abaixei a cabeça e lhe respondi, com sinceridade, sem hesitar:
— Sou feliz, tenho tudo o que um homem poderia sonhar. Possuo riqueza, beleza, sucesso em minha vocação sagrada, amo minha mulher, e ela retribui esse amor na mesma intensidade; entretanto, não consigo ter paz de espírito. Em alguns momentos, não me sinto digno e em condições espirituais de viver neste mundo perfeito.
A nobre senhora fez um sinal afirmativo com a cabeça e

voltou a perguntar-me, com um sorriso gentil:
— E o que te impede de ter paz de espírito e sentir-se digno de viver neste mundo que você julga perfeito?
— Acredito que seja porque eu não consigo harmonizar-me com essa perfeição. Sinto-me como um peixe fora d'água. Sinto um incompreensível desconforto.
— E o que te impede de se harmonizar com a perfeição?
Meditei, por alguns segundos, sobre a nova pergunta, que parecia querer penetrar nos porões de meu inconsciente, e respondi:
— Quero a Luz, mas minha alma, às vezes, obscurece-se com sentimentos que não consigo entender. Parece que preciso travar uma luta diária contra um sentimento incoerente com a realidade em que vivo. Tenho a Luz ao meu redor, mas meu coração, constantemente, sente-se obscurecido pela sombra.
Ela fez uma expressão como de quem compreendia minha questão e voltou a questionar-me, com olhar profundo, muito penetrante:
— Entendo. E por que você crê que não é digno de viver na Luz? Por que acredita que a ação do lado obscuro, necessariamente, precisa dominar-te? Qual a tua crença sobre isso? O que você pensa acerca de si mesmo, para crer nisso?
Eu abaixei os olhos, levemente, para meu lado esquerdo, como se estivesse realizando um diálogo interno com minha própria consciência, e respondi:
— Não sei! Só sei que preciso encontrar essa resposta, antes que seja tarde demais. Entendo que é apenas uma crença distorcida de minha realidade, mas não consigo me desvencilhar dela. Não tenho por que me condenar. Isso não faz sentido nenhum. Contudo, às vezes, surpreendo-me me punindo por erros de um passado distante, que prejudicam as ações do presente e os planos para o futuro. Sim, talvez vocês tenham razão, e isso seja a influência de minha herança capelina.
A mestra do Vril colocou as mãos unidas, espalmadas sobre o peito, como se estivesse em oração ou agradecendo a Deus por minha lucidez, e disse-me:
— Sábias palavras, meu filho, sábias palavras!
Em seguida, liberaram-me novamente, e saí a passos rá-

pidos, com a cabeça fervendo e com o pensamento perdido em mil indagações, para as quais até hoje ainda não sei muito bem as respostas.

Após minha rápida retirada da sala do Conselho – diria quase uma fuga desatinada, tal era meu estado de espírito –, Ártemis olhou para o pai e perguntou:

— Era necessário ser assim tão severo?

Ele suspirou profundamente e respondeu:

— Sinto muito medo no coração dele, minha filha. Medo de perder as coisas que lhe são mais caras. Ele não está pronto para gestos de desprendimento. Isso é algo muito perigoso, ainda mais para alguém que pode concentrar o poder do Vril na palma de sua mão. Poucas vezes em minha vida vi um atlante dominar o quinto elemento dessa forma. E, agora, um "filho de Adão" realiza a materialização do Vril, assim, dessa forma brilhante! Isso é muito preocupante. Foi necessário chocá-lo, para que ele tome consciência e reflita sobre as coisas que estão ocultas em seu inconsciente.

Ártemis abaixou a cabeça e disse, com serenidade:

— Entendo, meu pai. Você tem razão. Vou procurar acompanhar os passos de Andrey de muito perto, com a intenção de ajudá-lo a encontrar-se, definitivamente, com o caminho da Luz.

Os conselheiros fizeram, então, um gesto afirmativo com a cabeça, e uma das sábias manifestou-se, dizendo:

— Era isso mesmo que iríamos lhe pedir, minha filha. Que a paz do Espírito Criador esteja com você!

Ártemis colocou a mão no peito, em sinal de concordância, e abaixou a cabeça, em reverência aos mestres. Ela ficou por alguns segundos perdida em seus pensamentos, olhando para o chão, com a mente a rememorar vivências do passado. A sábia sacerdotisa do Vril recordava a época em que eu era apenas uma criança e ela e Criste me embalavam serenamente em seus braços. Depois, girou sobre os calcanhares e retirou-se da sala, de forma elegante e discreta.

Capítulo 5

O mundo primitivo

Nos dias seguintes, dediquei-me a repassar minhas atividades corriqueiras a Arnach e Ryu. Eles eram meus dois amigos mais próximos e colegas de sacerdócio no Vril. Naturalmente, aceitaram de forma muito prestativa. Enquanto eu realizava os preparativos para a viagem, Arnach não parava de me perguntar o que eu queria ver naquele mundo de dor e sofrimento, "antessala do inferno", segundo ele.

O irônico amigo sacudia a cabeça, sinalizando negação, e dizia:

— Você vai perder festas notáveis nas próximas semanas, para interagir com criaturas que beiram à animalidade. Você sabia que os habitantes da terceira dimensão são uma evolução dos macacos?

De forma teatral e com olhar espantado, ele afirmava, enquanto ajeitava seus longos cabelos louros ondulados:

— Sim! Eles são pouco mais que animais. Nossos cientistas realizaram experiências de engenharia genética no mundo primevo com macacos, para elaborar essa forma bizarra de manifestação física para espíritos embrutecidos.

E, sacudindo a cabeça em tom reprovador, falou com convicção:

— Jamais encarnarei minha nobre alma em um corpo decadente, pouco mais que um macaco. Sou filho da Luz! Minha alma jamais habitará o corpo de um macaco falante.

E realmente foi assim, Arnach nunca se permitiu realizar tal feito.

Cinco dias depois, eu e Evelyn, acompanhados de nossos pais, dirigimo-nos, ansiosos, para o hangar em Posseidonis, onde ficavam estacionadas as pesadas aeronaves que ingressavam na Terra da terceira dimensão: o mundo primevo.

Minha excitação era notória. Eu não prestava atenção em nada ao meu redor e respondia às perguntas que me faziam de forma monossilábica, como se o único objetivo de minha vida fosse conhecer aquele obscuro mundo, que ainda me era desconhecido.

Até mesmo aquela tosca aeronave me causou admiração. Enquanto meus pais se encarregavam dos detalhes finais para o embarque, fui conversar com os técnicos que iriam operá-la. Como usariam o Vril para manipulá-la? Como seria conduzir as inversões do eixo gravitacional com o quinto elemento, em uma frequência grosseira? Muitas perguntas povoavam meus pensamentos.

Um dos cinco pilotos esclareceu-me, então, de forma atenciosa:

— Andrey, a maior dificuldade na condução das aeronaves é a transição entre dimensões, tanto no portal ocidental como no oriental de nosso país. Ali precisamos estabilizar, com habilidade, a intensidade das forças gravitacionais, para navegarmos em meio à atmosfera mais densa, típica da dimensão rudimentar da Terra. Depois que conseguirmos regular essa variação, ainda temos de controlar as oscilações atmosféricas da terceira dimensão. Nessa frequência, as vibrações energéticas pesadas são como incríveis tempestades energéticas, que podem, inclusive, derrubar a aeronave. A energia mental densa dos habitantes traumatizados que vivem nessa faixa é algo muito perigoso para nossa delicada contextura astral e também para as aeronaves.

Concordei, com um gesto de agradecimento pela atenção dispensada a mim, e disse-lhes:

— Compreendo. Meus pais já me alertaram sobre as dificuldades de interagirmos com essa esfera mais densa. Nossos corpos ficam mais pesados, e o ar é quase irrespirável, algo similar a uma escalada às montanhas gigantescas de Kandur, próximas ao portal oriental de Poseidon.

Eles fizeram um sinal afirmativo, ao que completei:

— Estarei à disposição dos amigos, caso necessitem de auxílio para pilotar a nave. Será uma grande alegria poder ajudá-los. Todos ali já sabiam de minha notável proeza com o Vril, materializando-o. Minha fama de bom piloto também era respeitada por todos na capital atlante. Logo agradeceram com respeito e me disseram que eu deveria descansar o corpo e a mente durante a viagem, porque o mundo primevo era muito desgastante para aqueles que o visitavam pela primeira vez. Era um cansaço emocional e físico, principalmente por causa da mudança de dimensão.

— Andrey, você verá coisas que o surpreenderão. Vivemos em um paraíso, e nosso povo, lamentavelmente, está se esquecendo disso.

Agradeci pelas palavras do amigo, com indisfarçável emoção. Era isto mesmo que eu procurava nessa viagem: resgatar os verdadeiros valores da alma, que se perdem entre criaturas imaturas, inseridas em um cenário perfeito, como era nosso caso, em Atlântida.

Intimamente, eu desejava realizar algo deveras útil e necessário, amparar quem realmente precisava. Em Atlântida, apesar de eu trabalhar em uma das mais relevantes atividades, notava que outros poderiam executar aquele trabalho com a mesma qualidade e com maior prazer.

Era possível que, em um mundo com menos recursos, minha maestria com o Vril poderia tornar-se algo realmente essencial, promovendo melhora na qualidade de vida daqueles povos e, talvez, até ser fator determinante de sua própria sobrevivência. Eu desejava muito realizar um trabalho essencial, e não apenas uma atividade complementar dentro de uma sociedade perfeita, que já vivia o apogeu de seu avanço tecnológico e social. Meu sonho era fazer algo parecido com a atitude de um médico dos dias atuais, que abandona seu rico consultório de cirurgia plástica para dedicar-se a trabalhar como voluntário da Cruz Vermelha, em regiões assoladas pela miséria, como a África.

Estava na hora da partida, mas, antes de embarcar na nave, resolvi observá-la por fora. Ela possuía a forma de um grande charuto e media em torno de quarenta metros de comprimento. O material da fuselagem era leve para os padrões atuais, mas pesado para os níveis sutis da dimensão de Atlântida. Era feita de algo semelhante à fibra de carbono.

Depois de longos minutos de minuciosa exploração, deparei-me com meu pai, na porta do veículo. Ele sorria, divertindo-se com minha curiosidade sem limites. Então, perguntou-me, com carinho:

— Podemos partir agora, meu jovem cientista?

Eu sorri para ele e, abraçando-o, respondi:

— Sim, meu filósofo pai! Já estou satisfeito com as informações técnicas obtidas.

Entramos abraçados na aeronave e nos sentamos em alguns poucos assentos destinados aos turistas. Aquela era uma nave de trabalho, dedicada ao transporte dos voluntários, que abriam mão do conforto de Atlântida, para auxiliar seus irmãos desafortunados que reencarnavam na "esfera da dor".

Em poucos minutos, o veículo decolou do solo e seguiu viagem. Enquanto nossos pais e Evelyn conversavam animadamente, fiquei em silêncio, segurando a mão de minha companheira, com o olhar voltado para a janela, perdido em meus pensamentos.

A viagem dentro de nossa dimensão seria bem curta, já que sairíamos dali pelo portal ocidental, que ficava a uma distância relativamente curta da capital Posseidonis, bem próximo de onde se localiza, atualmente, a minúscula Ilha Bimini, nas Bahamas.

Algum tempo depois de partirmos, Ártemis conversou com o piloto-chefe da missão e nos informou de que o destino daquela missão era o sul do continente, hoje conhecido como América, mais precisamente, em uma região localizada a setenta quilômetros da atual cidade de La Paz, na Bolívia, e que ficou conhecida, posteriormente, como Tiahuanaco. Segundo Ártemis, esse era um importante centro social que surgia no mundo primitivo e onde estava sendo estabelecida uma cultura sedentária, que permitiria, em breve, a chegada do progresso. Eis o trabalho que realizávamos no mundo primevo: promover o avanço desses povos incipientes, a fim de formar a sociedade terrena do futuro.

Atlântida era um continente densamente povoado, mas encontrava-se em uma dimensão superior. Precisávamos popular rapidamente o mundo primevo, para atender ao grande número de reencarnações necessárias de espíritos advindos do sistema de Capela. Sem contar que, em breve, Atlântida deixaria de existir, encerrando abruptamente todas as oportunidades de renascimento no continente perdido.

Com a submersão da Grande Ilha, grande parte dos espíritos rebeldes que ali viviam passaria por um longo período de sofrimento no astral, porque a demanda de nascimentos no mundo primevo era muito maior que a oferta.

Alguns instantes depois, já estávamos a poucos quilômetros do portal dimensional. Era possível observar, pela janela da aeronave, uma magnífica manifestação de forças, como uma onda de energia gerada pela explosão de uma supernova. A aeronave reduziu, então, sua velocidade e começou a aproximar-se daquele assustador portal, que parecia querer nos engolir. Os sons e as cores dos choques energéticos eram impressionantes.

Não demorou muito para entrarmos em sua esfera de ação. Sentimos algo semelhante às turbulências sofridas pelos aviões modernos. Entretanto, à medida que avançávamos, as oscilações da nave aumentavam, e passamos a ouvir fortes estrondos na fuselagem, como se estivéssemos sendo apedrejados. Os passageiros ficaram apreensivos. Percebi, então, que aquela situação não era normal.

Em poucos segundos, o comandante enviou-nos uma mensagem, avisando-nos que a viagem teria alguns contratempos, por causa da densa e imprevista vibração energética encontrada no mundo primitivo.

Não pensei duas vezes. Levantei-me e fui rapidamente até a cabine de comando. Todos ficaram em silêncio, e ninguém impediu meu acesso até a sala de navegação.

Ao entrar, percebi as sete cadeiras inclinadas, assim como nas oficinas do Vril e nas naves de passageiros tradicionais. Elas lembravam os assentos dos astronautas dos ônibus espaciais modernos.

Esse tipo de veículo era dirigido apenas por manipulação do Vril com a mente, estudando-se as coordenadas de voo. Não era necessária visibilidade física.

O comandante da expedição estava no assento central. Ele me olhou e logo percebeu minha intenção. Sem nada falar, para não atrapalhar os demais pilotos, informou-me telepaticamente que algo muito grave estava acontecendo na dimensão grosseira da Terra, talvez um combate entre as tribos guerreiras daquela região. O ódio e o desejo coletivo de vingança afetavam nosso ingresso na terceira dimensão.

Demonstrei o desejo de ajudar a pilotar, e ele desinclinou a cadeira em que estava sentado, levantou-se e me ofereceu seu posto. Eu era pouco mais que um adolescente, no entanto, a velha geração de Atlântida era composta de espíritos dignos e superiores, bem distanciados da arrogância do homem atual, que jamais aceita que alguém mais jovem possa realizar algo melhor. Além do mais, eu já detinha grande respeito na "sociedade do Vril", como era chamado o seleto grupo de técnicos capazes de manipular o quinto elemento.

Agradeci o gesto generoso do comandante e rapidamente ocupei seu lugar. Ele, então, afastou-se da área de atuação para observar-me. Em segundos, mudei a inversão dos eixos gravitacionais da nave para um padrão aleatório, que combinava perfeitamente com os choques que recebíamos. Era um código caótico, impossível de ser programado usando padrões lógicos.

Em seguida, criei, com o próprio Vril, um campo áurico, uma espécie de grande campo de força, e transferi a programação dos eixos gravitacionais para a esfera exterior ao campo. Isso estabilizou totalmente a aeronave, de tal forma que era possível encher um copo de água até a borda e, mesmo assim, nada seria derramado. Absolutamente, acabaram as turbulências. Apenas um impacto ou outro era percebido, bem distante, na área externa ao campo de força criado.

Todos os pilotos ficaram assombrados, e o comandante solicitou-me mais explicações sobre o processo que eu realizara, em menos de sessenta segundos.

Não conto isso para me vangloriar, mas para que o leitor tenha ideia do dom natural que eu possuía em mãos, para que compreenda como isso terminou por me custar tão caro.

Enquanto todos me olhavam assombrados, eu apenas disse:
— A nave está protegida. Basta programar as coordenadas

de navegação. Não sei onde fica o local de destino.
Em seguida, expliquei-lhes a técnica utilizada; no entanto, não tinha resposta para a programação aleatória que havia realizado. Era algo intrínseco, que provinha de uma área inconsciente de meu cérebro, em que eu não encontrava resposta. Era como se meu "eu interior" falasse de coisas que eu desconhecia em meu universo consciente.

Quando retornei para meu assento, pude observar o olhar de espanto dos demais passageiros. Aquilo exaltou perigosamente meu ego. O olhar de admiração, respeito e assombro tem efeito perigoso em almas que ainda não renunciaram ao poder transitório da vida humana. E eu era uma dessas almas.

Uma hora depois, saímos daquela terrível área de turbulência, e o comandante solicitou que eu desativasse a codificação anterior. Acredito que ninguém quis arriscar-se a mexer naquele processo que parecia ter vida própria. O Vril tornava-se um elemento "consciente de si", quando manipulado por mim.

O restante da viagem foi bem tranquilo. Só depois ficamos sabendo que a turbulência foi causada por uma guerra tribal na região do norte do atual México e que tinha resultado em um terrível massacre da tribo vencida. Essa região sempre fora a mais guerreira e primitiva da América de há doze mil anos.

Nós realizamos o restante da viagem em velocidade bem inferior àquela com que estávamos acostumados em Atlântida, por causa da densidade da atmosfera na terceira dimensão. Assim, algumas horas depois, chegamos às margens de um lago, em uma região montanhosa.

Apesar de não ter a beleza da terra de Poseidon, o local era belo e aprazível. Lá de cima, podíamos ver os habitantes da região se aglomerando para receber-nos. Pouco a pouco, com a aproximação da nave ao solo, pude começar a enxergar melhor aquele povo de traços sofridos. Eram feios e malvestidos, uma verdadeira visão horrenda. Os aldeões eram gente pequena e magra, com cabelos e olhos escuros. Aos meus dez anos, eu já tinha a altura de uma mulher adulta entre eles.

A primeira lembrança que me veio à cabeça foram as palavras de Arnach, com expressão de nojo no rosto, assemelhando-os aos macacos. Sim, eles pareciam pouco mais que animais.

Por alguns instantes, dei razão ao meu instável amigo e passei a me perguntar: "Por Deus, o que eu estou fazendo aqui?".

Ártemis analisou meus pensamentos com atenção e disse-me:

— Sim, Andrey, a raça humana da dimensão primeva é o aperfeiçoamento de uma classe especial da família dos macacos. A civilização atlante foi incumbida de realizar o trabalho de transformação genética, para que esse grupo de primatas pudesse tornar-se racional e, assim, permitir a manifestação de espíritos individualizados no seio do Cosmos e que estão ascendendo a um novo nível de evolução. Tudo na vida trata-se de evolução e progresso. E essa é nossa tarefa. Deus quis que os filhos de Poseidon descessem para uma frequência intermediária entre a quarta e a terceira dimensão, uma vida entre dois mundos bem diferentes. Desde que isso aconteceu, há alguns séculos, nosso povo tem trabalhado em nome do Altíssimo para preparar essa dimensão rude e agressiva para ser palco de desenvolvimento espiritual de uma classe primitiva de espíritos que um dia povoará e dominará toda a Terra. Eles crescerão espiritualmente e serão grandes. Mas, agora, são apenas crianças que dependem de nosso auxílio para dar seus primeiros passos.

Ela meditou por alguns segundos e voltou a falar:

— As condições biológicas da Terra permitem-na ser um laboratório de evolução para esses espíritos, os quais ainda estão distantes de uma compreensão superior da vida. São, sim, pouco mais que macacos, como disse Arnach. Nessa fase evolutiva, eles se comportam basicamente como animais. A classe dos primatas ocupa-se apenas em comer, dormir e procriar. Entretanto, são nossos irmãos, dentro da família universal. Com o transcorrer dos séculos, descobrirão os objetivos superiores da vida e terão sua iluminação, assim como nós, no passado, também vivemos em esferas rudimentares de aprendizado, em outras escolas de evolução planetária, outros mundos.

Ártemis suspirou e prosseguiu, com serenidade:

— Fomos socorridos e orientados por irmãos mais velhos na longa jornada que transforma o "macaco" em anjo. E eles nos trataram com amor e respeito.

Uma lágrima correu pelos olhos acinzentados da bela Ártemis. Aquele gesto espontâneo me deu um nó na garganta. Ela,

então, concluiu com sabedoria:
— Hoje, compete a nós realizarmos o trabalho dos anjos. Compreenda isso, e você verá com outros olhos esses irmãos que, muitas vezes, chocar-te-ão com suas atitudes selvagens e infantis.

Eu beijei a mão de minha "segunda mãe" e disse-lhe, com profunda emoção:
— Sim, eu compreendo tuas palavras e vou refletir sobre elas.

Em seguida, descemos da aeronave, e logo percebi que nossos corpos brilhavam, uma espécie de luz branca, como se tivéssemos sido expostos a algum tipo de radiação.

Assustado, perguntei para Criste:
— Por que brilhamos?

Ela acariciou meus longos cabelos louros, que brilhavam de forma intensa, e respondeu-me:
— Meu filho, nós não somos dessa dimensão. Viemos de um mundo mais sutil. Nossa energia resplandece nesse mundo opaco. Em nossa esfera, não percebemos isso, porque lá tudo é naturalmente brilhante. Aqui, somos como um pássaro colorido, voando por um pântano sombrio.

Olhei para todos os lados e percebi que realmente era assim. Aquele mundo era escuro, sem brilho, e o colorido era muito precário, quase apenas em tons pastéis. Os sons eram também grosseiros. O barulho do povo ao redor da nave era bem desagradável e selvagem, sem contar os odores, que eram muito azedos. Os atlantes suavam apenas água, e aquele povo expelia uma graxa, com um cheiro ácido que me causava indisfarçável repulsa. Naquele instante, agradeci aos Céus ao perceber que eles não nos tocavam e também não se aproximavam, sem serem autorizados.

Atônis explicou-me, então, que eles nos viam como divindades, seres celestiais que desciam dos Céus para, de tempos em tempos, auxiliá-los por intermédio de socorros médicos, ensinamentos sobre a melhor maneira de plantar, técnicas de construção de templos e moradias, enfim, tudo o que fosse necessário para atender às necessidades básicas para civilizar aqueles povos que, até então, eram nômades.

Tínhamos que ensiná-los técnicas que possibilitassem rápido crescimento populacional, com pelo menos mínima qualidade de vida, e, assim, atender às urgentes necessidades reencarnatórias.

Aquilo me impressionou de forma especial e perguntei:

— Mas, meu pai, isso não é errado? Só existe um único Deus, que você representa muito bem em nossa sociedade, pela ação do Sol sobre nossas vidas. Por que vocês permitem, aqui, esse culto equivocado às personalidades de nosso povo?

Atônis concordou com um gesto e disse-me:

— Meu filho, a Sabedoria Divina é revelada aos homens na proporção direta à sua capacidade espiritual. Observe o Sol, como são fracos seus raios, no momento em que surge no horizonte. De maneira gradual, seu calor e sua força aumentam, à medida que se aproxima do zênite do céu. Assim, permite que toda a criação do Pai se adapte à intensidade de sua luz. E veja, depois, como ele declina, constantemente, diminuindo sua força, até alcançar o ponto do ocaso. Se o Sol fosse se manifestar de súbito, toda a sua energia latente causaria imenso dano à obra de Deus.

O futuro faraó Akhenaton, que revolucionaria o culto solar, milênios depois, meditou por alguns segundos, e concluiu:

— Essas pobres crianças espirituais não possuem o preparo necessário para uma compreensão divina maior. Caso forçássemos isso, poderíamos causar grandes transtornos em sua psique despreparada. Agora é tempo de lhes ensinarmos rudimentos de espiritualidade. No futuro, chegará o dia em que os seres que vivem na dimensão primeva terão acesso a todo o conhecimento que possuímos na esfera da quarta dimensão. Para eles, somos divindades. E, por enquanto, é assim que deve ser, mesmo que pareça um disparate não negarmos nossa condição de mortais, em estado evolutivo superior. Eles não têm como compreender isso. Tente explicar-lhes e verá que não te darão ouvidos. O desinteresse deles não será por falta de respeito, mas, sim, por falta de capacidade para compreender o que para nós é tão claro. O nível de percepção deles é bem limitado.

Eu concordei com as palavras de meu pai com um gesto sereno. Em seguida, procurei me aproximar daquele povo opaco, sem brilho, que nos admirava de olhos arregalados. Era uma cena muito engraçada.

O sorriso, entretanto, sumiu de meu rosto, quando me aproximei mais e vi à nossa volta muitas mães e pais trazendo em seus braços filhos com graves deformidades físicas, para (quem sabe?) obterem a cura dos "deuses", que lhes visitavam de tempos em tempos.

Eu segurei firme a mão de Ártemis e perguntei-lhe, ao pé do ouvido:

— Minha mãe, por que tanta deformidade nos corpos dessas crianças e jovens? Trata-se de alguma falha no processo de engenharia genética para transformar os macacos da dimensão primeva em hominídeos racionais?

A sábia mentora colocou a mão sobre meu ombro e disse:

— Não, meu filho. O trabalho de aperfeiçoamento genético foi um sucesso, e os espíritos primários designados por Deus para encarnar na matriz genética que aperfeiçoamos, durante séculos, adaptou-se perfeitamente. Estes que você vê com as mais diversas deficiências são os exilados do sistema de Capela, de onde você veio também.

Ártemis fez um gesto sereno com a cabeça, confirmando minhas dúvidas, e arrematou:

— Esses corpos elementares são adequados para almas primárias. Os espíritos que desceram de Capela para a esfera primeva da Terra possuem corpos astrais mais avançados. Isso acarreta uma incompatibilidade inicial entre seus moldes perispirituais (que ainda estão em conformidade com os corpos do mundo de onde vieram) e os corpos primitivos gerados aqui na Terra. Essa desarmonia do corpo espiritual dos capelinos em relação ao seu novo instrumento físico da Terra gerará deformidades e desajustes orgânicos, nas primeiras encarnações dos exilados. Assim, aqueles que reencarnarem nessa dimensão primária sofrerão dificuldades motoras e mentais, além de dores orgânicas intensas, por causa da precariedade de seus novos corpos físicos. É provável que ocorra uma adaptação aceitável que lhes permitirá ter uma vida menos sofrida somente a partir da terceira encarnação aqui na Terra. Seus pobres pais, almas nativas ainda mais primitivas, oriundas da Terra, não compreendem as dores atrozes, tanto físicas como morais, da nova geração. E é por isso que estão aqui, trazendo até nós seus filhos sofridos, para tentar receber um socorro divino de nossas mãos. Foi um grande choque ouvir aquelas palavras de Ártemis. Fiquei muito impressionado, de cabeça baixa por alguns instantes, meditando. Evelyn, que estava ao meu lado, em estado de profunda tristeza, segurou minha mão e deitou a cabeça em meu ombro. Em seguida, falei, com voz titubeante:

— Quer dizer, então, que esse seria meu destino e o de Evelyn, caso encarnássemos nessa dimensão, em vez de sermos beneficiados com a oportunidade de nascer na quarta dimensão, em Posseidon?

Criste, aproveitando o silêncio de Ártemis, tomou a palavra para si.

— Andrey, se vocês nasceram em nosso mundo é porque possuíam merecimento para isso. Não existe acaso na obra de Deus. Certamente, o trabalho que realizavam no mundo de onde vieram e os valores que agregaram os tornaram eleitos para uma vivência superior.

Eu e Evelyn éramos cientistas em Tríade. Havíamos dedicado várias existências ao estudo de mecanismos que levam o homem ao progresso. Quando reencarnamos em Atlântida, toda essa bagagem que trazíamos conosco se encaixou perfeitamente com diversos fatores desse novo mundo.

O Espírito Criador e os administradores siderais da Terra decidiram que seríamos mais úteis promovendo o progresso por intermédio da dimensão intermediária de Posseidon do que no mundo primevo, onde a dor era uma constante. Assim, recebemos uma constituição genética perfeita e educação primorosa. Sem dúvida, isso aumentou nosso débito com o Todo Poderoso, que, em vez de nos punir por nossos equívocos em Tríade, abençoava-nos com a vida em um paraíso. Teríamos de trabalhar muito para compensarmos essa benção dentro da universal lei de "causa e efeito".

Minha mãe biológica olhou, então, para aquelas crianças sofridas e concluiu:

— Seria importante que toda a nova geração de nosso país visitasse esses povoados do mundo primevo, para compreender a dádiva de viver em um mundo perfeito. Talvez reconhecendo seus irmãos de outras vidas, aqui neste terrível vale de dor, pudessem modificar seus objetivos de vida e seu comportamento perante o que fazer dela.

Ártemis concordou, com um gesto, e arrematou:
— Sim, a vida fácil e luxuosa da Grande Ilha está corrompendo as almas ainda despreparadas para uma vida superior. Já conversei com os sábios do Conselho, para estimular as viagens dos jovens a essa esfera. Talvez isso ajude a recuperar o equilíbrio em nosso mundo. Entretanto, eles temem pelo desequilíbrio que isso pode acarretar nas duas dimensões.
— Como assim? — perguntei, sob forte curiosidade.

Ártemis, irradiando no mundo primevo uma poderosa energia dourada, mais bela que a do oricalco, respondeu:
— Não temos o direito de influenciar demasiadamente na vida desses povos. Estamos aqui na condição de instrutores, com o objetivo de auxiliá-los em seu progresso. Não podemos resolver todos os seus problemas e também não devemos trazer-lhes os nossos. Eles precisam viver essa experiência dolorosa para purificar o espírito intoxicado com as mazelas que cultivaram com ardor no planeta de que foram exilados. Por outro lado, não podemos obrigar os capelinos reencarnados em Poseidon a uma mudança para a qual não estejam preparados. Caso eles não elevem suas almas por si mesmos, será necessário reencarnarem na terceira dimensão e começar sua evolução novamente, a partir da estaca zero. Sem contar que nossa população é mais numerosa. Causaríamos, assim, grandes transtornos a esses povos simples, se fizéssemos expedições diárias para cá.

Eu estava perdido em meus pensamentos, tentando compreender o que Ártemis me dizia, quando, repentinamente, uma nativa, de semblante sofrido e rosto marcado pelo tempo, aproximou-se e colocou aos meus pés uma criança, que devia ter uns cinco anos de idade. O rosto dela era a personificação do sofrimento. Seus membros estavam deformados, com profundos danos nas articulações. A coluna estava muito curvada, denunciando grave escoliose. Os dedos das mãos, os pulsos, tudo estava retorcido naquela pobre criança. Seus pés eram virados em sentido contrário ao corpo. Sinceramente, não consigo lembrar uma parte daquele corpo que não estivesse contrariando a estética humana normal. Aquela triste visão me compadeceu de modo único.

Olhei para meus pais e para Evelyn e perguntei, confuso:
— O que ela deseja? O que posso fazer?

Antes que alguém dissesse algo, a mãe da criança falou-me, de coração para coração, por linguagem telepática, que todo atlante dominava:

— Divindade sagrada que vem dos Céus, cure minha criança. Não consigo mais suportar vê-la com tantas dores, ouvir seus gemidos. Perdoe os erros dela em outras vidas. Permita a meu filho o direito de viver em condições mínimas, para trabalhar por sua reabilitação diante do grande Deus. Com saúde, ele poderá corrigir seus enganos do passado.

Aquela sábia manifestação, vinda de uma humilde silvícola, impressionou-me deveras. Olhei para meus pais e Evelyn e murmurei:

— Que posso fazer, meu Deus? Que posso fazer?

Todos se mantiveram calados. Então, fechei os olhos e disse:

— Meu Deus, eu sou teu instrumento, use minhas faculdades para realizar o que for a Tua vontade.

Naquele instante, a magia do Vril, mais uma vez, fez-se presente em minha vida, na longínqua Atlântida. Não estávamos na dimensão da Grande Energia, muito menos na Pirâmide de Posseidonis, mas parecia que isso não fazia diferença nenhuma para mim. Em questão de poucos segundos, realizei o notável feito, raríssimas vezes executado no mundo primevo, de materializar o quinto elemento no mundo da terceira dimensão.

Os aldeões de Tiahuanaco, em tempo algum, jamais haviam visto tal manifestação divina. O éon sagrado do Vril se materializou e envolveu completamente a criança, erguendo-a a quase dois metros do solo. E ali se fez o milagre.

Parecia um sonho, mas não era. A criança flutuou por alguns longos segundos, deitada no ar com os braços pendendo para o solo, depois, foi colocada de pé pela poderosa força do Vril, a emanação divina, o fluido cósmico universal.

Logo em seguida, o Vril desapareceu, assim como surgiu, em um piscar de olhos; apenas deixou aquela criança ali, de pé, perfeitamente reconstituída. Ela caiu apenas porque não sabia caminhar e porque seus músculos estavam atrofiados, por nunca terem sido utilizados para sustentar o corpo. Simplesmente por isso, pois seu corpo se tornara absolutamente perfeito.

O que se seguiu foi uma explosão de alegria entre os aldeões e também entre as "divindades", ou seja, nós. Ficamos todos em estado de plena alegria. Aquele povo simples ficou tão agradecido que realizou, naquela noite, uma grande festa. Sua música telúrica soou como a mais bela das sinfonias celestiais aos meus ouvidos. Fiquei feliz, como poucas vezes ficaria naquela existência. O desejo que acalentava de utilizar meu dom para um objetivo essencial estava se concretizando. Longe de Atlântida e do olhar censor do grande Conselho do Vril, eu encontrava a felicidade e a paz de espírito que tanto procurava.

Assim, todos me elogiaram e manifestaram seu entusiasmo pela manifestação divina que fluía por meu intermédio, de forma tão natural. Os pilotos da aeronave correram para entrar em contato e revelar para a central de Atlântida o que havia ocorrido. Em poucas horas, essa notícia havia se espalhado por toda a terra de Posseidon.

Entretanto, se eu soubesse o preço que pagaria por esse poder absoluto sobre o Vril, negá-lo-ia mil vezes, talvez dez mil. E tentei negá-lo, lutei contra ele, fiz o que pude. Até mesmo amaldiçoei essa pobre criança que foi instrumento da graça divina; tudo inútil. Era meu destino. Podemos mudar nosso destino, transformá-lo? Sim, é possível, porém é inútil fugir dele.

Capítulo 6

Conhecendo um novo mundo

Aquela noite foi mágica. Talvez poucas vezes em minha vida eu tenha sido tão feliz. Estava ao lado da mulher amada, que era um anjo de luz que Deus colocara em meu caminho, e sentia-me verdadeiramente feliz pelo grande feito que realizara.

É estranho, mas o olhar de Evelyn transmitia um amor tão profundo e verdadeiro, que raras vezes tive a oportunidade de receber algo parecido em outras vidas. Ela transmitia um amor calmo e maduro, que brota somente nos corações das grandes almas. Aqueles lindos e meigos olhos eram o bálsamo que me acalmava a alma, trazendo-me a paz de espírito que insistia em fugir de minhas mãos, com tanta facilidade.

Além disso, ali eu tinha o apreço e a companhia de pessoas queridas e valorosas, que abriam mão do conforto de Atlântida para amparar os irmãos do mundo da dor, uma mentalidade completamente diferente da futilidade que víamos na terra de Poseidon. Enquanto Arnach desdenhava os povos do mundo primevo, aqueles nobres atlantes que lá trabalhavam demonstravam imenso amor e respeito àquela gente.

Com o passar dos dias, eu começaria a admirar, respeitar e amar aquelas pessoas simples, mas que reconheciam em nós muito mais que amigos. Os nativos, apesar de grosseiros, demonstravam grande carinho por todos.

E foi em meio a esse mundo simples e rústico que um largo sorriso começou a se desenhar em meu rosto, reflexo de uma felicidade verdadeira.

O som simples das flautas e atabaques; a gratidão sincera nos olhos daquele povo sofrido; tudo isso me fazia esquecer o luxo e a exuberância de Atlântida. Estávamos sentados em toscos tocos de árvores, muito rústicos mesmo, porém não sentia saudade nenhuma das luxuosas poltronas dos centros de eventos de Posseidon. Na verdade, percebia, no fundo da alma, que o estilo de vida de Atlântida era um grave perigo para almas imperfeitas como a minha.

Os aldeões sabiam que não podíamos comer ou beber com eles, por causa da diferença de frequências dimensionais. Mesmo assim, eles colocavam aos nossos pés tudo de bom que produziam, como se fossem oferendas. Nós apenas sorríamos e realizávamos gestos sagrados de agradecimento.

O leitor poderá, pouco a pouco, observar como surgiram os diversos cultos a divindades, por todo o globo, a partir dessas experiências que vivemos.

Inclusive, muitas referências dos povos primitivos aos deuses que vinham dos céus, as linhas de Nazca no Peru, as impressionantes construções e relevos com ensinamentos avançados trazidos por gigantes que vinham do céu, os cultos divinos no Egito e entre os demais povos antigos, tudo foi herança do trabalho atlante, realizado por toda a dimensão primeva, a fim de promover a civilidade no mundo.

Alguns pesquisadores acreditam que a herança atlante pelo mundo, como as pirâmides, por exemplo, é fruto apenas daqueles que fugiram do terrível apocalipse da Grande Ilha. Na verdade, muito desse trabalho foi realizado bem antes, por trabalhadores como os que eu acompanhava nessa viagem e que, minuto a minuto, tornavam-se, a meus olhos, dignos exemplos a serem seguidos.

Entretanto, infelizmente, o trabalho dos atlantes terminou por provocar uma nociva dependência nesses povos, algo que sempre tentamos evitar, ensinando-os, em vez de servi-los. Mesmo assim, quando a Atlântida mergulhou em trevas, eles não aceitaram nosso desaparecimento.

Todos os anos, passaram a aguardar com apreensão o retorno de nossas naves. E, como nunca mais voltamos, começaram a realizar estranhas práticas religiosas, como os desenhos em Nazca, no Peru, que foram anualmente conservados, até a época de Cristo, alimento a esperança de que os encontraríamos novamente. Eles acreditavam que tínhamos perdido sua localização e elaboravam os desenhos para chamar a atenção de nossas naves. Não compreendiam a ideia de que vínhamos de outra dimensão, portanto, aguardavam nosso retorno do céu. Assim, utilizaram o conhecimento que aprenderam conosco para realizar aqueles gigantescos desenhos, apenas por meio de cálculos matemáticos, a partir de pequenos modelos. Depois escavavam cada detalhe mínimo do pictograma. O mais impressionante é que não tinham como ver os próprios desenhos, já que não possuíam aeronaves. Eles jamais tiveram, em vida, ideia do fantástico resultado de seu árduo trabalho.

Os egípcios também acreditavam que vínhamos do espaço. Inclusive, as pirâmides de Gizé foram alinhadas com a constelação de Órion porque eles julgavam que era de lá que vinham os "deuses" que ajudaram a civilizar a terra de Kemi, em seus primórdios.

Mas o pior reflexo foram os sacrifícios, tanto de animais como de humanos, realizados de forma intensiva, principalmente entre os astecas, na região do atual México. As tribos dessa região sempre foram as mais atrasadas, tanto no que se refere às guerras como às práticas sociais e religiosas. Com nossa partida definitiva, por causa da guerra atlante das duas raças e consequente submersão da Grande ilha, eles passaram a crer que foram abandonados pelos deuses.

Logo se instalou um estranho e enfermiço sentimento de culpa, seguido de desejo de autopunição. Pobres crianças eram tiradas dos pais para serem sacrificadas, com o objetivo de obter o "perdão divino". Uma triste barbárie, mas que serviu aos propósitos de evolução daquele grupo espiritual, despertando suas consciências, por meio das rodas cármicas.

Aqueles que promoviam os sacrifícios retornavam em nova vida na condição de sacrificados; a sábia lei de ação e reação. A média de vida entre eles era de trinta anos, estimulando os ciclos reencarnatórios. Essas almas primárias ficavam no máximo um ano no astral, antes de nova encarnação; um ciclo bem rápido e que tinha seu objetivo.

Retornemos à narrativa. Quando a festa já estava em seu auge, peguei Evelyn pelos braços. Corremos, então, para o centro da dança dos aldeãos. Eles pararam para admirar a alegria dos "anjos" ou "divindades". Não tínhamos noção da luz que envolvia nossos corpos, naquela noite maravilhosa. Éramos criaturas de rara e delicada beleza, envoltos por uma magnífica aura de luz, irradiada pela felicidade de nossos corações. Sem dúvida, éramos retratos fiéis dos seres angelicais dos contos de todas as épocas.

A pele branca, os cabelos claros, os traços delicados, olhos de colorido e brilho impressionantes, aliados à sabedoria e à tecnologia atlante, impressionavam aquele povo simples, destinado a viver em uma dimensão grosseira, que exigia lutar contra animais selvagens e sofrer, diariamente, com as duras intempéries do tempo.

Alguns aldeões ajoelharam-se, então, em adoração, mas não percebemos o gesto. Estávamos em um mundo fechado, só nosso. Naquele momento mágico, eu disse à Evelyn:

— Amor da minha vida, é nessa dimensão que quero viver. Desejo ajudar esses povos sofridos do mundo primevo a terem melhor condição de vida. O reino de Poseidon não precisa de nós. Mas não quero viver apenas nessa aldeia, quero viajar pela dimensão primeva inteira e trabalhar como esses abnegados irmãos que nos trouxeram aqui. Quero ser um peregrino da esperança para essa gente sofrida.

Ela sorriu e apenas falou:

— Meu lar, meu amor, é o teu coração. Onde você estiver, ali será minha casa. Eu estarei sempre ao teu lado e serei muito feliz. Façamos o bem, cumpramos a vontade de Deus, e a felicidade residirá em nossos corações.

Enquanto ela falava, dançávamos os ritmos simples e cadenciados do povo que nos acolhia, causando ainda maior admiração entre eles. O êxtase foi tanto que, quando olhamos para os nativos, todos estavam de joelhos apreciando nosso momento feliz. Eu sinalizei, então, para que eles viessem para a roda, e assim dançamos juntos, por toda a noite.

Em alguns momentos, eu e Evelyn pegávamos algumas daquelas crianças no colo, e elas, instantaneamente, sofriam metamorfoses de cura, causando espanto maior ainda entre os aldeões. Assim, quando a festa terminou, tive muita dificuldade para dormir; não por causa do chão duro, coberto com palha, que nos foi oferecido na melhor morada, ou, então, em decorrência do cheiro de esterco dos animais que dormiam por ali, mas, sim, por causa daquela nova e instigante oportunidade de vida que se descortinava diante de meus olhos.

Pela manhã, ainda bem cedo, acordei bem disposto e saí caminhando pela aldeia, para conhecer melhor aquelas pessoas tão diferentes. Sempre prestativos, eles me explicavam seu modo de vida e suas dificuldades. Rapidamente, eu me acostumara com o dialeto tribal e suas peculiaridades.

Em meio ao passeio, uma mulher trouxe outra criança disforme e colocou-a em meus braços, para que eu a curasse, mas, dessa vez, nada aconteceu. Eu olhei para Ártemis, que caminhava ao meu lado, e perguntei por que. Ela suspirou e respondeu:

— Andrey, o Vril é uma energia que provém de Deus, mesmo quando usada para o mal. Nesse caso, ele se torna uma distorção da Luz. Como é uma energia divina, só age naturalmente quando se trata da vontade do Senhor. Se essa criança não obteve a cura é porque o Espírito Criador, que sabe melhor do que nós o que é melhor para nossa evolução, não acredita ser esse o momento oportuno, ou, então, talvez não ocorra esse milagre nessa vida. Mais importante que a saúde do corpo é a saúde da alma.

Eu pensei por alguns instantes e falei:

— Eu creio que posso reverter isso, se fizer algum esforço.

A sábia mentora, mestra do Vril, afirmou, então:

— Andrey, não contrarie a Vontade Divina, porque isso pode te levar a um estado de onipotência, em que você esquecerá como diferenciar as ações da luz das ações voltadas para as trevas. Respeite o desejo da eterna potência, siga o ritmo do Vril, não o corrompa, segundo teus interesses.

Eu concordei, com um olhar, e devolvi a criança às mãos decepcionadas da mãe, dizendo-lhe:

— Sinto muito, depende mais de Incal do que de mim.
Aquele povo chamava o Deus Criador do Universo de Incal. A jovem mãe abaixou a cabeça, em sinal de tristeza, e achegou a criança em seu peito. Ela me observou com lágrimas nos olhos e disse:
— Eu te agradeço, assim mesmo.
Eu passei a mão no rosto da criança, em seu colo, e falei:
— Chegará o momento. Tenha paciência.
Ela concordou com um gesto sereno, enquanto enxugava as lágrimas com o antebraço. Depois seguiu em passos lentos para sua casa. O sentimento de impotência causou-me enorme desconforto. Ártemis observou-me com atenção. Percebi que ela estava aflita por eu não lidar bem com minhas limitações.
— Andrey, você não é um deus, apesar de esse povo pensar assim. Você não deve se frustrar por não realizar algo dessa grandeza. Existe um propósito para essa criança reencarnar nessa condição. Caso você cure todas, estará prejudicando o processo educativo planejado pelo Criador.
Ela colocou, então, a mão em meu ombro e falou com firmeza:
— Respeite a vontade divina. Cure somente quando Deus permitir. Não force o Vril. Nós devemos nos curvar ao quinto elemento, e não o contrário.
Eu concordei não muito convicto e com um olhar pouco confiável. Ártemis não disse mais nada, entretanto, percebi sua preocupação. Poucas vezes vi aquele belo rosto com o cenho franzido e os olhos cinzentos, demonstrando tamanha inquietude, como acontecera naquele momento.
Em seguida, ela exteriorizou sua preocupação, dizendo:
— Andrey, eu temo por você. O poder que tem em mãos é realmente muito grande. Você necessita dominá-lo, para que ele não te leve ao desequilíbrio. Os conselheiros do Vril tinham razão: você precisa aprender a lidar com seus desejos e medos; você necessita exercitar mais a virtude do desprendimento. Sinto muito apego em teu coração, e isso não é bom. Nascemos nesse mundo de forma solitária e nus e assim devemos voltar para a dimensão do espírito. Liberte-se do apego às coisas e às pessoas. Deus nos dá a benção das posses e das companhias

nesse mundo, mas não devemos nos escravizar por elas. Caso essa realidade mude, temos que demonstrar o desprendimento de seguir em frente, sem nos revoltar.

Ártemis, segurando minha mão com carinho, arrematou:

— Andrey, você foi muito abençoado, em todos os aspectos da vida. Não permita que qualquer contrariedade leve teu coração para o reino das sombras. A mesma grandeza que você teve para receber as dádivas divinas deve cultivar nos momentos de perdas.

Eu fiquei em silêncio, ouvindo os conselhos de Ártemis, com o olhar perdido no horizonte, e depois suspirei:

— Estou tentando, minha mãe, estou tentando... Deus sabe o quanto...

Ela me abraçou, beijou minha testa e disse:

— Vamos lá! Quero que você conheça a pirâmide que está sendo construída aqui, para ajudar a melhorar a saúde desse povo sofrido. Eis um dos mais importantes projetos atlantes, que auxiliará muito no progresso da civilização da terceira dimensão.

Eu concordei e, pouco depois, estávamos seguindo com o grupo de trabalhadores de Atlântida até uma pequena pirâmide de pedra, que hoje em dia não existe mais; ela foi substituída por outras construções similares, nessa região da América do Sul.

Foi interessante observar os atlantes ensinando o povo simples a desenvolver um dos maiores legados que deixamos à humanidade, ainda pouco compreendido: o fantástico poder curativo das pirâmides.

Nem todos os nativos tinham alcance para compreender os ensinamentos e a finalidade de tudo o que ensinávamos. Sempre escolhíamos um pequeno grupo, que era liderado por aquele que se demonstrasse mais maduro e inteligente.

Não se tratava apenas de legar o conhecimento de engenharia para as construções das pirâmides, como, por exemplo, o alinhamento com o Sol nascente, os precisos cálculos matemáticos para seu perfeito funcionamento etc. O mais importante era ensiná-los a desencadear as energias internas dentro da construção. O Vril comportava-se muito bem dentro da forma piramidal, que é, indiscutivelmente, a forma geométrica com maior potencial energético, quando bem desenhada e sabiamente manipulada.

Obviamente que toda e qualquer manipulação energética ou "mágica" na Atlântida ocorria por intermédio do poder da mente, sem a necessidade de rituais ou comandos. Entretanto, tivemos que criar esse método de fixação mental para os habitantes do mundo primevo, que possuíam péssima concentração e precária interação com o mundo espiritual. Ali nasceram os rituais e "comandos cantados", que se tornaram tão comuns nas religiões da Terra e que, hoje em dia, já estão em processo de extinção, com a natural evolução da humanidade.

Pouco a pouco, novas formas de entendimento espiritual, como o Universalismo Crístico, farão o homem do terceiro milênio compreender que os rituais são mecanismos primitivos para manter o iniciado sintonizado com o exercício espiritual a ser realizado, sendo desnecessário para a realização de uma verdadeira e eficiente conexão com o mundo espiritual superior e com Deus. Algo semelhante a uma criança que necessita de rodinhas auxiliares para aprender a andar de bicicleta, sem cair. Chegou a hora de a humanidade retirar as rodinhas auxiliares e pedalar sem medo, sentindo a brisa da liberdade em seu rosto.

E, assim, envolvido nesses instigantes trabalhos, nem vi o tempo passar. Ficamos muitos meses no mundo primevo, mas era hora de voltarmos. Eu e Evelyn desejávamos ficar mais um pouco, mas nossos pais possuíam muitos compromissos no mundo dos sonhos: a Atlântida. Nós também tínhamos deixado várias atividades pendentes, não podíamos mais adiar nosso regresso.

Antes de partir, decidimos que, assim que chegássemos à Grande Ilha, resolveríamos essas pendências e retornaríamos para conhecer todo aquele novo mundo, rico em desafios, que se descortinava perante nossos olhos.

Despedimo-nos dos nativos com carinho. Eles, inclusive, deram-nos alguns presentes: belas obras artesanais que realizaram com carinho e paciência, para nós, seus novos amigos. Agradecemos, muito comovidos, e entramos em nossa nave. Infelizmente, não pudemos levar os presentes para casa. Tivemos que abandoná-los, antes de atravessar o portal ocidental. Era impossível ingressar na dimensão superior de Atlântida com matéria primeva.

Nós ficamos abraçados, acompanhando pela janela da nave os acenos do povo lá embaixo. Naquele instante, lembrei-me de quando chegamos, avistando aquela mesma cena, e tive uma atitude de repulsa, ao ver aquele povo simples e sem brilho. Agora os via com outros olhos, via-os como irmãos que precisavam de apenas um empurrão para chegar ao nível de civilidade que a Atlântida já havia atingido.

E esse era meu grande desafio: eu tinha descoberto um grande desafio, um objetivo para dedicar-me na vida. Agora, meu sonho era tornar-me um dos desbravadores atlantes que civilizaria o mundo primevo.

Em meus rompantes de vaidade, pensava que talvez no futuro meu nome fosse lembrado no mundo da terceira dimensão, pelo auxílio que eu daria para civilizá-la.

Nem meu nome nem o de Atlântida tornar-se-iam história. No futuro, o mágico continente seria lembrado apenas como uma lenda do imaginário popular.

Capítulo 7

Três encontros

Na semana seguinte ao nosso retorno a Atlântida, recebi um convite para me encontrar com Gadeir, em seu escritório, no Ministério das Relações Institucionais. Atlântida tinha um governo descentralizado, mas as principais decisões sempre partiam da capital Posseidonis.

O pai de Evelyn, mestre Násser, exercia as funções de primeiro ministro, ou seja, aquele que levava o Conselho e os demais ministérios a uma decisão consensual. Na época de ouro, esse trabalho era tranquilo e pouco polêmico. Mas, nos últimos anos, Gadeir, atlante de origem capelina, assim como eu, começou a se destacar, com sua linguagem envolvente e de difícil contestação. Ele era um hábil político, porém muito ambicioso. Essa era uma característica muito clara dos capelinos: a notável "diplomacia ambiciosa".

Os exilados eram muito hábeis na conversação enrolada e dúbia, sempre com o objetivo de persuadir, mesmo quando não tinham razão. Bem ao contrário dos verdadeiros atlantes, que eram sempre técnicos e objetivos. Estes, quando não tinham razão, abriam mão de seu ponto de vista e cediam à voz do bom-senso. Já os capelinos comportavam-se como os "donos da razão". Mesmo quando sabiam estar errados, insistiam até o fim.

Um exemplo disso é a característica mais comum das religiões da Terra: acreditarem serem as donas da verdade; e outro exemplo é o comportamento camaleônico dos políticos. Realmente, a chegada ao poder dos atlantes-capelinos mudaria o cenário administrativo da Grande Ilha e traçaria o caótico perfil da civilização terrena dos milênios futuros.

O rumo que as coisas estavam tomando no continente atlântico me preocupava. No lado oriental, Atlas tinha assumido o controle e parecia reger com poderes absolutos. Existia a figura do Conselho dos Anciãos, e seu poder parecia intocável, mas todos percebiam que nenhuma decisão de Atlas era questionada.

No lado Ocidental, na Atlântida Americana, Gadeir repetia a mesma história. Era notório que os dois competiam entre si, e eu tinha a certeza de que Gadeir não gostava nada de sua desvantagem em relação a Atlas. Eu pressentia que, a qualquer momento, ele tentaria sobrepor-se ao Conselho de Posseidonis, para ficar com poder igual ao de seu rival. Por causa de todos esses fatores, o convite para reunir-me com Gadeir me colocou em preocupante estado de alerta.

Naquela mesma tarde, dirigi-me ao amplo prédio onde seria realizada a reunião. Aquela moderna edificação fora construída com a técnica das "paredes transmutadoras", ou seja, ficavam transparentes apenas com um comando mental. Mais um exemplo magnífico da engenhosidade dos atlantes, utilizando o onipresente poder do Vril. A mesma funcionalidade criadora das oficinas do quinto elemento permitia a mudança no material das paredes, indo do cristal até a rocha maciça, apenas com um comando mental, previamente codificado.

Era como um programa de computador já escrito, que necessita apenas de um comando do operador para que seja executado. Para ficar mais claro, da mesma forma que podíamos transformar cobre em ouro, oxigênio em aeronaves, barro em eletrodomésticos etc., mudávamos a natureza das coisas ao nosso redor, desde que previamente programado para isso; nesse caso específico, o elemento das paredes.

Devemos lembrar o leitor que a Atlântida fazia parte de uma dimensão superior, mais sutil e de natureza ideoplástica, ao contrário da Terra da terceira dimensão, mais concreta e grosseira.

Dessa maneira, podíamos utilizar o fluido cósmico universal de mil maneiras diferentes e em diversas aplicações. O Vril, elemento central da vida em Atlântida, para a humanidade atual é pouco mais que um plasma de difícil manipulação em laboratórios. A ciência da humanidade atual está tão atrasada no domínio do quinto elemento que até mesmo os sensitivos menos esclarecidos conseguem resultados superiores aos poucos cientistas que se detêm no estudo da energia prânica.

Atravessei os amplos corredores em passos lentos. O convite era aparentemente informal, apenas solicitando minha presença, não marcava hora específica.

Eu, então, senti grande vontade de falar com o mestre Násser. Apesar de ser meu sogro, não tínhamos muita intimidade. Seu trabalho não lhe dava muito tempo para a vida social, e eu não gostava de incomodá-lo, pois sabia o quanto era ocupado. Entretanto, seria muito útil, antes de me encontrar com Gadeir, conversar com o sábio mestre, o qual se diferenciava do perfil comum por seus cabelos e barba longos e brancos, lembrando os antigos sábios chineses.

Naquele mesmo instante, recebi uma mensagem telepática dele, pedindo minha presença. Eu sorri e falei para mim mesmo:

— Ótimo! Preciso desenvolver essa faculdade mental de estar ligado a tudo e a todos, como fazem os mestres.

Todo atlante tinha capacidade telepática, mas, em geral, ela era eventual e funcionava melhor com pessoas às quais estivéssemos muito ligados, principalmente familiares. Raros atlantes não conseguiam conectar-se mentalmente com a própria mãe, o feixe energético mais comum e intenso, assim como ocorre nos dias atuais. Inclusive, a humanidade do futuro perceberá que essa conexão de afinidade é tão ou mais forte que a genética.

Girei sobre os calcanhares e fui imediatamente para o escritório de Násser. Lá ele me recebeu cordialmente e foi direto ao assunto, como era de seu feitio, enquanto me convidava a sentar em confortável poltrona, voltada para uma parede vítrea, que dava vista para um lindo jardim, com cascatas artificiais. O som sereno da queda d'água me acalmou.

— Andrey, eu fico feliz que tenha desejado falar comigo, antes de encontrar-se com Gadeir.

Eu sorri com a perspicácia de meu sogro e disse-lhe:

— Mestre Násser, seus sábios conselhos me são sempre muito valiosos. Já que você percebeu meu encontro e o que está em meu íntimo, estou certo de que também está a par do que me preocupa nessa inesperada reunião com Gadeir.

Ele se sentou ao meu lado e falou, enquanto apreciava a beleza da serena fonte d'água à nossa frente:

— Sim, no curto período em que você esteve no mundo primevo, muitas coisas aconteceram. Foram acontecimentos previsíveis, porém determinantes para atestarmos com segurança que o roteiro de paz e harmonia de nosso país está seriamente comprometido.

Násser suspirou, demonstrando cansaço, e concluiu:

— Atlas está realizando um trabalho poderoso de coerção no lado oriental da Grande Ilha. Sutilmente, ele calou o grande Conselho, utilizando-se de técnicas hipnóticas sorrateiras. Muitos atlantes da velha guarda desconhecem esse ardil para atender a interesses mesquinhos.

— Então, vamos "despertar" o Conselho e nos rebelar contra esse lobo disfarçado de cordeiro — afirmei com firmeza.

Násser sorriu e respondeu, com timidez:

— Andrey, nós somos espíritos que abdicamos da luta faz séculos. Estamos acostumados ao consenso e ao respeito. Não sabemos brigar, bem ao contrário de vocês da nova geração, que vêm de Capela. Além do mais, Atlas tem personalidade fortíssima e poder de persuasão difícil de vencer. Gadeir sabe disso, portanto, já percebeu que Atlas será um poderoso obstáculo às suas ambições.

Eu concordei, com um gesto, e disse:

— Entendo. Eis o motivo dessa reunião que ele marcou comigo. Gadeir deseja-me ao seu lado, por causa de meu poder com o Vril.

Násser nada disse, apenas olhou-me com profunda melancolia. Acredito que ele conseguia vislumbrar tudo o que iria acontecer nos anos vindouros, mas nada falou. Passados alguns instantes, o sábio prosseguiu, dizendo:

— Sim, meu filho, Gadeir vai tentar convencê-lo, de todas as formas, para que se alie a ele na guerra que começará em breve.

Eu abaixei a cabeça, meditei por alguns segundos, depois falei, com entonação triste:
— Então é inevitável mesmo, iremos destruir esse paraíso.

Násser colocou a mão sobre meu ombro e falou com sabedoria e firmeza:
— O futuro está em constante movimento. Não existe fatalismo na vida criada por Deus. Entretanto, os rumos que o destino está tomando levar-nos-ão, inevitavelmente, à guerra. E isso não depende apenas de Atlas e Gadeir. A nova geração da Atlântida apoia indiretamente essa tendência, com sua forma desequilibrada de pensar e agir. Cada povo sintoniza-se com o governo que deseja e merece. Os atlantes-capelinos desejam, em seu inconsciente, homens como Atlas e Gadeir para governá-los.

Eu fiz um sinal afirmativo, compreendendo a linha de raciocínio de Násser, e perguntei:
— O que devo falar para Gadeir? Como devo agir nesse encontro?
— Você deseja a guerra? Quer participar dela?
— Claro que não! — respondi, um tanto alterado.

Minhas mãos ficaram trêmulas e nervosas, inclusive, sequei-as no uniforme que vestia dos sacerdotes do Vril, para disfarçar minha apreensão.

Násser percebeu minha indecisão emocional. Meu eu consciente rejeitava a guerra e o poder, já meu porão inconsciente desejava retornar ao período de embates, conquistas e glórias. A mente humana é uma caixinha de surpresas. Trata-se de um grande iceberg, cuja parte submersa não conseguimos visualizar.

Sem demonstrar atenção aparente aos meus dilemas, ele apenas respondeu:
— Ártemis me disse que você deseja partir com nossa filha para o mundo primevo, por alguns anos, com o objetivo de auxiliar no trabalho de aprimoramento desses povos. Diga isso a Gadeir, meu filho. Ele vai lutar para tê-lo ao seu lado, mas, se souber que você não estará do lado de Atlas, isso talvez o mantenha conformado com sua negativa, em um primeiro momento. Ele voltará a insistir em breve, mas, pelo menos, você ganhará um precioso tempo.

Eu concordei, com um gesto sincero. Já estava me despe-

dindo quando ele me disse, fitando-me com seus penetrantes olhos negros:
— Outra coisa, diga a mesma coisa para Atlas, quando falar com ele. Os dois possuem perfis psicológicos semelhantes. Creio que assim você ficará livre desse assédio quase obsessivo que sofrerá. Faça os dois saberem que você não está partidário de nenhum lado. Depois pensaremos em alternativas.

Eu me surpreendi com aquela afirmativa e perguntei:
— Atlas vai querer falar comigo também?

Násser esboçou um sorriso triste e falou:
— Andrey, você é um dos mais importantes sacerdotes do Vril. Quem não gostaria de ter você em seu exército?
— Exército? — pensei assustado. Meu Deus, que loucura iremos fazer nessa terra sagrada!

Depois de meditar sobre isso, cabisbaixo, voltei-me para o mestre e concordei, com imensa tristeza no olhar. Creio que Násser percebeu isso, porque se compadeceu de minha dor, ofertando-me um forte abraço.

Naquele momento, eu passei a perceber que dominar o Vril não era uma bênção assim tão maravilhosa. Talvez fosse uma dádiva em um mundo perfeito, onde os homens procurassem apenas o bem e o amor, mas não na nova Atlântida. Ela estava contaminada por um pavoroso vírus: os exilados de Capela; espíritos que até tentaram resistir ao perfil bélico, mesquinho e arrogante de outrora, mas que perderam a luta interna contra si mesmos.

Ele, então, levantou, ergueu a mão, em sinal de saudação, e disse:
— Que a paz do Espírito Criador esteja com você!

Retribuí a saudação e deixei o escritório de Násser, sob forte impressão. Saí de lá refletindo sobre as palavras do grande espírito que, em meados do século XX, surgiria na literatura espiritualista moderna, apresentando-se com o pseudônimo Ramatís. Pela mediunidade de Hercílio Maes (também um atlante-capelino, naquela época), ele estabeleceria os alicerces fundamentais do projeto Universalismo Crístico na Terra, a que hoje damos continuidade, sob a orientação de Hermes, que era sua esposa Ártemis, na longínqua Atlântida.

E assim, enquanto eu caminhava pelos corredores do Ministério, amarrando meus longos cabelos louros à moda rabo de cavalo, com respiração opressa e olhar voltado para meus passos, mil pensamentos passaram céleres por minha mente.

Ao chegar ao escritório de Gadeir, nem percebi as gentilezas de sua secretária. Sentei-me em uma poltrona, na sala de espera, perdido em meus pensamentos e imaginei que iria esperar por longos minutos, já que não tinha marcado hora. No entanto, fui atendido imediatamente. O dissimulado capelino levantou de sua cadeira e me abraçou de forma muito amigável. Eu mal o conhecia, só o tinha visto, até então, em cerimônias oficiais.

Gadeir era um homem alto, de pele clara, cabelo longo e liso, como era comum entre nosso povo, e parecia ser muito maduro para ser um atlante-capelino. Creio que ele deveria ter sido um dos primeiros exilados de Capela a reencarnar na Terra.

Sem dúvida, sua personalidade era muito forte, porém sabia agir com delicadeza, para não demonstrar as imperfeições de sua alma. Além do mais, sabia como seduzir a arrogante e vaidosa nova sociedade que surgia. Como afirmei, éramos excelentes políticos, hábeis na arte de enrolar e agradar a todos, mesmo sem ter nada de útil a dizer.

Ele sabia que eu tinha me encontrado, há poucos minutos, com Násser. Certamente, meus passos estavam sendo vigiados. Era muito difícil esconder qualquer coisa no reino de Atlântida, por causa da elevada capacidade telepática de seus habitantes. Mas isso não o impediu de fazer mil rodeios, antes de entrar no assunto que me levava ao seu encontro. Gadeir parecia ter a necessidade de se fazer de desentendido. Ele perguntou sobre minhas experiências com o Vril, sobre minha primeira visita ao mundo primitivo, como estava Evelyn etc.

Depois de uma sucessão de rodeios, ele percebeu que eu já estava ficando entediado e entrou, finalmente, no assunto que me levava até lá.

— Bem, Andrey, você deve saber que Atlas administra diretamente o hemisfério oriental de nosso reino. Ele ainda não desativou o Conselho, mas creio que é a mesma coisa, pois eles acatam todas as decisões desse perigoso tirano.

Gadeir caminhou nervoso, de um lado ao outro, e prosseguiu:
— Creio que ele deseja impor a supremacia da raça verme-

Atlântida - No reino da luz

lha sobre nós. Já ouvi comentários sobre isso. Todos dizem que ele anda afirmando que os vermelhos não são tratados mais em regime de igualdade pela administração da capital.

Eu sorri intimamente e resolvi implicar com Gadeir:
— Dizem? Todos? Quem diz?

Ele estranhou minhas perguntas e respondeu:
— Você sabe, Andrey, as pessoas, todas elas falam isso.

Logo percebi que Gadeir generalizava, distorcendo a realidade, para atender aos seus interesses. Na verdade, para ele não interessava o que Atlas disse ou fez. Ele apenas desejava remover aquele obstáculo de seu caminho, independentemente dos fatos.

Levantei-me e caminhei de um lado ao outro da sala, meditando sobre suas palavras, até que resolvi provocá-lo:
— Acredito que, em parte, Atlas tem razão. É possível perceber que aqui no lado ocidental do continente os melhores cargos públicos estão sendo passados para as mãos da raça branca. E creio que Atlas deve estar fazendo o mesmo com a raça vermelha, em seus domínios. Já é possível perceber grande migração dos atlantes da raça vermelha para o outro lado do continente, como se estivessem em fuga, com medo de retaliações. Infelizmente, a terra de Poseidon, desde a chegada dos exilados, está em franco declínio moral. Estamos corrompendo nossos valores, jogando por terra séculos de uma estruturação social perfeita. Somos piores que vírus. Em uma única geração, estamos destruindo o trabalho de esforço honesto, construído em milênios, por parte dos autênticos atlantes.

Ele sorriu, de forma irônica, e falou:
— Você acredita nessa balela de que somos exilados de uma estrela distante? Somos tão atlantes quanto nossos antepassados. Digo mais, somos melhores que os acomodados que nos precederam. No tempo de uma geração, chegaremos a conquistas inimagináveis, desde que não venhamos a sucumbir nas mãos dos vermelhos, liderados por Atlas.

Eu me mantive sereno e respondi:
— Acredito, sim, na palavra daqueles que conseguem ver além. Uma águia consegue enxergar muito mais longe que nós, e sabemos disso. Da mesma forma, os sábios compreendem a

vida com mais profundidade que os leigos. Nisso eu acredito. Nossa arrogância será nossa ruína. Um pouco de humildade e reconhecimento de nossas fraquezas talvez contivesse nossa desgraça.

Gadeir desconsiderou minhas alegações e atalhou:

— Bom, filosofias à parte, eu gostaria de convidá-lo a estar ao nosso lado nesse momento delicado pelo qual nossa pátria está passando. Necessitamos de todo o teu poder com o quinto elemento, para mantermos a ordem e a paz. Precisamos de você e também do poder de Evelyn, para manter viva nossa nação. Somente colocando um freio nas pretensões de Atlas prosseguiremos no caminho do progresso.

Eu me mantive em silêncio por alguns segundos, depois falei, de forma serena:

— Se as coisas seguirem pelo rumo que você está dizendo, entraremos, inevitavelmente, em guerra contra a raça vermelha. Nosso povo será dividido entre os do ocidente e os do oriente; entre os brancos e os vermelhos. Quando isso acontecer, para mim nossa pátria já estará morta.

Gadeir me olhou com irritação e aguardou minha conclusão. Eu preferi me posicionar, então, conforme Násser havia me orientado:

— Todavia, não deixarei de trabalhar pela paz e pela concórdia. Ficarei absolutamente neutro, durante esse período de conflito político, rezando para que o bom-senso reine entre nossos governantes. Viajarei ainda este mês para o mundo primevo, para realizar um trabalho que considero importante e inadiável, com a certeza de que, quando eu voltar, você e Atlas estarão abraçados, trabalhando pelo bem de todo o continente atlântico, independentemente de raça e ambições pessoais.

Gadeir concordou, um tanto contrariado, e disse-me:

— Seu amigo Arnach já nos deu seu apoio. Acredito que você gostaria de saber isso. Também seria importante conversar com ele. Creio que você está interpretando mal os esforços que estou realizando pela paz e concórdia em nosso reino.

Eu fiz um sinal discreto de concordância, ainda surpreso com a posição tomada por Arnach, sem nem ao menos consultar-me. Éramos como irmãos. Gadeir falaria, então, dando, aparentemente, pouca importância aos meus pensamentos. Acredito que sua arrogância, no fundo, fê-lo crer que eu cederia em breve.

— Pois bem, eu gostaria de pedir-lhe, então, apenas um favor, antes de sua partida. Leve até Atlas uma última manifestação de minha parte, para resolvermos essa questão de forma pacífica.

Mestre Násser estava certo. Gadeir queria me estudar e, ao mesmo tempo, analisar se eu teria alguma inclinação a apoiar Atlas. Tentei esquivar-me do compromisso.

— Por que você precisa de mim para essa tarefa? Basta comunicar-se diretamente, pelo intercomunicador, com o escritório de Atlas no hemisfério oriental.

Esse aparelho reproduzia som e imagem em tela de cristal, como um videofone da civilização atual.

— Prefiro que você vá até lá para conhecer pessoalmente Atlas e perceber suas intenções. Você é inteligente e perspicaz. Vai logo perceber quem é esse camponês que ousa desejar para si o poder absoluto de nossa pátria. Talvez isso faça você mudar de ideia ou, então, motive-o a dar seu apoio ao lado certo, no momento em que isso for necessário.

Todos os tiranos são assim. Acreditam que o seu é o lado correto e justo. Eu desprezei seus argumentos, mas concordei, com um gesto, e disse-lhe:

— Parto, então, amanhã cedo. Peça para alguém entregar-me a mensagem destinada a Atlas. Agora, devo voltar aos meus afazeres. Tenho muito a realizar, antes de partir em viagem para o mundo da terceira dimensão.

Ele fez um discreto sinal, e um dos assessores rapidamente entregou-me a carta, antes de eu sair do prédio ministerial. E assim despedimo-nos, cordialmente.

Naquela noite, durante o jantar, contei tudo para Evelyn e para nossos pais. Mestre Násser estava presente e disse:

— Andrey, cada vez mais eu estou sendo dispensado das grandes decisões. Hoje em dia, poucas tarefas sobraram para mim e para os antigos conselheiros. Gadeir quer tomar logo o poder total, para poder rivalizar de igual para igual com Atlas. Ele sabe que os "velhos pacifistas" como eu são empecilho para

suas sombrias intenções.
 Durante o jantar, Atônis, meu pai, falou com pesar:
 — Acredito que chegou o momento de selecionarmos os atlantes-capelinos que deveremos instruir e enviar para o mundo primevo, antes do fim, conforme combinamos, depois daquela inesquecível manifestação do Grande Espírito no templo da Grande Pirâmide.
 Nossos pais concordaram, e eu tive uma sensação de *déjà vu*, recordando aquele memorável encontro, quando eu e Evelyn ainda nos encontrávamos no plano espiritual. Entusiasmado com a recordação, eu relatei a experiência mística a todos, com empolgação.
 Criste sorriu e falou com carinho:
 — Meu filho, você não estava nem em minha barriga ainda nesse dia. Como pode se lembrar de um evento que não presenciou?
 Todos sorrimos, e eu disse, com grande euforia:
 — Sim, eu sei. Nós estávamos lá em espírito, querida Criste. Foi nesse momento que fomos apresentados a vocês, nossos futuros pais, e fomos autorizados a assistir à preleção desse espírito iluminado que falou sobre o destino da Grande Ilha, caso os capelinos não seguissem pelo caminho da Luz.
 Eu passei, então, a relatar detalhes de toda a reunião, os comentários de nossos pais etc. Todos ficaram impressionados, e Ártemis afirmou:
 — Eis mais uma prova da existência da Vida Maior. Antes da chegada dos capelinos, isso era algo certo e incontestável entre nosso povo. Inclusive, adentrávamos com facilidade na quinta dimensão, pelo "espelho de cristal". Com a chegada de espíritos que primam mais pela razão que pela sensibilidade, pouco a pouco as verdades espirituais estão caindo em descrédito. Esse é o pior caminho que uma humanidade pode seguir: o distanciamento das verdades eternas. Logo, o excessivo racionalismo científico afastará o homem da ciência espiritual, e este viverá escravo somente da "ciência das formas", o "mundo das sombras", perdendo o amplo leque de possibilidades invisíveis aos olhos menos preparados. O Vril desaparecerá da face da Terra, não porque Deus o abolirá, e sim porque o homem não mais enxergará essa realidade que estará invisível à sua ciência limitada.

Todos nós concordamos silenciosamente com aqueles sábios dizeres de Ártemis. Evelyn, então, perguntou:
— Minha mãe, o que é o espelho de cristal? Como assim entrar na quinta dimensão?

A nobre mestra do Vril colocou a mão sobre o joelho da filha e falou:
— O espelho de cristal é uma peça perfeita, que se encontra dentro da Grande Pirâmide. No passado, alguns de nossos sábios conseguiam abandonar o corpo físico e entrar em espírito nesse espelho, acessando diretamente o mundo dos imortais, de onde todos nós viemos. A esfera física, como você bem sabe, é apenas um campo de experimentações para a evolução da alma.

Ficamos muito impressionados e, então, perguntei:
— E vocês entravam também por esse espelho?

Nossos pais confirmaram, com um gesto emocionado. Atônis chegou até a deixar escapulir uma solitária lágrima, quando disse:
— Sim, em uma época em que nosso reino era regido pela paz e pelo amor incondicional. Hoje em dia, só conseguimos olhar através do espelho e ver a dimensão da quinta-essência. Algumas vezes, ouvimos conselhos dos mestres da Luz, mas isso se torna cada dia mais raro.

Um tanto surpreso, eu perguntei:
— Mas, meu pai, por que nunca soubemos disso? Não entendo por que vocês nos afastam dessas maravilhosas informações. Somente há poucos dias tivemos o privilégio de conhecer o mundo primevo. Por que tantas reservas?

Atônis abaixou a cabeça, e Criste respondeu:
— Meu filho, vocês possuem um poder muito grande nas mãos. Não são pessoas comuns. Tememos por vocês. Era necessário formar o caráter dos dois, antes de retirarmos o véu de Ísis. Já não tivemos essa opção com relação ao Vril. Você e Evelyn já nasceram dominando o quinto elemento de maneira que nos assustou.

Ela sorriu e falou em tom de brincadeira, mas com os olhos úmidos:
— Eu me lembro que, no dia em que te entreguei aos cuidados de Ártemis, você fazia os brinquedos flutuarem em seu

quarto e, quando desejava brincar e estava chovendo, manipulava as nuvens. Como revelar-te ainda mais poderes, meu filho?

Ficamos todos, por alguns instantes, em absoluto silêncio, até que Evelyn resolveu mudar de assunto e se colocou à disposição para auxiliar no projeto de preparar o pequeno grupo de atlantes que viriam a ser instruídos pelos mestres e que partiriam para a Terra primitiva, antes do fim de Atlântida.

Násser, então, atalhou, dizendo, de forma suave e elegante:
— Não, minha filha, você deve partir com Andrey para o mundo primevo o mais breve possível. É importante que vocês fiquem longe da Grande Ilha. Enquanto o espírito da guerra pairar sobre nossa pátria, vocês não terão sossego. À medida que os atritos forem se intensificando, cada vez mais aqueles que dominarem o quinto elemento serão assediados para tomar partido no infeliz combate.

Aquela advertência fez-me lembrar de Arnach. Eu precisava demovê-lo da ideia de apoiar Gadeir e quem sabe até convencê-lo a partir conosco. Isso seria bem difícil, ainda mais diante de seu notório desprezo pelo mundo primevo ou "terra dos macacos", como ele também costumava chamar.

Ártemis percebeu minha intenção e disse:
— Esqueça isso, Andrey. Arnach não mudará de opinião, e, se Gadeir captar essa tua intenção, irritar-se-á ainda mais contigo. Deixe teu amigo comigo. No momento certo, tentarei chamá-lo à razão.

Não gostei muito da ideia de abandonar Arnach à própria sorte, no entanto, essa era a atitude mais sensata. Naquela noite, fomos dormir sob forte preocupação. Quando cheguei ao leito, percebi que Evelyn estava na sacada, olhando a Lua cheia no céu. A atmosfera sutil da quarta dimensão de Atlântida tornava o céu noturno muito mais belo do que aquele que conhecemos nos dias atuais.

Ela mirava o firmamento com lágrimas nos olhos. Eu me aproximei e a envolvi com um delicado abraço. Enquanto cheirava seus perfumados cabelos castanhos, lisos e brilhantes, perguntei:
— Por que você chora, minha fada? Em breve estaremos no mundo primevo e ficaremos longe dessa terrível provação que

viverá a terra de Poseidon.

Ela, então, demonstrando espírito muito mais fraterno que o meu, disse-me:

— Andrey, você está pensando somente em nossa fuga para o mundo primevo. Eu choro pelos que vão morrer nessa luta insana, por aqueles que não receberão nosso auxílio. Nem todos os que vivem na Grande Ilha são espíritos guerreiros. Muitos sucumbirão sem reagir à violência dos fortes, inclusive nossos pais. Ou você acha que eles pegarão em armas para defenderem-se?

Só, então, parei para pensar na sorte dos milhões de habitantes de nosso mundo. Até aquele momento, eu pensava somente em mim e em Evelyn; para dizer a verdade, somente em mim mesmo, porque a ideia de perdê-la me causava forte desequilíbrio emocional, e isso eu queria evitar, de qualquer forma.

Fiquei atrás dela, em silêncio, beijando sua cabeça, com o olhar perdido no céu, por longos minutos, até que eu disse:

— Vamos dormir. Amanhã tenho um encontro com Atlas. Vamos ver se eu posso, de alguma forma, ajudar a evitar o inevitável.

No dia seguinte, pela manhã, ainda bem cedo, ingressei em uma das aeronaves de longo deslocamento, para atravessar o continente rapidamente e me encontrar com o governador da Atlântida Europeia. Esse tipo de aeronave chegava a velocidades superiores a mil quilômetros por hora, permitindo atravessarmos a Grande Ilha muito rápido. Era uma dos equipamentos tecnológicos mais avançados construídos por nosso povo. Com aerodinâmica perfeita, rasgava as longas distâncias da sutil dimensão de Atlântida com pouquíssimo atrito. A turbulência beirava o zero.

No meio da manhã, entrei no imponente prédio da administração oriental da Grande Ilha. Sem demora, fui recebido por um homem forte e vigoroso, de pele vermelha, cabelos negros e olhar profundo. Seus passos pareciam estremecer os lustres de cristal da imponente sala. Era Atlas, uma figura da qual eu nunca me esquecerei e que veio fazer parte de minha vida por muitos séculos, no futuro. Essa era só a primeira encarnação em que viveríamos juntos, assim como aconteceu com Ártemis, que foi uma das encarnações de Hermes Trimegisto.

Atlas, no futuro, reencarnaria como Menés, o faraó que unificou o Alto e o Baixo Egito e, posteriormente, como Moisés, o profeta do Deus Único. Sua personalidade era tão poderosa que o nome Atlântida nunca existiu para nós. Chamávamos nossa pátria de terra de Poseidon ou de Grande Ilha. Quem a designou pelo nome Atlântida foram os habitantes do mundo primevo, que faziam fronteira com o lado oriental, entre eles, os gregos primitivos. Quando Atlas tentou anexar aqueles territórios para fortalecer seus exércitos, os antigos gregos, assustados, chamaram a terra de Poseidon de Atlântida, que significava terra de Atlas.

O retrato que fizeram desse grande homem, um gigante carregando o mundo nas costas, refletia bem o respeito e o medo que ele impunha a esses povos da dimensão primeva. Mas isso será narrado com mais detalhes no segundo volume deste trabalho, chamado *Atlântida - No Reino das Trevas*.

Eu nunca o tinha visto pessoalmente. A primeira impressão que tive foi bem satisfatória. Ao contrário de Gadeir, ele era bem sincero, direto e totalmente avesso a rodeios.

Ele me serviu um copo de suco de frutas e falou:

— Beba, a viagem é rápida, mas não deixa de ser cansativa. Você deve estar com sede. Não se preocupe, a bebida não está envenenada. Preciso de você vivo para lutar ao meu lado.

Eu sorri com a franqueza de Atlas e disse-lhe, de forma descontraída:

— Só estou aqui para trazer-te essa mensagem de Gadeir.

Atlas arrancou, então, a carta de minha mão e a rasgou, jogando-a, depois, no fogo. Ele, então, cuspiu na carta que estava carbonizada e falou:

— Maldito hipócrita! Não podemos contar com nada do que ele coloca no papel. Homem sem palavra! Além disso, essa mensagem só tem o pretexto de te trazer até aqui, para me conhecer. Ele acredita que trinta minutos ao meu lado te estimularão a apoiá-lo contra mim. Você só está aqui hoje porque não o apoiou ainda. Eu conheço tipos como Gadeir.

Eu sabia que o povo da raça vermelha era pouco polido, principalmente os que viviam perto das montanhas, mas Atlas estava se superando, e aquilo estava me divertindo a ponto de eu dizer-lhe, francamente:

— Não o conheço, mas gosto do seu jeito. Prefiro lidar com pessoas francas, que dizem o que pensam.

Ele sorriu e falou de um jeito sarcástico:

— Gosto de você também, apesar do seu jeito afetado, típico dos que residem na capital da Grande Pirâmide. Então, você está comigo nessa luta?

Eu dei uma gargalhada por causa de seu jeito franco e falei:

— As coisas não são assim tão simples. Na verdade, não acredito que a guerra vá resolver algo. Na verdade, as únicas vencedoras em uma guerra são a morte e a tristeza.

Atlas retribuiu a risada franca e falou:

— Deixe disso! Você pode tornar-se um grande guerreiro ao meu lado. Escolha que região deseja governar, e eu te darei. Pode ser até mesmo Posseidonis. Não ligo para a capital dos brancos.

Eu meneei a cabeça, atordoado com seu estilo prático e direto, e falei:

— Meu pai me ensinou que guerra não torna o homem grande. Pelo que vejo, essa será uma guerra racial: vermelhos contra brancos. Eu não seria bem recebido entre teus homens.

Atlas fez uma expressão de contrariedade e respondeu:

— Negativo. Não tenho nada contra brancos honrados, assim como você. Só quis dizer que a capital é muito requintada para um homem simples como eu, que gosta do campo. Essa região montanhosa é meu lar e aqui desejo viver. Assim que vencer essa batalha contra Gadeir, tratarei todos como iguais. Na verdade, essa luta só vai ocorrer por causa dele. Se Gadeir aceitasse minhas condições, poderíamos evitar essa batalha.

Eu estava em uma posição privilegiada, que me permitia tirar uma foto do perfil psicológico das duas partes, pouco antes do início dos conflitos. E foi fácil chegar à conclusão de algo que estava óbvio: somente grandes almas abrem mão de seus pontos de vista. Almas pequenas ainda lutam para impor seu ego e sua "verdade", que entendem como a única.

Atlas, apesar de seu jeito rude, era um poderoso mestre do Vril e tinha capacidade mental hipnótica e telepática assombrosa, como ele demonstraria milênios depois, na personalidade de Moisés, enfeitiçando uma população inteira com as famosas dez pragas do Egito.

Ele, então, logo percebeu meus pensamentos e disse:
— Talvez você tenha razão. De qualquer forma, alguém tem de fazer algo. Ou devemos deixar o destino da terra de Posseidon nas mãos de Gadeir?

Eu concordei, com um gesto sereno, e disse-lhe:
— Certamente não!

Ele assentiu com a cabeça, mostrando que estávamos seguindo a mesma linha de raciocínio, e perguntou-me:
— Então, você acha que fugindo para o mundo primevo dará sua contribuição para resolver esse impasse?

Ele esboçou um sorriso sutil e continuou:
— Talvez para você resolva. O que te importa o destino de nosso povo? Posso ser arrogante e egocêntrico, mas não sou egoísta. Não entrego o destino de meus irmãos à própria sorte. Vou lutar por minhas convicções.

Atlas tocou em um ponto que vinha me preocupando, desde a noite anterior. Certamente ele tinha captado meus pensamentos e aflições por causa das palavras de Evelyn. Depois de alguns instantes de hesitação, retruquei, bem mais sério:
— Você está me julgando mal. Tenho também minhas convicções e desejo ajudar os habitantes de nossa terra. Infelizmente, não vejo na guerra a solução. Nosso poder pode promover o progresso e a evolução, mas também pode causar desgraça e destruição. Já vim de um mundo em que fui expulso por atitudes como essa. Não quero repetir o mesmo erro. Não me julgue por querer evitar os mesmos equívocos do passado.

O grande guerreiro se aproximou e colocou a mão sobre meu ombro. Em seguida, olhou-me de forma penetrante e disse, da maneira ríspida e direta que o caracterizava:
— Nós estamos em uma inevitável encruzilhada. Você pode ir para o mundo primevo. Vá para lá, enganar-se, mas tenha a certeza de que você voltará muito em breve. Essa luta é minha e de Gadeir. Entretanto, existem outros personagens que não terão como fugir por muito tempo.

E arrematou, com tom de voz profético:
— Eu te vejo no cenário da guerra. Não se iluda!

Eu recuei alguns passos, afastando-me de sua ação hipnótica, e falei:

Atlântida - No reino da luz

— Agora preciso ir. Eu já cumpri a tarefa que me trouxe até aqui.

Atlas sorriu e confirmou, com um gesto sereno:

— Sim, você cumpriu. Que o olhar do Espírito Criador acompanhe teus passos na viagem de retorno!

Eu agradeci suas palavras e disse:

— Que a paz do Espírito Criador esteja com você!

Capítulo 8

Entrevista com Kundô

Alguns dias tinham se passado. Era madrugada. Atlântida repousava mergulhada em profundo sono, mas eu não conseguia pregar o olho. Levantei-me e percebi que Evelyn dormia o sono dos anjos. Lavei o rosto e fui até o templo da colina do Sol, utilizando um veículo extremamente silencioso. Durante o percurso, eu podia até mesmo ouvir o barulho sutil dos animais e insetos da noite. Os atlantes da época de ouro consideravam o sono algo sagrado. Praticamente não existia vida noturna, inclusive nos grandes centros. Mas, em breve, tudo mudaria.

A atmosfera sublime de Atlântida já não era mais a mesma. O clima febril, típico dos tempos que antecedem as grandes guerras, já se fazia presente.

Entrei no templo com passos lentos, pisando suavemente naquele chão que refletia perfeitamente a luz das luminárias alimentadas com a inesgotável energia Vril. O silêncio reinava na Casa de Deus, representado por meu pai, por meio do Sol, naquele belíssimo templo.

Deitei-me em uma das poltronas para meditação e acionei um comando para que o teto ficasse transparente. O céu repleto de estrelas me acalmava, em noites de insônia. Além do mais, nosso povo adorava estudar as estrelas. Os atlantes foram os criadores da Astrologia. Contudo, naquela época, a posição dos astros no céu era outra. Inclusive, quando as três pirâmides do Egito foram planejadas, houve preocupação essencial com essa questão. Foi feito um alinhamento perfeito com o cinturão de Órion, que é popularmente conhecido como as Três Marias. Os egípcios primitivos acreditavam que vínhamos do céu, quando os visitávamos, mais precisamente, da constelação de Órion. Por isso eles decidiram alinhar as pirâmides com essas três estrelas, fato que resultou em vibração energética fabulosa para a Terra, haja vista que no platô de Gizé localiza-se um dos principais centros de força do planeta.

O Sol encontrava-se agora no signo de Virgem, e a velha Lua, passando por ele, estivera visível no céu naquela manhã. Agora, ocultara seu rosto, abandonando a noite à glória das estrelas, permitindo magnífica apreciação da abóbada celeste.

Preso em meus pensamentos, nem percebi quando se aproximou, com passos lentos, o sacerdote da chama violeta, mestre na ciência da energia das cores, chamado Kundô. Ele viria a ser conhecido no futuro principalmente pela personalidade de José, pai de Jesus, e por sua mais importante encarnação como conde de Saint Germain, o regente da era de Aquário.

Evelyn era muito amiga de Kundô e dedicava um dia da semana para ajudá-lo nos estudos e nas energizações realizadas no templo da chama violeta. Ela aprofundou esses estudos de tal forma, no decorrer dos séculos, que terminou se tornando uma das maiores mestras da Terra nessa energia, sob a personalidade da mentora espiritual Crystal, conforme narrado no livro *Sob o Signo de Aquário*. Hoje em dia, ela trabalha ao lado de Saint Germain, na difusão da energia que será símbolo da era de Aquário.

Ao vê-lo, não contive minha surpresa:

— Mestre Kundô? Jamais imaginaria encontrá-lo aqui no templo do Sol, ainda mais essa hora...

Ele sorriu, com os braços cruzados sob o manto, e respondeu:

— Estamos onde Deus deseja, mesmo que seja nos locais e horários mais improváveis. Eu estava sem sono e ouvi uma voz que me dizia: "Vá orar no templo de teu amigo Atônis".

Eu me sentei na poltrona e disse-lhe, com brilho no olhar:

— Será que essa voz do Mundo Maior tinha por objetivo alertar-te sobre minha presença inusitada aqui esta noite, com o objetivo de trazer-me um recado do Alto?

O sábio atlante deu de ombros e respondeu:
— É possível. Mas diga-me, jovem Andrey, o que o traz ao templo uma hora dessas? Abra teu coração. O descendente de meu grande amigo Atônis é como se fosse meu próprio filho.

Eu coloquei as mãos no rosto, tentando desanuviar meus confusos pensamentos, e respondi:
— Perdi o sono. Não quis incomodar Evelyn e resolvi meditar no templo do Sol. Esse lugar me traz tanta tranquilidade. Ele me faz lembrar minha infância. Época maravilhosa de minha vida, parece até que consigo me ver correndo de mãos dadas com Evelyn por esses corredores.

Kundô sorriu e disse:
— Sim, eu me lembro de vê-los assim, quando vinha aqui visitar teus pais. Você e Evelyn nasceram um para o outro, verdadeiramente.

Aquelas palavras do grande mestre me emocionaram muito, ao ponto de uma grossa lágrima correr por minha face. Meus olhos ficaram úmidos, e eu o abracei.

Em seguida, abri meu coração, sem reservas:
— O momento que estamos vivendo tem me preocupado muito. Sinto que devo me isolar para evitar que o poder do Vril que emana de minhas mãos seja utilizado para o mal. No entanto, ao mesmo tempo, sinto-me frustrado por cruzar os braços em um momento em que minha participação poderia ser decisiva nesse embate de forças. Talvez, se eu fizesse algo, a guerra pudesse ser evitada. Estou em dúvida. Se eu apoiasse um dos lados...

Kundô ajeitou os longos cabelos negros e falou, com sabedoria, enquanto sentava-se à minha frente:
— Temo que nada poderemos fazer quanto a essa guerra. Ela brota do seio de nossa sociedade, assim como a água das montanhas jorra das entranhas das rochas. Caso tomemos algum partido, apoiando Gadeir ou Atlas, estaremos servindo apenas como instrumento do desejo de guerra desses homens. Não se iluda, acreditando que tua participação poderá promover a paz. Fizemos tudo o que nos foi possível para evitar que isso acontecesse, desde a chegada dos capelinos à Terra. Fomos avisados pelo Grande Espírito. Você bem sabe! Tenha a certeza de que qualquer tentativa agora seria improfícua.

O sábio mestre suspirou e falou, enquanto olhava ao nosso redor, como se enxergasse coisas que me eram invisíveis.

— A energia que nos circunda já é de outra natureza. A atmosfera de nosso mundo já está intoxicada, excitando as almas que estão em frequência inferior. Agora só nos resta rezar. Acalme teu espírito, meu filho. Eu sinto que um vulcão está pronto a emergir em teu peito, e cabe somente a você controlá-lo. Isso pode definir teu futuro para os próximos séculos. Vocês, oriundos de Capela, necessitam vencer os traumas gerados pelas vivências turbulentas que causaram o seu exílio para a Terra.

Eu concordei, com um gesto, e ele prosseguiu:

— A Alta Espiritualidade de nosso mundo acreditou que a encarnação de espíritos capelinos menos endividados na quarta dimensão poderia permitir que esse reino místico continuasse a realizar sua tarefa de promover o progresso na dimensão primeva. Isso realmente seria muito importante e necessário, mas creio que não se confirmará. A terra de Poseidon e todo o seu avanço tecnológico deverão desaparecer, para permitir que uma nova era, de evolução mais grosseira e distanciada do Espírito Criador, ocorra na Terra. Existem coisas contra as quais não podemos lutar. Nós temos controle de nossas vidas, de forma individual, entretanto, não podemos influir no destino de uma coletividade. Lutar contra o destino natural da terra de Poseidon é desrespeitar o livre-arbítrio de todas as almas encarnadas, atualmente, na Grande Ilha, que parecem já ter feito suas escolhas. Gadeir e Atlas não teriam força alguma, se os atlantes da nova geração não vibrassem na sintonia deles. Entenda, meu filho, nossa condição atual de intermediários entre a terceira e a quarta dimensão perderá o sentido, caso não vivamos em equilíbrio. Só estamos nessa condição para auxiliar o progresso da dimensão primeva. Se vamos alimentar guerras, então, tornaremo-nos inúteis para a obra de Deus na Terra. Em clima de guerra, o reino de Poseidon deixa de ser um instrumento de evolução divina e se torna um grave problema para a ordem e o progresso do mundo.

Eu concordei, com um gesto sereno, e disse-lhe, reticente:

— Creio que compreendo suas palavras. É triste ter de ouvir isso, mas, sim, eu compreendo. Mestre Násser tem razão, eu e Evelyn devemos partir para o mundo primevo, com o objetivo de evitar o assédio que sofreremos para aliar nossa força do Vril para servir a um dos lados nessa batalha insana. Vocês, atlantes da era de ouro, jamais seriam seduzidos, hipnotizados ou enganados a isso. Mas nós, os atlantes-capelinos, podemos vacilar.

Em breve, homens como você, mestre Kundô, partirão para dimensões superiores, enquanto nós desceremos definitivamente para a dimensão primeva, para, naquele palco rudimentar, evoluirmos, em futuras e dolorosas reencarnações.

Kundô sorriu, irradiando maravilhosa energia de paz, e falou:

— Não esteja tão certo disso. Amo esse mundo e trabalharei por ele, enquanto Deus permitir. Mas, isso mesmo, Andrey, parta logo. Aprenda muito nesse novo mundo. Isso te será de grande valia. E não vá para as colônias da Atlântida Americana. Eu quero que você conheça o lado oriental, principalmente uma região maravilhosa onde existe um longo rio que desemboca em um delta, antes de chegar ao mar. Essa será uma das primeiras regiões a adquirir visível progresso no mundo da terceira dimensão.

Ele estava se referindo ao Vale do Nilo, futura terra de Kemi, que conhecemos, hoje em dia, como Egito, local onde eu reencarnaria muito, muito tempo depois. Naquela região, também eu conheceria os primórdios da civilização grega, de onde surgiram todas as distorcidas informações sobre Atlântida, conforme explicaremos no decorrer desta obra.

Eu me lembrei, então, das guerras tribais que vi no mundo primevo e pensei:

— Sim, é da natureza do homem primitivo da Terra e dos exilados de Capela lutar, guerrear, destruir. Só assim conseguem encontrar sentido para suas vidas imperfeitas.

Kundô captou meus pensamentos e falou:

— Sim, mas chegará um tempo em que todos encontrarão a luz para viver em uma dimensão superior, como a terra de Posseidon. Aproveite essa existência para compreender a beleza do amor, que estabelece e sustenta um mundo perfeito, como esse em que você recebeu a benção de nascer.

Eu concordei, enquanto apreciava a brisa da noite e o voo dos inigualáveis pássaros noturnos de Atlântida, e falei:

— Obrigado, mestre Kundô, por ouvir a voz da intuição e

vir até aqui iluminar minha alma perturbada. Agora me sinto em paz.
Ele me abraçou e disse:
— Sentiremos saudades de você e de Evelyn, mas é o que deve ser feito. Siga e mantenha-se na paz de Deus, independentemente do que acontecer. Procure viver em puro equilíbrio. Não permita que a ação das trevas desestabilize sua harmonia interior.
Kundô olhou-me, então, de forma especial e concluiu, enquanto apertava firme meu ombro:
— E lembre-se: o lado negro é sedutor. Mantenha-se firme na fé e na filosofia de vida que teus pais te ensinaram. Jamais esqueça tudo de bom que eles sempre te proporcionaram. Nem todos os tesouros da Terra pagariam a vida que você teve até agora.
Eu abracei o sábio mestre e disse-lhe, sem dar a devida importância às suas palavras:
— Assim eu farei.
Depois dessas palavras, ficamos em silêncio, e Kundô percebeu a sombra que se projetou sobre minha alma. Ele me perguntou do que se tratava, e eu lhe disse:
— É um sonho que me persegue, eu diria até que é um terrível pesadelo. Eu me vejo só, sem Evelyn. Ela desaparece de minha vida, não sei como, e eu me vejo solitário, em um castelo no alto de uma montanha, vestindo uma sinistra capa negra, com um semblante frio. Não parece ser eu, mas sei que sou. Desde a primeira vez que tive esse sonho, ando preocupado e temendo pela vida de Evelyn. Sei lá, pode ser um mau presságio, ainda mais que há muita coisa ruim acontecendo nos últimos anos.
Eu olhei para ele, com o rosto abatido, e desabafei:
— Sinto saudade de minha infância, quando eu só tinha coisas alegres para pensar e lembrar. Não me sinto preparado para viver sem Evelyn. Se algo lhe acontecer, não sei...
Ele colocou a mão sobre meu ombro e disse, com voz calma e serena:
— Fique tranquilo, Andrey. Não cai uma folha sequer de uma árvore, sem que Deus saiba. Ele conhece melhor do que nós o que devemos vivenciar para adquirir Luz. O que tiver de ser, será. Você não tem o controle. A única coisa que pode fazer

é agir da maneira correta, diante das tormentas da vida.

Kundô colocou a mão sobre o queixo, meditando sobre suas próximas palavras, e prosseguiu:

— Muito tempo antes de dominarmos o Vril, éramos um povo navegador. Posseidon representava o deus dos mares. E você sabe por que sempre dominamos os mares? Porque o respeitávamos e tomávamos a decisão correta, independentemente dos humores de Posseidon. Hoje, o deus dos mares tornou-se apenas uma lenda. Evoluímos ao ponto de entender que Deus é algo muito maior que tempestades do mar. O Espírito Criador é o todo, absolutamente onipresente.

Depois de sua exposição, ele me perguntou, com seus vivos olhos penetrando em minha alma, procurando tirar-me de meu sombrio estado de espírito:

— Você compreende? Depende apenas de você tomar a decisão correta, independentemente da situação que o destino lhe apresentar. O mundo pode se tornar mau, a Grande Ilha pode mergulhar em trevas, agora, seguir o caminho da luz ou da sombra depende somente de você. Somos almas livres, que decidimos nosso destino.

Kundô olhou para o céu, suspirou e profetizou:

— Gadeir e Atlas podem aprisionar nossos corpos, mas jamais nossa alma.

Eu olhei com carinho para Kundô e falei:

— Entendo, mestre. Agora, vou indo. Daqui a pouco, Evelyn sentirá minha falta. Não quero preocupá-la.

Ele concordou, com um gesto sereno, e disse:

— Ficarei mais um pouco orando ao grande Deus. Durma bem, meu filho, e que a paz do Espírito Criador esteja sempre com você.

Existem momentos em que nossa mente parece não perceber os mais claros alertas. Eu tinha inteligência bem acima da média, entretanto, minha imaturidade espiritual não me permitia raciocinar de forma clara. O recado de Kundô era claro, porém difícil de ser assimilado por uma alma despreparada e que não aceita as contrariedades da vida.

Rapidamente, eu retornei para casa e encontrei Evelyn dormindo como um anjo, na mesma posição, de lado, abraçada ao travesseiro e com as pernas encolhidas. Seus longos e lindos cabelos estavam esparramados sobre meu lado da cama. Eu os ajeitei cuidadosamente e deitei ao seu lado. Ela virou-se para mim, sem acordar, e segurou em minha mão. Fiquei ali, com meus vivos olhos azuis a observar, fascinado, aquele encantador rosto dormindo o sono dos anjos, enquanto ela estava longe e sonhando.

Evelyn, então, sorriu enquanto dormia. Coisa linda! Será que sonhava comigo? Poderia passar minha vida inteira naquela doce rendição. Eu não queria fechar os olhos e pegar no sono, porque sentiria sua falta. Deitei-me ao seu lado, só para sentir seu coração bater. Ela me abraçou e disse, com voz manhosa e sonolenta:

— Onde você estava, meu amor? Senti sua falta.

Eu sorri e murmurei, com suavidade:

— Agora estou aqui, minha linda. Eu estava apenas lavando minha alma.

Capítulo 9

O mundo dos sonhos

Naquela tarde, o Sol brilhava alto na capital dos atlantes, e uma ideia não saía de minha cabeça: eu precisava pedir a Ártemis para ver o espelho de cristal. Já tinha ouvido falar da possibilidade de comunicação com o mundo da quinta dimensão, o mundo plenamente espiritual, mas, ultimamente, passara a acreditar que se tratava de lendas, e não que fosse algo real e palpável.

Eis um dos mais notáveis traços dos capelinos: a descrença naquilo que os sentidos físicos não captam, apesar de vivermos em uma dimensão mais sutil que os homens que descendiam dos macacos.

Desde que chegamos do sistema estelar de Capela, mesmo tendo diversos motivos e comprovações de existência espiritual superior, parecia que insistíamos em negá-la, fazendo-nos perder, pouco a pouco, o intercâmbio com o Mundo Maior. Grande parte dos capelinos comportava-se como o apóstolo Tomé: precisavam ver para crer!

O que me despertou desse ceticismo estúpido em que vive também o homem moderno foi o *déjà vu* que havia vivenciado dias antes, no jantar com meus pais e sogros, momento em que relembrei do dia em que eu e Evelyn conhecemos nossos pais, antes de reencarnarmos. A partir daquele dia, fiquei fascinado pela ideia de ver aquele fantástico espelho que possibilitava conversar com o "mundo dos espíritos".

Claro que, por causa da criação que recebi de meus pais e por minha sempre natural sensibilidade, jamais desmereci a existência da vida imortal, apenas andava entorpecido pelos cinco sentidos físicos, algo comum entre cientistas, mesmo os que trabalham com energias transcendentais, como era nosso caso.

Assim, a possibilidade de ver isso com meus próprios olhos terminou por deixar-me particularmente ansioso. Era uma união entre meu lado científico e o místico, características sempre presentes em minhas existências, tanto na Terra como em Tríade.

No final da tarde, aguardei Ártemis terminar suas atividades na Grande Pirâmide. Eu sabia que, naquele dia, ela iria ao templo da chama de Antúlio para orar, e lá a esperei.

Logo ao entrar, ela percebeu minha presença. Eu estava meditando em um dos espaços dedicados a essa prática no templo. Ela me olhou, desconfiada, e perguntou-me, intrigada:

— Andrey, o que você deseja?

Eu abri os olhos e respondi com outra pergunta:

— É tão incomum me ver em estado de oração?

Ela meneou a cabeça, enquanto se sentava em posição de lótus. Naquele instante, a bela e sábia mentora vestia uma roupa muito parecida com a dos antigos orientais: calças bem folgadas e adequadas à saudável prática da meditação. Então, ela respondeu:

— Não quis dizer isso, no entanto, é muito incomum você estar aqui logo hoje. E eu o conheço muito bem.

Ela fechou os olhos e completou:

— Essa sua ansiedade... Posso senti-la a quilômetros de distância.

Eu sorri e disse-lhe, sem mais rodeios:

— Tem razão, minha mãe. Existe um motivo para eu estar aqui. É o espelho de cristal, aquele fantástico instrumento sobre o qual você comentou e por onde podemos adentrar na dimensão superior.

Ártemis ergueu as sobrancelhas e disparou:

— Você não está pensando em conhecê-lo, muito menos em penetrá-lo, está? Faz muito tempo que as portas do Mundo Maior não se abrem, a não ser quando grandes mestres invocam as forças superiores.

Eu me aproximei, de cócoras, e disse-lhe, quase em tom de súplica:

— Por isso estou pedindo para uma grande mestra. Vamos tentar, minha mãe! Eu preciso viver essa experiência, antes de partir para o mundo primevo. Atenda ao meu pedido, por favor. Não sei se terei outra oportunidade. Talvez eu jamais volte à Grande Ilha.

Ela meditou por alguns instantes e, depois, respondeu, com um brilho no olhar e um tom de voz sereno e conciliador:

— Sim, meu filho amado, nós podemos tentar.

Naquela encarnação, talvez pela natureza feminina, Hermes raramente se negava a atender meus caprichos e curiosidades. Mas, hoje em dia...

Ela se levantou, e caminhamos em silêncio até o amplo salão onde eu a havia visto pela primeira vez, antes de reencarnar. No canto oposto, coberto por uma cortina vermelha, estava o imponente espelho de cristal. Eu me aproximei com passos lentos e fiquei meditando, quase em estado de oração.

Logo em seguida, os gatos vigilantes da pirâmide se aproximaram, com miados discretos, e avaliaram nossa frequência espiritual. Depois de atestarem nossa elevada sintonia, afastaram-se serenamente. Eu me virei, então, para Ártemis e perguntei:

— Posso retirar a cortina?

Ela assentiu, com um gesto sereno, e eu puxei as cordas que recolhiam a cortina nos trilhos. Meus olhos apreciaram, com assombro, uma maravilhosa peça de cristal perfeito, que refletia minha própria imagem com absoluta nitidez. Não creio ter visto jamais na Terra um espelho igual.

Fiquei admirando aquela magnífica peça, que media em torno de quatro metros quadrados, ao lado de Ártemis, que mantinha os braços cruzados sobre o peito, em discreto silêncio. Analisei por alguns momentos cada detalhe do reflexo perfeito do cristal, até que cruzei meu olhar com o dela, que revelava imenso carinho por mim. Eu senti sua alegria em ver meu interesse pelo intrigante objeto e disse-lhe:

— Minha mãe, você está cada dia mais bonita.

E, apontando para o espelho, concluí, em tom descontraído, mirando com carinho seus enigmáticos olhos acinzentados:

— Esse espelho não me deixa mentir.
Ela sorriu com meu elogio espontâneo, deu-me um beijo e falou:
— Você, sim, está se tornando um grande homem. Fico feliz por minha filha ter encontrado a felicidade ao seu lado.
Eu abaixei a cabeça, com o rosto corado, e falei:
— Sim, eu amo Evelyn demais. Ela é um inesquecível presente de Deus. Jamais esquecerei essa imensa oportunidade que recebemos. Apesar de nossa origem capelina, foram-nos dadas maravilhosas bênçãos em nossa primeira aventura evolutiva na Terra.
Ela meditou por alguns segundos, antes de refletir sobre minhas palavras:
— Meu filho, a quem muito for dado muito será pedido. Só o que te peço é: seja digno da graça divina que você recebeu. Se você e Evelyn viverem essa existência com dignidade e dedicados ao trabalho pela evolução da Terra, terão seu passado delituoso em Capela resgatado.
Eu fiz um sinal afirmativo com a cabeça e, em seguida, confessei-lhe:
— Eu sei, por isso quero ir para o mundo primevo dedicar-me a auxiliar nossos irmãos que vivem difícil jornada naquele mundo de dores. Se ficarmos na Grande Ilha, corro o risco de me perder em meio a tanto conforto e a esse sedutor jogo de poder.
A bela Ártemis fez um gesto positivo com a cabeça, feliz com minha lucidez, em um momento tão delicado da história do continente perdido. Eu ia prosseguir com nosso diálogo, porém o espelho tornou-se misteriosamente opaco, e nossas imagens foram desaparecendo, até não serem mais refletidas. Foi possível ouvir um leve crepitar no cristal — talvez imaginação de minha parte, pois, nem antes nem depois, verifiquei rachaduras na peça.
Em instantes, uma imagem paradisíaca surgiu no espelho, e, para meu espanto, uma entidade iluminada apareceu e estendeu as mãos, convidando-nos a adentrar no sólido bloco de cristal. Não pensei duas vezes, segurei na mão de Ártemis e a puxei junto comigo para aquele mundo desconhecido.
Atravessamos o espelho e logo sentimos a vibração mais sutil daquele novo ambiente. Imediatamente, o ser de luz que

nos recebeu falou diretamente a mim:
— Andrey, nós resolvemos atender às tuas orações realizadas há pouco no templo da chama de Antúlio. Nós queremos que você compreenda a amplitude da vida espiritual. Acreditamos que isso ajudará a estabilizar teu coração, durante a terrível provação que a terra de Posseidon viverá.

Eu assenti, com um sincero movimento de cabeça, sem compreender o porquê daqueles seres superiores se preocuparem tanto com minha compreensão das coisas. No entanto, naquele momento, não dei atenção a isso. Eu estava maravilhado com o espelho de cristal e suas possíveis aplicações. "Gostaria de ter um desses em casa" — pensei.

Do lado da quinta dimensão, o espelho era apenas um vidro transparente, que permitia enxergar, a todo instante, o que se passava na sala do templo. O mais impressionante é que meu corpo físico e o de Ártemis estavam lá, do outro lado, em estado sonambúlico.

Ártemis, então, chamou minha atenção:
— Vamos Andrey, nosso guia está nos convidando a acompanhá-lo. Nossos corpos de manifestação física estarão seguros no templo. As portas estão fechadas; ninguém entrará. Não há risco de nos despertarem de forma desavisada.

Eu os segui, então, por uma esfera de sonhos. Tratava-se de um mundo assim como conhecemos pelas descrições dos paraísos das esferas espirituais superiores, com beleza e tecnologia muito superior até mesmo às da própria Atlântida. Obviamente, não havia comparação com o mundo da terceira dimensão da época, que ainda vivia os primeiros lampejos de civilização.

Aquele mundo me impressionou pela perfeição e pelo equilíbrio das almas que se apresentavam a nós, com toda a cordialidade. Nosso guia era um exemplo disso. De seu peito irradiava uma luz serena que parecia o brilho de um diamante. Sua frequência mental também era bem estável e emanava extrema paz. Invejei-o; isso era o que mais desejava para mim.

Acreditei estar frente a frente com um ser que havia atingido a perfeição. Ele me esclareceu, dizendo:
— Não, meu amigo, não sou perfeito. Ainda tenho muito que caminhar na busca pela plenitude divina. Entretanto, es-

tou terminando minha caminhada na Terra. Devo ascender a esferas ainda mais superiores, em outros mundos. Um dia você viverá experiência semelhante. Existe apenas uma coisa inevitável na criação de Deus: que nos tornemos seres iluminados. Uns chegarão lá mais rápido, por seu esforço; outros levarão muitos milênios, por sua teimosia em rejeitar o roteiro de Luz.

Ele tocou gentilmente meu ombro e continuou:

— Mas o que desejo te mostrar não é a luz, e sim as trevas.

Acompanhe-me, por favor, vou levá-lo às esferas inferiores da dimensão espiritual. Eu segurei em sua mão, e fizemos, instantaneamente, uma viagem a uma frequência densa do mundo astral. Lá o ambiente era pesado, semelhante à terceira dimensão da Terra. Através de todos os canais sensoriais, eu percebia somente dor e sofrimento. As imagens eram densas e obscuras; o cheiro era de enxofre e gases fétidos; a sensação era de frio e umidade, mesmo estando próximo a grandes labaredas, que pareciam surgir do nada. Logo surgiram à nossa frente almas sofredoras, arrastando correntes, com o corpo coberto de chagas. Uma delas se jogou à nossa frente e passou a gritar:

— Perdoe-me, meu Deus! Dê-me paz. Eu jamais cometerei outra vez esses delitos que me massacram a consciência sem parar. Eu quero somente um momento de sossego, deixe-me dormir. Eu preciso apagar.

Naquele instante, nosso guia ergueu sua mão abençoada em direção à triste criatura, e ela caiu imediatamente em sono profundo. Alguns segundos depois, uma equipe de socorro a retirou dali, rumo a um local desconhecido.

Eu apenas olhei para o ser de luz e para Ártemis, ambos analisavam minhas reações com atenção. E, como não diziam nada, perguntei:

— Todos, nessa triste esfera, sofrem de igual forma esse tormento? E quem coordena esse vale de sofrimento?

Nosso guia fez-me um sinal e apenas disse:

— Siga-me!

Eu não percebi, mas, naquele instante, ele olhou para Ártemis com expressão de indisfarçável preocupação. Caminhamos, então, por corredores escuros, até chegarmos a um sinistro palácio. Lá, seres poderosos no campo da magia inferior coordenavam e dominavam aquela legião de espíritos sofredores. Havia uma hierarquia. Todos desejavam o posto de capataz, para gozar de privilégios junto aos magos negros que coordenavam aquele funesto lugar.

Os que conseguiam a condição de domínio logo impunham terrível sofrimento e terror àquela turba de almas falidas. Enquanto isso, os senhores daquele vale de sombras criavam um mundo ilusório, dentro de seus castelos, usufruindo de tudo o que suas poderosas mentes criativas podiam conceber.

Aquela cena inusitada me chamou a atenção e perguntei:

— Como eles conseguem criar um paraíso no meio desse inferno?

O guia espiritual que nos acompanhava respondeu, reticente:

— O mundo é mental, meu filho. Podemos viver na realidade de nossa evolução, rumo aos braços de Deus ou, então, criar um mundo fantasioso, ilusório, para nos esconder de nossos erros cometidos na caminhada rumo à grande harmonia universal.

Eu havia entendido. O homem moderno ainda encontra-se escravizado a um rosário infindável de religiões, que ainda impõem seus costumes aos fiéis, em vez de oferecer-lhes a verdadeira essência espiritual. As religiões tentam fazer o homem crer que são seus dogmas e regras, fundamentados em costumes de um povo ou de uma época, que nos aproximam de Deus. Os sábios atlantes sabiam que o caminho até Deus era muito simples, no entanto, exigia esforço e empenho em praticá-lo. Bastava amar os semelhantes como a si mesmo e não fazer ao próximo aquilo que não gostaria que lhe fizessem. Em resumo, a busca da harmonia universal, a essência de todas as religiões inspiradas na Luz Crística.

Aquele que assim vive vislumbra a "face de Deus". Esse era o maior ensinamento que nos fora legado pelo grande avatar de Atlântida: Antúlio, aquele que ouvira a voz do Cristo Planetário por ser o mais virtuoso atlante de todas as eras.

Por alguns momentos, fiquei a observar aquele estranho mundo artificial, onde poderosos espíritos das sombras encontravam falsa alegria, com base em uma fantasiosa percepção do mundo. Era possível encontrar, naquele palácio, tudo o que atrai um homem ainda aprisionado aos desejos da carne, algo típico de almas escravas da natureza humana.

Utilizando vigoroso poder mental e vontade induzida, eles construíam para si o mundo que desejavam, alimentando-se das energias geradas pela turba de sofredores em conflito ao seu redor, adiando, temporariamente, o encontro inevitável com suas próprias consciências.

Aquela cena me deprimiu. Logo percebi que a intenção em me mostrar era alertar-me para os perigos de cair na tentação de usar o Vril para alimentar a guerra iminente e para buscar poder ilimitado, a maior tentação entre aqueles que ainda estão sujeitos à sedução do lado sombrio.

Eu meditei por alguns instantes e, depois, disse-lhes:
— Isso é muito triste! Acho que já vi o bastante. Gostaria de voltar agora para nosso mundo.

Retornamos em silêncio até o espelho de cristal e, depois de rápidas despedidas, voltamos aos nossos corpos, que nos aguardavam em estado sonambúlico, na dimensão do continente atlântico.

Apesar de eu ter me chocado com as informações observadas no plano astral, minha mente perspicaz analisou e estudou com profundidade todo aquele estranho mecanismo de dominação, que permitia aos magos negros viverem em absoluto conforto, nos confins das trevas.

Ártemis despertou e, voltando-se para mim, falou com sabedoria:
— Andrey, venha meditar comigo em frente à chama de Antúlio. Creio que já atendi a mais esse teu pedido.

Eu esbocei um breve sorriso, ainda impressionado com aquela experiência, e disse-lhe, com serenidade:
— Certamente, minha mãe, eu sei como é sagrado para você meditar nesse horário, no templo da chama. Será um prazer acompanhá-la.

Retornamos abraçados para o local de meditação e ali ficamos, entregues aos nossos pensamentos, refletindo sobre as experiências do dia, para melhor tirarmos proveito dos ensinamentos recebidos. Caso o homem ocidental realizasse essa prática, encontraria, de forma rápida e eficaz, a resposta para muitos de seus dilemas. Entretanto, o homem moderno tem medo do silêncio. Ele foge do encontro com sua voz interior. Ao chegar à sua casa, liga desesperadamente a televisão ou o rádio, para não ter que ouvir sua própria consciência, em busca de resposta e iluminação. Prefere entorpecer-se, escravizando-se, mais uma vez, ao mundo das ilusões; assim como faz há séculos, na contínua roda das encarnações no mundo humano.

Dessa forma, o tempo passou e nem percebemos, tal era nosso estado de meditação. Quando despertamos para o mundo, o templo estava vazio. Ártemis fez-me um sinal e disse:

— Vamos, Andrey. Evelyn já deve estar te esperando, e eu também tenho um encontro com Criste.

Eu concordei, com um significativo olhar, e, quando estávamos nos levantando para sairmos, o impossível aconteceu: a chama de Antúlio vacilou por duas vezes, até que se apagou. Eu e Ártemis ficamos estáticos, nem ao menos respirávamos. Minha mãe ficou pálida, parecia que estava na iminência de sofrer um enfarto, tal o aperto em seu peito. Seus olhos se encheram de lágrimas. Eu me comovi com sua dor e a abracei.

Alguns segundos depois — que nos pareceram horas —, a chama brotou novamente da fenda, ainda meio vacilante, até que recuperou a energia habitual.

Eu olhei boquiaberto para Ártemis, e ela apenas me falou, ainda ofegante com o susto que abalara até mesmo um espírito de seu quilate.

— Andrey, a chama de Antúlio está dando sinais de que irá se apagar, após séculos iluminando e abençoando a Grande Ilha. Os imortais percebem que nosso povo está se afastando da Luz e já estão demonstrando-nos que, em breve, retirarão seu amparo sobre nossa nação, deixando-nos à mercê de nosso próprio destino.

Eu nada falei. Apenas dirigi-lhe um significativo olhar, que demonstrava meu imenso pesar.

Capítulo 10

Despedida de Atlântida

Nada mais me prendia à Grande Ilha. O início do conflito que levaria aquele paraíso ao seu terrível fim estava cada vez mais próximo, e eu não queria estar ali para presenciar aquele desfecho.

Como nossos pais deslocar-se-iam em breve com seus discípulos para uma região erma, eu e Evelyn ficamos mais tranquilos com relação às represálias dos líderes guerreiros.

Sem mais demora, comecei a arrumar minhas coisas para a partida; Evelyn também passou a organizar as malas, sem resistência. Eu imaginei que ela fosse ficar triste, mas, pelo contrário, seu rosto irradiava alegria serena e contagiante. Acreditei que ela iria entristecer-se por ter que partir para um mundo rústico, mas estava enganado.

Impressionado com sua reação, perguntei a ela o porquê de sua alegria, ao que ela me respondeu, com seus lindos olhos castanhos irradiando notável felicidade:

— Meu amor, não me importa o local onde viverei, importa apenas estar ao teu lado. Isso para mim é a própria felicidade! Só o que desejo é ouvir tua voz toda manhã, quando acordar; sentir teu calor, quando dormirmos abraçados; e ver-te feliz, lutando por teus sonhos, que serão também sempre os meus, porque, desde criança, vivemos em uma mágica sintonia. Em nenhum momento de minha vida deixei de desejar compartilhar todos os meus dias contigo.

Eu sorri, extasiado, e a beijei como poucas vezes o tinha feito, em toda aquela existência. Evelyn se pendurou em meu pescoço, e rolamos pela cama, esquecendo do mundo lá fora.

Nosso momento íntimo, porém, não durou muito. Logo fui avisado de que Arnach me aguardava na sala de visitas, para uma conversa. Levantei-me em um salto e disse à Evelyn:

— Ártemis não quer que eu converse com Arnach, antes de partir, mas não posso me esquivar. Preciso falar com ele.

Sem esperar a opinião de minha esposa, dirigi-me rapidamente ao encontro de meu amigo. Ele estava sentado em uma poltrona, com seu porte nobre, quase arrogante, que seria sua marca registrada nos séculos futuros.

Quando me viu, ele sorriu, irônico, e falou:

— Andrey, não creio que você irá abandonar o campo de batalha. Esse comportamento não é de seu feitio.

Eu o cumprimentei e respondi no mesmo tom:

— Pelo que me lembro, Arnach, quando nos tornamos sacerdotes do Vril, juramos por tudo o que há de mais sagrado que somente utilizaríamos o quinto elemento para promover o bem e a paz, jamais para guerrear.

Arnach fez um gesto tipo "deixa disso" e falou:

— Meu irmão, os tempos são outros. Aquelas juras da formatura são apenas simbólicas, adequadas a outros tempos, quando éramos pouco mais que crianças. O reino de Posseidon precisa de posição firme de homens de fibra como nós. Caso contrário, nós perderemos esse paraíso. Atlas precisa ser freado. Entenda isso, Andrey!

Eu sacudi a cabeça, com as mãos na cintura, e disse-lhe, em tom menos empolgado:

— Nós já perdemos, Arnach. Infelizmente, nós já perdemos o paraíso, e essa não é a primeira vez. Ganhando Gadeir ou Atlas, todos nós sairemos perdedores. No mundo da quinta dimensão pude ver isso.

Arnach soltou uma sarcástica gargalhada e falou:

— Não me diga que agora você vai acreditar nessas crendices da velha geração! Eles estão contra Gadeir, logo, querem fazer sua cabeça.

O rebelde amigo levantou-se, segurou, então, meu rosto en-

tre as mãos e disse, olhando profundamente em meus olhos:
— Andrey, Andrey, somos irmãos! Olhe como somos parecidos. Temos que ficar juntos. Não me abandone agora. Se unirmos nossos poderes, seremos mais fortes que Gadeir. Depois do fim dessa guerra, quem sabe o que poderá acontecer...
Arnach piscou o olho direito e concluiu:
— Mano, essa é a oportunidade para nos tornarmos reis da Grande Ilha. Nós poderemos impor todos os nossos projetos. Você mesmo quis mudar os rumos da aplicação do Vril em nosso país e sempre enfrentou a resistência desses retrógrados da velha geração. Lembre-se da atitude desprezível do Conselho do Vril, colocando-te à prova, como se fosse um criminoso.

Eu abaixei a cabeça e falei:
— Eles fizeram isso para nosso bem. É preciso controlar nossa arrogante herança capelina.

Arnach fez uma expressão de desprezo e gritou:
— Grande asneira! Isso é tudo uma mentira que eles criaram para impedir o avanço de uma geração superior à deles. Vou te dizer a verdade: esses velhos são uns invejosos. Criaram essa estória para evitar nossa supremacia.

Em seguida, ele se levantou e, gesticulando de forma frenética, arrematou:
— Nós mostraremos a eles que temos nossas habilidades, que somos muito bons no que fazemos. Que seja a guerra, então! Eles verão como se salva uma nação por meio da ação. Já passou o tempo em que resolvíamos as diferenças atrás de uma mesa, tomando chá.

Arnach, naquele momento, colocava para fora todo o despeito por sermos sempre superados em tudo pelos atlantes da era de ouro, como se fôssemos cidadãos de segunda classe. O sentimento de inferioridade abrigado em seu coração tornara-se uma arma vingativa para, de alguma forma, vencer em algo os "perfeitos atlantes". Acredito que ele não desejava lutar contra Atlas, mas, sim, contra a velha geração, sempre sábia, perfeita e vitoriosa, irmãos que desejavam nosso bem, porém de uma forma que não entendíamos muito bem. Arnach os odiava, e isso ficava cada dia mais claro para todos.

Ele, então, percebeu minha confusão, estendeu as mãos e

disse-me, com olhar hipnótico:

— Venha, meu irmão, vamos dominar a terra de Posseidon. Colocaremos todos aos nossos pés.

Arnach sorriu, com seu jeito malicioso, e arrematou:

— Eu sei que você quer isso. Eu o conheço muito bem.

Eu fiquei atordoado com suas palavras, quase cambaleante. Coloquei minhas mãos na cabeça e caminhei pela sala. Só naquele momento percebi Ryu recostado em uma das colunas, mais ao fundo. Ele estava em silêncio, cabisbaixo, mas com o olhar fixo em mim. Eu, então, perguntei-lhe:

— Ryu, meu irmão, você também será cúmplice dessa loucura?

Ele apenas fez um sinal afirmativo com a cabeça e, desconfortável com meu gesto de reprovação, falou:

— O que você deseja, Andrey? Que eu vá com você viver entre os homens das cavernas? Isso não faz sentido nenhum! Você é quem está louco. Nosso lugar é aqui, meu irmão. Essa é a vontade do Grande Deus; caso contrário, teríamos nascido no mundo das dores, assim como os demais exilados. Nós devemos seguir o fluxo da correnteza; não é isso que os sábios vivem nos dizendo?

Eu me sentei na poltrona, com o rosto muito suado. O nervosismo que vivia naquele intenso instante era tal que meus longos cabelos louros ficaram grudados em minha face. Eu já não sabia mais o que dizer, apenas balbuciei:

— Talvez vocês tenham razão...

Porém, ao ouvir um ruído na porta de entrada, percebi a aproximação de Evelyn, que me observava com olhar triste, quase decepcionada por ver minha indecisão. Eu recuperei a lucidez e falei com firmeza:

— Não, meus irmãos, esse não é o caminho. Eu fico triste em saber que vocês desprezaram o sagrado juramento do Vril. Há de existir uma razão para tantas preocupações dos sábios com relação ao manuseio do quinto elemento. Eu irei para o mundo primevo, para não ver essa vergonha se concretizar. Não serei cúmplice dessa loucura.

E, com olhar decepcionado, completei:

— Vocês deveriam se envergonhar de usar o símbolo da grande energia no peito.

Arnach me olhou com raiva e, depois, dirigiu esse mesmo olhar à Evelyn. Em seguida, arrancou o emblema do Vril de seu peito e jogou-o sobre a mesa.

Antes de retirar-se, falou:

— Fique com seu emblema e com essa filosofia barata, pois eu ficarei com a ação. No futuro, vocês agradecer-me-ão por eu ter ajudado a evitar que Atlas tomasse o poder total. Isso é típico de vocês dois. Sempre foram amáveis com o povo da raça vermelha; aqueles camponeses vão ter o que merecem! Chegou o momento de sermos os imperadores da terra de Posseidon. Agora, todos vão dançar conforme nossa música. Gadeir será o maestro, e eu estarei lá para ajudá-lo, porque é a música que ele oferece que desejo dançar.

Só, então, percebi que os olhos de Arnach não estavam mais azuis, e sim vermelhos, injetados para fora das órbitas, externando toda a sua raiva.

E, com a respiração ofegante, ele concluiu, aos gritos:

— Divirtam-se na dimensão dos macacos, porque eu vou trabalhar para salvar nosso mundo.

O intempestivo amigo girou, então, sobre os calcanhares e saiu com passos firmes. Ryu ergueu as mãos de forma irônica e saiu atrás dele; não sem antes nos dirigir um terrível olhar de desprezo.

Estranhei aquela raiva de Arnach pelos vermelhos. Ele sempre amara de forma especial os atlantes do reino oriental. Ariane era um exemplo. Contudo, só anos depois eu viria entender o porquê desse seu inexplicável sentimento de ódio, naquele momento.

Depois de respirar profundamente por alguns segundos, olhei para Evelyn e disse-lhe:

— Meu amor, eu estou confuso, não sei o que pensar. Se nossos pais não tivessem uma posição tão convicta a respeito dessa questão, creio que adiaria a viagem. Sinto-me como um rato abandonando o navio no momento do naufrágio.

Ela correu para meus braços e disse-me, com determinação:

— Não permita que um impulso do coração ponha tudo a perder. Você ouviu a orientação de grandes sábios, e todos sinalizaram que o mais acertado é nossa partida imediata. Não se deixe levar pelos destemperos de Arnach. Partamos já!

Eu concordei em silêncio, e, no final da tarde, dirigimo-nos ao cais de embarque das aeronaves que partiam para a terceira dimensão. Conforme aconselhado pelo mestre Kundô, partiríamos para o mundo primevo adjacente à Atlântida Oriental. Para isso, deveríamos cruzar toda a terra de Poseidon e atravessar o portal que se encontrava na região das Ilhas Canárias. A viagem foi tranquila. O único contratempo ocorreu quando cruzamos a região administrada por Atlas. Ali, um frio percorreu minha espinha. Olhei pela janela, talvez com o intuito de tentar vibrar uma energia de paz e conciliação, procurando evitar o pior.

Naquele mesmo instante, percebi telepaticamente uma onda de pensamento diretamente de Altas, tentando dissuadir-me de partir. O vigoroso poder telepático do gigante me assustou. Como ele poderia ter essa capacidade tão desenvolvida, a ponto de sintonizar-se comigo, assim, sem termos nenhuma afinidade?

Como já disse, a telepatia era mais comum entre mães e filhos, pois possuíam ligação umbilical. Nos demais casos, era necessário desenvolver essa sintonia. Eu e Evelyn tínhamos essa faculdade bem desenvolvida, porque nos amávamos desde criança.

Logo em seguida, atravessamos o portal e adentramos no mundo primevo. A entrada na dimensão grosseira foi tranquila e sem detalhes a relatar. Apenas senti grande alívio por estar fora daquele barril de pólvora que era Atlântida, naquele momento. Os habitantes simples nem percebiam, pois estavam distantes do círculo do poder. Mas, para quem estava diretamente ligado às ambições políticas, aqueles foram dias muito intensos.

Horas depois, aterrissamos às margens do famoso rio Nilo, na região hoje conhecida como Planalto de Gizé, no Egito. Lá estabelecemos residência, em uma comunidade agrícola às margens do rio sagrado, que recebia o auxílio de várias equipes atlantes, em sua caminhada rumo ao progresso.

Era um povo inteligente e de boa índole, sempre interessado em aprender e progredir. Isso causou-nos enorme satisfação. Em pouco tempo, estávamos mergulhados na rotina daquela gente simples, porém trabalhadora, procurando sempre auxiliá-los em todos os aspectos, com o objetivo de civilizá-los.

No meio deles, aprendemos a ser felizes e adquirir valores simples da alma, porém de imensa valia para a formação do caráter de filhos de um povo rico, que não passava por privações.

E assim os anos se passaram, sem nenhum fato digno de menção, até a primeira visita de Ártemis, acompanhada das pequenas gêmeas, duas lindas menininhas que influenciariam minha vida mais do que eu imaginava.

Capítulo 11

As gêmeas

Os anos de trabalho e integração com o povo da terceira dimensão transformaram nossos corpos físicos. Estávamos cada vez mais "materializados". Já não éramos tão fluídicos para os habitantes da região. Na verdade, tudo era apenas mera impressão. Possuíamos frequência mais leve, até porque éramos oriundos de uma dimensão superior. Não seria possível mudar nossas características, assim, de uma hora para outra. O descenso vibracional da quarta para a terceira dimensão era um processo lento, que levava décadas. E foi isso que aconteceu com Atlântida, até o apocalíptico dia de seu fim, quando ela afundou no Oceano Atlântico.

Nossos corpos continuavam a irradiar aquela mística aura luminosa, mas já nos sentíamos iguais a eles. Talvez tenhamos apenas nos habituado e não percebíamos mais as diferenças. Nossa alimentação era basicamente obtida dos raios solares, assim como fazíamos na dimensão superior de Atlântida. Bebíamos líquidos e nos alimentávamos raramente de frutas leves. Não precisávamos mais do que isso, e, também, qualquer coisa além poderia intoxicar nossa sutil constituição física.

Entretanto, quando Evelyn se aproximava e abraçava aquelas crianças que a adoravam, era impossível não perceber sua aura luminosa irradiando o mais sublime amor. Sim, éramos seres quintessenciados. O povo do mundo primevo apenas resolveu tratar-nos como iguais para deixar-nos mais à vontade. Eles percebiam nosso desconforto por sermos diferentes. Não adiantava usarmos suas roupas rústicas e nos sujarmos na lida do campo. Éramos o que éramos!

Nós procurávamos realizar as mais simples tarefas, como plantar e cozinhar o pão, para não passarmos a imagem de privilegiados. Inclusive, eu usava o domínio do Vril raramente, até mesmo para não acostumá-los com algo que poderia lhes fazer falta no futuro, quando o Espírito Criador não nos permitisse mais viver naquela frequência.

O Vril era utilizado somente quando realizávamos alguma grande construção, como as pirâmides energéticas. Nós construímos, sim, algumas naquele local, que foram destruídas um pouco antes da edificação das definitivas pirâmides de Gizé, que estão de pé até hoje. Sabíamos que ali estava localizado um dos mais importantes centros de força da Terra e procurávamos captar toda a magnífica energia ali gerada, assim como ocorre na região do Planalto Central, no Brasil.

Nessas regiões do planeta, assim como na capital Posseidonis, o fluxo de energia é de cinco a seis vezes maior que o normal. Como a terceira dimensão é mais densa, foi fundamental a correta escolha do lugar, para obtermos os resultados esperados.

Se o homem moderno soubesse manusear a energia Vril, adormecida na grande pirâmide de Keops, teria grande surpresa. Apesar de as paredes não serem de cristal branco, o Vril ganhava respeitável força dentro daquela grande construção. Os arqueólogos atuais acreditam tratar-se apenas de uma simples edificação funerária.

Os faraós da quarta dinastia egípcia apenas se apropriaram daquelas magníficas construções e realizaram algumas reformas para utilizá-las como "morada eterna", depois que elas foram abandonadas pelas gerações que não mais compreendiam o mecanismo de funcionamento da poderosa energia Vril.

Muitos dos atlantes-capelinos que reencarnaram posteriormente no Vale do Nilo e realizaram esse magnífico trabalho se reencontraram com o caminho da Luz e retornaram para seus mundos em Capela, por portais abertos de tempos em tempos, para os que se regeneraram. Nem todos voltaram; alguns, como

Evelyn, ficaram, de acordo com o que lhes falava o coração.
E, assim, ali naquele mundo selvagem, minha esposa amada encontrou sua real e definitiva vocação: a medicina. Vê-la carregando aquelas frágeis crianças no colo, irradiando sua magnífica luz divina, era algo mágico, que alegrava meu coração de forma especial.

Nem sempre o Vril era suficiente para curá-las ou amenizar suas dores. Em alguns casos, tínhamos que realizar profundos comandos hipnóticos, para quebrar as cadeias inconscientes de autopunição. Nas camadas mais primitivas do cérebro humano, aqueles espíritos descarregavam, inconscientemente, toda a sua dor moral e se flagelavam por terem vivido em situação criminosa, em seus mundos anteriores, no sistema de Capela.

Além de alimentar doenças orgânicas, esse estado de espírito causava preocupantes distúrbios psicológicos às novas gerações da Terra da terceira dimensão. Era bem comum termos de atender crianças e adolescentes em profundo estado de depressão e tristeza. Algumas, inclusive, com impressionantes tendências suicidas.

O amor incondicional de Evelyn foi um bálsamo curador para a alma enferma de muitos dos capelinos que iniciavam no Planeta Azul mais uma etapa de sua evolução infinita. Com sua fala carinhosa e tranquila, Evelyn consolava "Adão" e "Eva", muitos deles, que haviam mordido a maçã do pecado e perdido seu paraíso. Toda lenda sempre tem um fundo de verdade!

Evelyn realmente tinha assumido para si o papel designado aos atlantes-capelinos: auxiliar no desenvolvimento dos povos do mundo primevo. E esse seu comportamento focado no caminho da Luz a fez conquistar uma evolução reta, sem desvios, obtendo cem por cento de aproveitamento em suas encarnações na Terra. Hoje, ela encontra-se nas mais altas esferas espirituais da Terra, trabalhando ao lado de mestres como Jesus, Saint Germain, Hermes, Ramatís, Akhenaton, entre outros. Ela escolheu o verdadeiro caminho para a felicidade.

Ao vê-la assim, de forma digna e amorosa, trabalhando pelo bem dos necessitados, meus olhos ficavam umedecidos de emoção e me faziam compreender a bênção que eu tinha recebido ao esposar, por mais de uma vez, aquela mulher maravilhosa.

Assim, agindo naturalmente e nos integrando à comunidade, pouco a pouco, eles deixaram de nos ver como deuses e passaram a tratar-nos como irmãos que apenas queriam auxiliá-los, sem esperar nada em troca. Isso muito nos alegrava. Esses simples momentos, em meio a um povo que não compreendia nossas profundas reflexões filosóficas, faziam-me feliz.

Algumas vezes, eu parava minhas atividades e ficava observando Evelyn de longe. Sim, ela era o amor de minha vida. Sua candura e o carinho com as crianças e idosos me envolviam em profunda paz. Uma suave terapia de irradiação para todos nós! Evelyn transmitia amor por onde passava. Isso era um fato.

Nesses momentos, eu me aproximava dela e sussurrava em seu ouvido a frase que lhe dizia desde criança:

— Estou a meio caminho do paraíso.

Ela sorria sutilmente, sem perder a atenção em suas atividades; depois, dirigia-me significativo olhar, que eu entendia perfeitamente, pela linguagem telepática. Em seus olhos, eu lia a frase "eu te amo", carregada da mais pura energia que esse sentimento pode nos trazer.

Somos seres integrais e completos. Não dependemos de uma suposta alma gêmea para sermos felizes. Entretanto, o apoio de Evelyn servia-me como ponto de equilíbrio, um porto tranquilo para controlar as tormentas de minha alma.

Sua mente irradiava serena paz, como se fosse uma suave sinfonia, enquanto a minha vibrava em uma frequência frenética, semelhante a uma estridente música de rock pesado. Quando ela se aproximava, parecia que as tempestades internas que habitavam meu ser cessavam como por encanto.

Seus gestos delicados, a voz serena, a ternura no olhar, o equilíbrio da alma, mesmo em momentos de grande tensão, tudo nela era perfeito e servia como bálsamo que aliviava minha alma torturada por traumas inconscientes, que eu não conseguia acessar. Isso me causava insegurança.

O medo de perdê-la tornava-se mais intenso. Na verdade, eu era como os pacientes que tratávamos; apenas tinha nascido no berço de ouro da grande Atlântida, em uma frequência superior, mais perto do Céu.

Mas esse sentimento de angústia logo passava, e eu pensava que não precisava preocupar-me com nenhuma desgraça. O perigo estava em Atlântida. Parecia que o povo da terra de Poseidon havia nos esquecido. Em alguns dias, eu ficava olhando o mar, desejando ter uma nave que me levasse de novo até a Grande Ilha, para rever os familiares queridos, saber notícias dos amigos e dos rumos que as coisas estavam tomando, naquele paraíso sagrado.

Será que a guerra tinha sido deflagrada? Como seriam os combates: utilizando o Vril ou homem a homem, como nas sociedades primitivas?

Muitas perguntas habitavam minha mente. Éramos uma sociedade com amplos recursos de telecomunicações, todos possuíamos telefones móveis. A mudança para uma dimensão primitiva, sem esses recursos, causava-me incômoda aflição. Só podíamos contar com nossas intuições, que nos indicavam que os familiares estavam bem e em segurança.

Assim o tempo passou, dia após dia, até que, em uma bela manhã da estação da colheita, enquanto ajudávamos no trabalho dos aldeões, ouvimos um familiar som vindo dos céus, muito sutil, típico dos motores das naves atlantes. Eu olhei para Evelyn e disse-lhe, com brilho no olhar:

— Devem ser nossos pais. Estou curioso para saber notícias da Grande Ilha.

Ela sorriu, e corremos pelo campo, de mãos dadas, em direção ao local do pouso. Nem percebemos, mas nos comportamos da mesma forma que os aldeões, durante nossas visitas aos povos do mundo primevo.

Parecíamos crianças ou pessoas simples do campo, deslumbrados com a tecnologia de um mundo superior. De certa forma, tínhamos nos tornado semelhantes àquelas criaturas miúdas que me assustaram na primeira vez que visitei o mundo primevo, as quais Arnach chamava de "macacos falantes". Apesar de não parecer, eu gostava disso.

Amei verdadeiramente aquele povo. Tanto amei que minhas primeiras encarnações na Terra do mundo primevo ocorreram naquele adorável vale cortado pelo sagrado rio Nilo, o Egito.

No entanto, o que mais nos chamava a atenção não era a aeronave, e sim seus passageiros. Pouco depois, nossos pais desceram pela rampa do veículo e correram para nos abraçar. O encontro foi um momento de grande felicidade. Abraços, beijos, muitos sorrisos, olhares luminosos. Naquele instante de extrema felicidade, minha aura voltou a vibrar de forma mais intensa, e os aldeãos perceberam que, na verdade, apenas tínhamos nos "apagado" temporariamente. Aquela era nossa natureza; a natureza divina, segundo eles diziam.

Estranhei a tranquilidade e o despojamento de Násser. Então, brinquei com o grande mestre da paz, dizendo:

— Mestre Násser, quanta tranquilidade! Nem parece o preocupado administrador da Grande Ilha que conheço.

Ele me abraçou com carinho e falou:

— Meu filho, fui obrigado a uma aposentadoria forçada. Agora, estou me dedicando à formação dos discípulos que enviaremos para terras como esta.

— Folgo em saber que, apesar da tragédia que está se abatendo sobre nossa pátria, vocês estão realizando trabalhos de Luz!

Mas as emoções não tinham acabado. Quando estávamos nos retirando para a grande varanda do templo, local mais acolhedor para conversar com as visitas, por causa do forte Sol do fim da manhã, surgiu na rampa da aeronave duas pequenas meninas, com aparentemente quatro anos de idade, acompanhadas de uma mulher que deveria ser a babá.

As meninas eram lindas. Duas gêmeas que me magnetizaram instantaneamente. Nunca vira algo semelhante. Elas eram exatamente iguais, gêmeas univitelinas, mas uma era loura, e a outra, morena. O que as diferenciava era o tom da pele e a cor do cabelo e dos olhos. Uma era loura, com pele clara e olhos verdes. Notava-se, de imediato, que era extrovertida e sorridente, uma artista nata. Viria a se tornar uma grande pintora e atriz.

A outra tinha o cabelo negro como a asa de um corvo, pele levemente morena e olhos pretos, semelhante aos atlantes do lado oriental da Grande Ilha. Essa era tímida e muito cerebral. Sua profundidade era algo notável. Dona de um olhar que eu jamais esquecerei. Ela escrevia como poucos; compunha poesias belíssimas, que tocavam a fundo a alma. Quando as declamava, com sua voz serena e sensual, impregnada de sentimentos intensos, levava-nos a um mundo todo seu.

As duas trajavam belos vestidos brancos, com sandálias douradas. Na cabeça, usavam a sempre tradicional tiara de flores, utilizadas pelas moças atlantes.

Elas, então, viram-me, soltaram-se das mãos da babá e correram para meus braços. Eu fiquei surpreso com aquela reação e me ajoelhei para abraçá-las.

Ártemis sorriu e disse-me:

— Andrey, essas são Sol e Lua. Desde cedo demonstraram espantoso domínio sobre o Vril, assim como você e Evelyn.

A poderosa mestra do quinto elemento ajeitou os cabelos e disse, com pesar, irradiando doce energia de seus olhos acinzentados:

— Algo cada vez mais raro! Os imortais parecem estar restringindo o domínio sobre o Vril. Essas meninas foram as únicas, nos últimos doze anos, que nasceram eleitas para manipulá-lo. E como! Você ficará espantado com o que elas podem realizar.

Eu olhei admirado para Ártemis e falei:

— Notável, minha mãe! Mas como elas podem estar aqui no mundo primevo, sendo assim tão novas? Eu e Evelyn demoramos muitos anos para conseguir essa autorização.

Criste passou a mão em meu rosto e falou:

— Meu filho, você não imagina o que está acontecendo na Grande Ilha. Os tempos agora são outros. Na verdade, essas meninas precisam ser escondidas de Gadeir e Atlas. Eles estão sempre à procura de sacerdotes do Vril, para auxiliá-los na guerra que parece não ter fim.

Atônis abaixou a cabeça, triste com a situação que sempre tanto lhe afligiu, e completou:

— Sim, Andrey, até nós estamos sendo ameaçados por não apoiarmos Gadeir. Mas já temos uma solução, vamos nos retirar para as montanhas de Kandur. Lá criaremos com o Vril um campo energético para não sermos descobertos pelos homens ambiciosos que desejam utilizar o poder do quinto elemento para o mal e estabeleceremos nossa escola para preparar aqueles que levarão nosso legado para o mundo primevo, quando a terra de Poseidon sucumbir definitivamente, conforme previsto pelos imortais.

Eu fiquei pensativo, refletindo sobre o perigoso rumo que

nossa nação tomava. Mais uma vez, aquele desejo de voltar a Atlântida tomou conta de mim. Perdido em meus pensamentos, fui trazido de volta por uma voz angelical. Era Sol. A lourinha extrovertida chamou minha atenção, sem timidez nenhuma. Naquele instante, até acreditei que ela não sabia o que estava dizendo. Com sua mãozinha acariciando meu rosto, falou:

— Andrey, nossa grande mãe, Ártemis, disse que você é um dos maiores sacerdotes do Vril que nossa terra já conheceu. Eu e minha irmã queremos que você seja nosso mestre e esposo. Você aceita?

Eu fiquei espantado com aquele pedido direto de Sol e, ainda mais confuso com o olhar penetrante de Lua, que parecia analisar os detalhes mais íntimos de minha alma, verdadeiramente me senti nu, na presença daquele doce olhar.

Todos riram com a manifestação espontânea de Sol. Eu respondi, então:

— Claro, minha lindinha! Vou ensinar-lhes tudo o que sei. Porém, lamento, já sou casado com Evelyn. Contudo, ficarei muito feliz se vocês me considerarem como um pai. Pai e mãe são aqueles que educam. Ártemis não é minha mãe biológica, mas a chamo assim porque me ensinou tudo o que sei. Ficarei muito honrado de ajudá-las em sua formação, meus anjos.

As duas beijaram meu rosto ao mesmo tempo, uma em cada face. Depois, ergueram as mãos, e Sol falou, em tom solene:

— Prometemos honrar seus ensinamentos e jamais desapontá-lo. Você poderá sempre confiar em nós. Morreremos para protegê-lo, hoje e sempre. Assim prometemos!

As duas eram fadas mágicas, mas, por Sol ser mais extrovertida, chamava a atenção de todos para si, enquanto Lua era completamente imprevisível e misteriosa. Sol atuava no palco, enquanto Lua encantava nos bastidores. Sol irradiava uma aura dourada, enquanto Lua vibrava em esplêndida luz prateada.

Em seguida, Lua falou, em um tom angelical, quase mágico e sedutor, com aquele olhar digno de uma fada encantada. Sua voz serena e delicada magnetizou-me de forma especial:

— Sim, nós prometemos.

Confesso que, naquele momento, fiquei até encabulado e preocupado de que aquela conversa das meninas chateasse Eve-

lyn. No entanto, minha esposa era um espírito muito superior, e o ciúme jamais habitou seu coração. Todos apenas rimos e ficamos magnetizados por aquelas duas fadinhas encantadas. Evelyn se aproximou e beijou o rosto das meninas. Ela foi muito bem recebida, abraçada com verdadeiro carinho. Isso me deixou feliz. Abracei as três, dizendo:
— Veja, Evelyn, são nossas filhinhas queridas. Deus nos abençoou. Espero que vocês apreciem a estadia neste mundo.

Criste demonstrou-se sufocada com o clima árido da região e perguntou:
— Podemos conversar na sombra?
— Claro que sim! Vocês devem estar bem desambientados com a frequência da terceira dimensão. Vamos sentar na varanda.

Assim caminhamos até lá. Eu de mãos dadas com Sol, e Evelyn, com Lua no colo. Mal sentamos, mestre Násser passou a nos inteirar da situação em Atlântida, enquanto algumas queridas senhoras do mundo primevo ofereciam água às visitas.

— Meus filhos, a guerra está mais complexa do que imaginávamos. Gadeir e Atlas parecem ter tecido um equilíbrio de forças no que se refere à manipulação do Vril. Logo, os embates estão ocorrendo de forma localizada e com armas primitivas, uma guerra como estamos acostumados a ver somente na dimensão primeva.

Ele ergueu os braços, demonstrando surpresa, e prosseguiu:
— Além do mais, pouco a pouco, o quinto elemento simplesmente está desaparecendo. Até mesmo os sacerdotes estão com poder limitado. Algumas aeronaves não levantam mais voo, a não ser com a presença de um piloto que domine o Vril. A energia residencial tem faltado em alguns horários, sem que saibamos o motivo.

Evelyn mostrou forte preocupação e perguntou:
— Meu pai, e a chama de Antúlio, ela permanece acesa?
Todos ficaram em silêncio, e ele respondeu:
— Não, minha filha, ela apagou-se de forma definitiva, prenunciando o período de trevas em que mergulhamos. No ano em que ela se extinguiu, abandonamos nossas atividades oficiais. Nada mais poderíamos fazer na capital. Os imortais não estão mais do lado da Grande Ilha. E também precisávamos preser-

var nossas vidas, para o projeto de preparar os atlantes que colonizarão o mundo primevo. Ainda utilizamos as dependências da Grande Pirâmide, eventualmente, porém nós abrimos nossa escola no campo. Gadeir e os demais não deram importância à nossa iniciativa. Eles acreditam tratar-se apenas de uma despretensiosa escola filosófica. Desconhecem nossas reais intenções. Por isso precisamos partir para as montanhas de Kandur em breve. Somente lá estaremos protegidos da mente telepática de Gadeir, Atlas, Arnach etc.

— Arnach? — perguntei, sobressaltado.

Ártemis abraçou-me com carinho e falou:

— Sim, meu filho, ele se tornou um guerreiro das sombras. Eu tentei dissuadi-lo, mas ele me evitou em várias ocasiões. Nem ao menos olhava em meus olhos. Gadeir o fascinou, fez-lhe promessas de que garantiria a sedução de uma moça que não se entregou aos galanteios dele, quase o enlouquecendo. Você sabe como Arnach é fraco para as questões sentimentais e sexuais.

Eu concordei, com olhar decepcionado, enquanto Evelyn abraçava sua mãe e dizia:

— Sim, compreendemos. Mas vocês deveriam ter nos avisado antes. Vamos voltar com vocês para ajudar nessa tarefa. Não podemos deixá-los sós entre os lobos.

Násser interveio, dizendo:

— Não, minha filha, vocês devem ficar. Já tivemos dois enfrentamentos com Gadeir. Ele insiste que devemos apoiá-lo, para que a guerra tenha um fim. Em uma das vezes, o emissário foi o pobre Arnach. Ele já está transfigurado pelo ódio. O semblante dele é outro. Parece que se desumanizou. Só não fomos forçados a ceder, porque nossa força conjunta com o Vril é muito grande, para eles nos enfrentarem, e porque também não temos vocação para usar a Grande Energia para o mal. Eles acreditam que esse argumento é uma desculpa, mas realmente não conseguimos fazer o mal. No entanto, temo por vocês. Andrey tem laços muito fortes com Arnach e Ryu. Eles podem seduzi-lo para o lado sombrio.

Criste, então, segurou em minhas mãos e falou:

— Meus filhos, nós fizemos essa viagem também para pedir-lhes um favor. Gadeir já percebeu que as gêmeas têm algum poder com o Vril e se insinuou, com a intenção de criá-las. Não sabemos por quanto tempo poderemos evitar que ele nos tire a guarda delas. Vocês sabem como são as leis em mundos que se encontram em declínio moral, elas atendem aos interesses dos poderosos. Por isso as trouxemos, queremos que vocês cuidem das meninas até nos estabelecermos definitivamente nas montanhas de Kandur, e isso será muito em breve. Urge que nos afastemos dos acontecimentos da grande capital Posseidonis.

Imediatamente puxei as duas meninas para meu colo e falei:

— Não se preocupem quanto a isso. Jamais permitirei que esses anjinhos terminem nas mãos de Gadeir. As defenderei com minha própria vida. Enquanto estiverem aqui, ensinar-lhes-ei tudo o que puder sobre o quinto elemento.

As duas, então, aninharam-se em meu peito, pedindo proteção. Os mestres da paz sorriram, e Ártemis falou com severidade:

— Andrey, ensine-as somente as aplicações básicas. Elas são muito novas para deter nas mãos o amplo poder que o Vril poder oferecer. Ainda desconhecemos os limites delas. Creio que serão sacerdotisas com enorme potencial, mesmo com o declínio do quinto elemento no mundo.

Concordei com um gesto e disse-lhe, com seriedade:

— Sim, minha mãe. Darei a elas educação similar a que recebi.

Alguns dias depois, nossos pais retornaram para Atlântida. Eu e Evelyn, de mãos dadas com as gêmeas, acompanhamos a partida, com aperto no peito. O futuro da Grande Ilha era incerto, e a sensação de impotência frustrava-me.

Eu era um astro, necessitava brilhar, precisava estar no palco onde as coisas aconteciam. O exílio no mundo primevo causava-me infinita tristeza, mesmo estando ao lado da mulher amada.

Nos dias seguintes, sob o olhar atento de Sol e Lua, resolvi criar um espelho mágico, para acompanhar o que acontecia em Atlântida, mesclando o poder do Vril com a energia telepática. Era uma forma de eu controlar a ansiedade. Se eu soubesse o que estava acontecendo no continente atlântico, talvez conseguisse viver em paz no mundo primevo.

Então, brincando com as meninas, eu lhes disse:

— Prometam que não contarão para Ártemis sobre isso,

hein? Ela não quer que fiquemos com o pensamento sintonizado com a terra de Posseidon, para não alertar Gadeir. Mas não posso ficar aqui, sem notícias. Preciso saber o que está acontecendo por lá.

Depois de algumas horas de trabalho, as gêmeas me olharam assombradas, com as mãozinhas sobre a boca. No espelho de um metro quadrado, em vez de surgir nossos reflexos, apareceu a imagem da chegada dos mestres em Atlântida. Logo depois, consegui, usando o Vril associado à telepatia, ouvir inclusive suas conversas.

Sol sorriu e falou, com empolgação:
— Andrey, você é um bruxo poderoso!
Eu me gabei do feito e disse-lhes:
— Isso mesmo! Portanto, obedeçam-me ou eu vou transformá-las em sapos, e vocês nem imaginam como são feios os sapos do mundo primevo.

Sol deu uma gostosa risada e falou, com um brilho no olhar:
— Nunca vamos desobedecer-te. Nós seremos sempre tuas discípulas fiéis.

Eu passei a mão em suas cabeças e cruzei o olhar com Lua, que falou com seu tom de voz profundo e envolvente:
— Eu estou muito feliz de estar aqui, meu mestre.
Eu olhei para elas, meio confuso, e disse-lhes:
— Eu também, meus amores! Bom, vamos guardar o espelho mágico e voltar para casa. Evelyn deve estar fazendo um suco de frutas bem gostoso para as duas princesas. E lembrem-se, não falem nada sobre o espelho. Não vamos preocupá-la. Quando for necessário, eu mostrarei a ela.

E assim voltamos para casa, brincando de jogar pedras no rio sagrado que banhava a futura terra dos faraós. Como seria bom se a vida fosse sempre assim: bela, divertida e sem problemas!

Capítulo 12

O treinamento das gêmeas

O tempo em que vivemos no mundo primevo foi de paz e tranquilidade. Afastar-se do caldeirão de conflitos do reino de Atlântida foi uma decisão acertada.

Um dos fatos mais marcantes nesse período de aprendizado e que é digno de menção aconteceu no dia em que Lua correu até mim e me puxou, sem ao menos dar explicações. Eu estava orientando os camponeses em algumas técnicas de plantio, junto com alguns outros atlantes, e a pequena menina prodígio nem me deu tempo para encerrar o assunto.

Ela era muito tímida e jamais tinha atitudes daquele tipo. Esse era mais o perfil de Sol, sempre espevitada! Nesse aspecto, nem pareciam irmãs. Por isso não a contestei.

Ela, então, em absoluto silêncio, levou-me até uma gruta bem reservada, nas proximidades da colônia, e disse-me:

— Andrey, veja com seus próprios olhos!

Era Evelyn. Estava em posição de lótus, meditando ao lado de delicada cascata. Ficamos ali, observando por longos minutos. Eu não entendia o que Lua queria me mostrar. Já ia interrogá-la, quando me sinalizou para fazer silêncio.

Achei encantador aquela pequena criança com o cenho franzido e o dedo sobre os lábios carnudos, pedindo para que eu me aquietasse. Fiquei, por alguns segundos, admirando sua concentração em Evelyn. Sim, a concentração! Esse era um dos elementos mais importantes para tornar-se um grande sacerdote do Vril. "Essa menina será uma magnífica sacerdotisa no futuro" — pensei.

Eu estava ainda me divertindo com a cena, quando ela falou, apontando o dedo para Evelyn, com os olhos arregalados:

— Veja!

Eu olhei, então, para minha esposa, e o incrível aconteceu. O Vril se materializou no mundo físico. O éon do quinto elemento, no mesmo formato do número oito (ou do símbolo do infinito deitado), dançava graciosamente como sutil manifestação plásmica.

Eu não tinha ainda mostrado esse verdadeiro espetáculo para as gêmeas, o que terminou impressionando ainda mais minha curiosa pequena companheira. Os olhos da menina demonstravam o tamanho de seu espanto.

Apreciei o espetáculo maravilhado com a beleza da energia gerada por Evelyn. Em seguida, perguntei para Lua:

— Desde quando você sabe disso?

Ela segurou minha mão, assustada, e falou:

— Ontem. Eu não quis ir com Sol comer bolinhos na casa da tia Virginia e vim passear por aqui. Então, presenciei isso. Andrey, o que é essa energia?

Eu sorri para a linda menininha e disse-lhe:

— Isso, Lua, é a manifestação física do Vril. Raríssimos sacerdotes conseguem essa proeza. E eu nem sabia que Evelyn tinha esse poder.

Os olhos negros da graciosa criança brilharam, e ela me perguntou:

— Você também consegue? Quero que me ensine.

Eu passei a mão em seus brilhantes cabelos negros e falei:

— Materializar o Vril não depende somente de ensinamentos. É algo que tem de estar dentro de você. Algo para poucos, minha querida.

Ela se aborreceu e retrucou:

— Quero fazer tudo o que você faz.

Eu sacudi a cabeça, sorrindo.

— Garota mimada. Depois conversaremos sobre isso. Vamos agora falar com Evelyn.

Eu, então, aproximei-me de minha esposa, e ela prosseguiu

materializando o Vril, naturalmente, por um tempo maior do que eu estava acostumado. Ao ver-nos, ela se desconcentrou, e o espectro do quinto elemento desapareceu, como por encanto.

Depois me lembrei de quem ela era filha e pensei: "Certamente esse poder estaria em seu sangue". Em seguida perguntei:
— Evelyn, desde quando? Por que você nunca me contou?

Ela abaixou os olhos, descruzou as pernas, saindo da posição de lótus, e falou:
— Andrey, você se tornou um dos sacerdotes mais visados desde que materializou pela primeira vez o Vril no mundo físico. Desde então, temos que nos esquivar da cobiça de Gadeir e Atlas. Imagine se eles souberem que nós dois temos esses poder, e não somente você! É melhor que ninguém mais saiba disso.

Eu abaixei a cabeça, serenamente, e concordei:
— Sim, você tem razão. Eu jamais deveria ter me exposto daquela forma.

Ela me abraçou, passou a mão no rosto de Lua e falou com carinho:
— Aquele era outro tempo. Não conseguíamos acreditar que nosso mundo enveredaria para as sombras. Mas, infelizmente, as previsões se confirmaram. Por isso devemos manter segredo sobre o que aconteceu aqui.

Evelyn, então, olhou para Lua e disse, com tom de voz infantil:
— E você, mocinha, prometa que não viu nada aqui.

Lua pensou por alguns instantes e falou, com seu jeito tímido, mas profundo:
— Prometo, sim! Mas quero aprender a materializar o Vril também.

Nós rimos da insistência daquele anjinho, que parecia ter uma fome incontrolável de conhecimento, e voltamos para o convívio dos demais.

Outro fato que muito me impressionou se referia a uma idosa de oitenta e cinco anos, algo raríssimo na dura atmosfera do mundo primevo. A média de vida no mundo primitivo da Terra de há doze mil anos mal passava dos trinta anos. A grande maioria morria muito jovem para os padrões atuais. Muitos mal atingiam a idade propícia para a procriação.

Apesar da avançada idade, ela não se queixava de nada e ajudava as mulheres mais novas na pesada rotina diária. Não me lembro de tê-la visto um dia sequer reclamando da vida ou de mau humor. Parecia que ela abençoava a vida e o trabalho em todos os momentos de sua longa existência.

Um dia, enquanto eu a ajudava a carregar os pesados jarros de água das margens do Nilo, utilizando-me sutilmente do Vril, já que não poderia realizar isso fisicamente, perguntei de onde ela tirava tanta disposição e alegria para viver, mesmo tendo de enfrentar tantas adversidades.

O mundo primevo era rigoroso. Clima inóspito, doenças sorrateiras, ataques de animais selvagens ou, então, de mosquitos com cargas virais devastadoras. Poucos tinham a sorte de sobreviver sem sequelas.

Ela sorriu abertamente, mostrando sua dentição arruinada, e falou:

— Meu filho, eu decidi viver assim! Felicidade não é consequência, e sim causa. A gente decide ser feliz ou não. Simplesmente assim. As coisas não vão mudar por eu reclamar dessa ou daquela situação. Portanto, eu decidi agradecer à Grande Deusa pela oportunidade da vida. Não nasci anjo, como você, mas sou feliz, pode acreditar. Cada dia que vivo é um presente que recebo dela e, enquanto meus olhos se abrirem pela manhã, vou amar a vida, independente da boa ou má sorte. Não tenho o controle sobre meu destino, mas tenho sobre a forma como vou enfrentá-lo. Decidi ser senhora de meus sentimentos. Optei por ter autocontrole, dirigir meus pensamentos e escolher os sentimentos que irei cultivar. Eu poderia passar o dia inteiro deitada, reclamando de dores no corpo e de certas partes que já não funcionam bem, mas não quero perder a bela oportunidade da vida, com rancores, remorsos e lamúrias. Percebi, ao longo dos anos, que o mundo não muda porque resolvemos lamentar. A vida é igual para todos, só mudando a forma como nos relacionamos com ela.

Ela esboçou um sorriso maroto, cansada pela longa jornada da vida, e completou:

— Talvez minha longevidade seja apenas consequência do amor que tenho pela vida. É a força dos elementos me sustentando, em agradecimento pelo tanto que a amo. Ah, minha vida querida!

A sábia anciã silenciou, e eu fiquei ali, com o pesado jarro de água nas mãos, boquiaberto, sem palavras para agradecer por aquela bela lição de vida ministrada por uma alma simples do mundo primevo.

Eu, então, apenas disse-lhe, tentando conter as lágrimas:
— A sabedoria da Grande Mãe se revela por meio de toda a sua criação. Hoje, o Espírito Criador falou por teus lábios, abençoada mulher.

Ela sorriu novamente e agradeceu, sem jeito:
— Obrigada, meu anjo. E obrigada por tudo o que você e seus irmãos que vêm de longe têm feito por nosso povo.

Eu, então, deitei o vaso no chão e a abracei, agradecendo ao Mais Alto pela lição obtida. Eu era um abençoado e não conseguia ser feliz, enquanto ela vivia imensas dificuldades e enxergava a glória de Deus nas mínimas coisas.

Aquela minha postura perante a vida, decididamente, precisava mudar. Eu tentava, mas não era fácil. Minha herança milenar de outras vidas conspirava contra minha tentativa de valorizar as pequenas dádivas do dia a dia.

Algo que era facilmente cultivado por almas simples minha mente complexa até conseguia entender, mas não aplicar. O valor divino de um raio de Sol, de uma caneca de água, em dia de calor, ou, então, do sorriso espontâneo de uma criança parecia não satisfazer minha alma. Eu tinha abandonado o confortável mundo da quarta dimensão para encontrar-me com Deus no inóspito mundo das dores, mas parecia que era tudo em vão. Eu entendia, mas não conseguia verdadeiramente sentir. Tinha uma inteligência notável, porém um coração de pedra!

E assim um ano se passou rapidamente, sendo que, a cada dia, eu ficava mais fascinado com a tarefa de educar as gêmeas. Eram meninas notáveis, sempre aplicadas e muito disciplinadas, filhas que todos os pais desejariam ter. Era muito raro eu ter de chamar-lhes a atenção ou cobrar-lhes algo.

As aulas eram realizadas em local discreto, para não impressionar os camponeses. Muitas das coisas que fazíamos assombrariam aquele povo simples. O treinamento era árduo.

Manipular o Vril em um mundo denso era sempre mais trabalhoso, assim como treinar cavalos na areia do deserto. Mas as meninas realizavam feitos notáveis, alguns bem infantis, que muito me alegravam, como, por exemplo, dar vida a pássaros de papel, movimentar objetos, gerar energia cinética para seus brinquedinhos, multiplicar sementes, hipnotizar as camponesas para fazerem os doces que elas mais gostavam.

Lua cumpriu sua palavra e guardou segredo sobre a materialização do Vril realizada por Evelyn. Não contou nem mesmo à sua irmã e nunca mais me cobrou para ensiná-la. Eu lhe havia dito que, quando chegasse o momento, eu seria o primeiro a tomar a iniciativa para esse treinamento.

Então, em determinado dia, mais de um ano após a chegada das meninas, enquanto elas se exercitavam levitando objetos com o Vril e, de olhos vendados, conduziam-nos por intrincados labirintos, Evelyn se aproximou, deitou o rosto em meu ombro, como ela costumava fazer, e falou:

— Andrey, você está sofrendo neste mundo. Somos cientistas. A vida agrícola não é para nós. Percebo o brilho em seu olhar, quando ensina às meninas os segredos do Vril. Você ganhou vida desde que elas chegaram.

Eu abaixei a cabeça e falei, enquanto brincava com seus dedinhos, ao segurar sua mão:

— Sim, não tenho como negar, adoro a paz deste local, o povo é amistoso, entretanto, sinto falta de nosso lar e de nossas pesquisas. Em alguns momentos, desejo retornar para as oficinas do Vril, na Grande Pirâmide, e lá desenvolver processos mais eficazes para ajudar no progresso desses povos da terceira dimensão. Quando te vejo, meu amor, desesperançada, com essas crianças enfermas nos braços, penso que poderíamos desenvolver uma forma de desagregação molecular, usando o Vril, que viesse a anular a ação dessa terrível doença que corrói os órgãos internos dessa gente sofrida. Eu me lembro, então, que poderíamos estar nessa terrível condição e me sinto ainda mais motivado para tentar socorrê-los.

Ela esboçou um breve sorriso e falou:

— Sim, seria muito bom! Mas isso nada mais é que toxinas da alma que descem para o corpo físico, com a finalidade salutar da purificação. É a vontade de Deus, não devemos intervir. Eles precisam passar por esse doloroso processo retificador da alma.

Eu a abracei e falei, com empolgação:
— Concordo, mas creio que, se Deus nos deu o poder sobre o Vril também no mundo primevo, é porque existe um propósito e, se conseguirmos intervir, é porque o Espírito Criador assim quis. Recuso-me a ficar de braços cruzados. Ademais, minha mente não consegue descansar. Eu passo o tempo todo pensando em mil coisas, procurando criar soluções para os problemas que vejo todos os dias neste mundo imperfeito. As gêmeas chegaram em boa hora, meu amor. Não aguentava mais caminhar pelos campos, realizando a colheita, mas com a mente voltada para a ciência do Vril. Eu não nasci para ser um fazendeiro, e, sim, para ser um sacerdote do quinto elemento. Eis meu destino e o propósito de minha vida. Está escrito nas estrelas. Eu vejo isso todas as noites, quando deito na rede e fico perdido em meus pensamentos. Amor de minha vida, eu vivo em outra frequência e somente na frequência do Vril serei feliz.

Uma lágrima correu por meus olhos, acalmei meu coração e concluí:
— Desculpe, meu amor, mas não consigo ser feliz. Em todo lugar que me encontro, sempre sou assaltado pela tristeza, mesmo estando ao teu lado. Por que eu não posso ser simples como os camponeses, que se alegram com uma roda de música e com o amor dos filhos? Por que a vida tem que ser tão complicada para mim? Daria todos os reinos da Terra para ser feliz apenas apreciando a beleza dos pássaros, o calor do Sol, o frescor da chuva. Eu tenho você, e agora Deus nos deu essas duas lindas e maravilhosas filhinhas, mas nada parece me contentar. Eu sou um eterno insatisfeito. Parece que fui amaldiçoado pelos erros do passado.

Eu, então, comecei a chorar convulsivamente. Evelyn me abraçou e ficou me balançando, como se faz com uma criança. As meninas se aproximaram e deitaram suas cabecinhas sobre minhas pernas, irradiando imenso amor.

Lua olhou para Evelyn e perguntou, com um aperto no coração:
— Por que Andrey chora, Evelyn?

Minha fada protetora secou as lágrimas e respondeu:

— Andrey chora porque ama o progresso. A vida dele só faz sentido quando serve a uma causa maior. Ele é uma alma irrequieta, sempre desejando trabalhar em nome do Grande Arquiteto do Universo.

Lua e Sol beijaram meus joelhos e disseram, a uma só voz:

— Não chore, meu amor. Nós cuidaremos de você. Obrigada por nos ensinar tantas coisas importantes nesta vida!

E Sol complementou:

— Não permitiremos que a tristeza ofusque o brilho de tua alma generosa. Nós nos tornaremos grandes mulheres e deveremos tudo a ti.

Aos poucos, eu e Evelyn havíamos nos acostumados com aqueles arroubos quase apaixonados das meninas e nem nos importávamos mais.

Por mais que as censurássemos, elas não compreendiam o motivo de nossas advertências. Sol e Lua apenas estavam agindo de forma natural, sem malícia. Agiam impulsionadas por um amor infantil, porém com características de mulheres adultas. As crianças atlantes eram bem mais avançadas que as atuais. E as gêmeas eram ainda mais especiais e maduras.

Em seguida, Evelyn disse:

— Em breve voltaremos para nosso mundo. Não faz sentido esse exílio absoluto. Temos que estar ao lado de nossos pais. E também podemos ir e vir, procurando aperfeiçoar-nos nas oficinas da Grande Pirâmide, para melhor auxiliar o mundo primevo. Nós estamos há muito tempo no mesmo local. Precisamos de aventura. Vamos conhecer outros povoados e auxiliá-los. Não faz sentido nos enraizarmos aqui. Eu também preciso quebrar a rotina. Minha mente está cansada dessa acomodação.

Ela meneou a cabeça e concluiu:

— Daria tudo para saber como estão nossos pais.

Eu, então, olhei para ela, penalizada pela saudade que sentia dos pais, e falei para as gêmeas:

— Meninas, vamos mostrar a Evelyn nosso segredo?

As gêmeas concordaram, com um brilho no olhar, e a conduzimos, sob grande expectativa, até a caverna afastada, onde escondíamos o espelho mágico. Ao vê-lo, Evelyn não conseguiu

esconder seu assombro e sua alegria. Não demorou muito para ela me censurar, mais sorrindo do que me repreendendo.
— Andrey, você sabe que Ártemis não concorda com isso.

Eu a beijei e disse-lhe:
— E você sabe que nunca fui muito bom em seguir regras.

As meninas nos olharam com expressão arteira e disseram, em meio a muitas risadas:
— Nós também não!

Eu belisquei as duas e censurei-as:
— Comportem-se, meninas. Dessa forma, Evelyn vai achar que as ando mimando demais.

Eu suspirei e terminei desabafando:
— Agora, eu me sinto mais animado. Parece que o sangue voltou a correr em minhas veias. Sei que não serei fascinado por Gadeir e Atlas. E com vocês três ao meu lado, meus amores queridos, serei forte para fazer o que é certo. Não sucumbirei à tentação de usar o Vril para o mal.

Evelyn assentiu com um movimento de cabeça e perguntou:
— Mas diga-me, como estão nossos pais? Não acredito que você não me revelou nada sobre o espelho, durante todos esses meses.

— Não revelei, porque era desnecessário. Pelo que percebi, eles não estão tendo problemas com os rebeldes, apesar de nossa pátria estar cada vez mais entregue à destruição. Tenho observado pelo espelho que nossos compatriotas estão invertendo os valores, seguindo por um caminho que levará, inevitavelmente, às sombras. O egoísmo, o ódio, a cobiça, a inveja, o ciúme e a dissimulação imperam em todos os campos de atuação. A civilização atlante está hipnotizada pelas paixões inferiores da alma. Em breve, não haverá espaço para todos satisfazerem seus caprichos inferiores. Os mais fortes, então, terão de escravizar os mais fracos, para manter seu estilo de vida fútil. A organizada balança social da terra de Poseidon está entrando em profundo desequilíbrio. O que tenho notado, também, é que a Grande Ilha está descendo em definitivo para a terceira dimensão. Creio que pouco perceberemos da diferença entre os dois mundos, quando retornarmos. Em um desses dias, ouvi um comentário de meu pai, através do espelho, dizendo que os navegadores do mundo primitivo da região do portal oriental já descobriram as terras atlantes em meio às brumas e que uma dessas embarcações, desatenta, chocou-se contra as rochas de nosso continente, afundando. Ou seja, a terra de Posseidon está se tornando cada dia mais concreta no mundo primevo.

Enquanto conversávamos, Sol começou a gritar, assustada:

— Andrey, veja isso!

Corremos para o espelho e vimos meu pai, Atônis, discutindo com Gadeir, no templo da colina do Sol:

— Gadeir, desista! Jamais o apoiaremos na guerra. Não somos guerreiros, não sabemos manipular o Vril para a prática do mal. É inútil insistir.

O inescrupuloso ditador manteve-se altivo e retrucou:

— Creio que vocês estão apresentando essa desculpa apenas para não cumprirem seu sagrado dever, como filhos da terra de Posseidon. Minha paciência esgotou-se, vou levá-lo para a sede do governo, lá você ficará incomunicável, até que mude de ideia. Talvez vocês só estejam precisando de um pequeno impulso para tomar a decisão correta.

Atônis manteve-se em silêncio. Com olhar amargurado, redarguiu:

— Quanta insensatez! Gadeir, você está cego. Não lutarei contra suas decisões. Mesmo prezando pela liberdade como o bem mais precioso de um indivíduo, submeter-me-ei a isso. Espero que você recupere a lucidez o mais breve possível.

Os soldados de Gadeir subiram, então, no altar onde se encontrava meu pai e o conduziram como um criminoso para o odioso aprisionamento. Eu e Evelyn ficamos em silêncio, chocados com a cena que presenciávamos. Depois de alguns minutos, que pareceram horas, quebrei o silêncio:

— Evelyn, você viu os uniformes dos soldados? Muita coisa mudou em nossa ausência.

Lua, então, demonstrando todo o seu amadurecimento espiritual, passou a mão sobre o espelho, desativando a energia Vril. Em uma fração de segundos, a imagem de Atlântida se desfez, e só víamos nossos próprios reflexos. Seria muito doloroso ter de ver meu sempre amável e conciliador pai sendo conduzido de forma truculenta pelos homens de Gadeir.

Eu alisei o espelho, como se estivesse querendo acariciar o rosto de Atônis, e falei:

— Evelyn, nós precisamos partir. Nossos pais necessitam de nosso auxílio.

Ela me abraçou, beijou minha nuca e respondeu:

— Sim, meu amor, você tem razão. Partamos o mais breve possível.

Capítulo 13

Retornando a Atlântida

Tivemos de esperar duas semanas até que uma nave atlante chegasse à nossa colônia. Seus ocupantes ficaram ainda cinco dias atendendo aos seus propósitos, antes de voltar. Mas não estávamos preocupados. Dois dias depois da prisão de Atônis, Ártemis e Criste, convenceram Gadeir, com diplomacia, que seria uma insensatez manter preso o sumo sacerdote do templo do Sol. O olhar determinado de Criste fez ele repensar seu ato impulsivo. Ela não aceitaria uma negativa.

Enfrentar quatro poderosos mestres que dominavam o Vril, sendo um deles a própria Ártemis, seria um desgaste pelo qual Gadeir não precisava passar naquele intenso momento de embates contra Atlas. E ele sabia disso.

Acompanhamos toda a negociação através do espelho de cristal. Isso foi fundamental para tranquilizar-nos. Quando vi meu pai sendo libertado, sentei no chão e chorei de alegria.

Dessa forma, aguardamos com ansiedade o retorno da aeronave a Atlântida, sem maiores preocupações. Aproveitamos esses dias finais para nos despedir e deixar instruções para nossos amigos do mundo primevo sobre novas técnicas de plantio que ainda não tínhamos implantado e que tinham por objetivo aumentar a produção. A colônia crescia a cada ano, e mais bocas precisavam ser alimentadas.

Porém o que mais os entristeceu foi a partida das gêmeas. As duas travessas tinham conquistado o coração de todos os habitantes da colônia. Elas eram realmente fascinantes. Todos, então, desejavam uma última visita delas, antes de partirmos.

Nas casas em que passavam, eram recebidas com muitos doces e mimos. E, no dia da partida, todos estavam lá para nos desejar boa sorte na viagem e agradecer pelos anos de trabalho conjunto, em que realizamos grandes avanços para melhorar a qualidade de vida daquela comunidade. As mães que tiveram seus filhos curados ou sua dor atenuada por mim e por Evelyn nos abraçaram com lágrimas nos olhos.

Assim que entrei na nave, lembrei-me do dia de nossa chegada à aprazível colônia do Nilo. Naqueles dias, ainda usávamos os uniformes de sacerdotes do Vril. Agora, retornaríamos usando roupas rústicas do ambiente em que tínhamos vivido nos últimos anos.

Eu e Evelyn agora éramos outras pessoas. Havíamos conhecido um novo mundo, e essas novas experiências tinham enriquecido nossas personalidades, transformando-nos em pessoas melhores. Aquele estágio no mundo primevo foi muito importante para nossas vidas.

Poderíamos, usando o elemento criador do Vril, elaborar roupas refinadas para a viagem, mas achamos melhor retornar daquela forma, como simples camponeses. Essa era uma maneira de demonstrarmos a todos em Atlântida que as ambições humanas não nos interessavam.

A viagem foi mais rápida do que eu esperava e, como suspeitei, não tivemos choque ao entrar novamente na dimensão superior de Atlântida. Ao atravessarmos o portal oriental, percebemos apenas uma pequena mudança vibracional. A cada dia que se passava, o continente atlântico integrava-se mais ao mundo primitivo da Terra.

Um dos passageiros da nave, antigo membro do extinto Conselho dos Anciãos, que agora se dedicava a auxiliar no desenvolvimento das colônias pelo mundo, disse-nos:

— A terra de Poseidon está baixando sua frequência desde que os imortais nos abandonaram por causa do desequilíbrio de nossa civilização. Creio que é apenas uma questão de poucas décadas para nos integrarmos definitivamente à paisagem do mundo primevo.

Ele suspirou, transparecendo grande angústia em seus olhos cansados de presenciar a insensatez da nova geração, e prosseguiu:

— Desde que a chama de Antúlio se apagou, perdemos o direito de viver em uma esfera de luz. Os planos superiores não nos pertencem mais. Agora, só o que nos resta é trabalhar para deixar às gerações futuras um legado de paz e harmonia que talvez as inspire a resgatar o reino de luz que abandonamos por causa da infeliz ambição de alguns que desejam ser melhores que os outros. Nossa civilização perdeu-se. É difícil acreditar que séculos de harmonia e paz podem desaparecer no espaço de uma única geração.

Eu e Evelyn concordamos, com um gesto sincero, depois abaixamos nossas cabeças, em sinal de concordância e respeito àquelas palavras. Em seguida, voltei-me para a janela e fiquei apreciando a chegada da nave à Grande Ilha.

As mudanças estruturais de uma sociedade sempre ocorrem de dentro para fora. Nada muda somente porque um líder mundial assim deseja. Ele pode influenciar nas transformações, mas elas só ocorrem de forma coletiva quando uma geração diferenciada surge.

Hoje em dia, acompanhamos um processo oposto ao ocorrido na Atlântida de doze mil anos atrás, quando espíritos inferiores, exilados de Capela, adentraram em massa em um mundo elevado. Atualmente, na Terra, estão começando a reencarnar os espíritos eleitos do Cristo, para a nova fase de evolução do planeta, em que ocorrerá um processo inverso ao de Atlântida.

Almas nobres, os bem-aventurados, aqueles que foram mansos e pacíficos, eleitos para herdar a Terra no terceiro milênio, descerão das esferas espirituais superiores, para reencarnar em nosso mundo, muitas vezes assombrando seus pais com demonstrações incontestáveis, já em tenra idade, de que são seres em busca da Luz.

Não serão anjos ou seres perfeitos, mas, sim, almas voltadas para um sincero crescimento espiritual, conforme demonstraram em suas encarnações anteriores, nos últimos dois mil anos. Necessitarão vencer o imperfeito modelo estrutural da sociedade atual e transformá-la, para uma visão realmente liberta e crística. Alguns entre eles terão mais dificuldades, outros tropeçarão, mas jamais se entregarão a esse modelo ilusório, que apenas engana almas fracas e primárias. Serão rebeldes em sua infância, não por serem espíritos inferiores, mas, sim, por sentirem grande tristeza e revolta em seus corações, por perceberem que o homem moderno ainda vive entregue à ilusão de crer que pode ser feliz seguindo um modelo social excludente e predatório.

No entanto, eles unir-se-ão e construirão um novo mundo, para que as gerações futuras possam utilizar a escola Terra para o novo estágio de evolução espiritual programado há séculos para ocorrer aqui, exatamente nessa época. O planeta Terra finalmente deixará de ser um mundo de dor e sofrimento, para tornar-se uma consciente escola de regeneração espiritual. Os primeiros sinais da mudança já poderão ser percebidos em alguns anos.

Eu, então, dirigi-me à proa da aeronave e fiquei observando nossa chegada à capital Posseidonis. A nave era grande, quase da altura de um prédio de três andares. Eu me aproximei de uma ampla janela de quatro metros de altura, que ia dos pés até o teto, e ali pude ver coisas que me impressionaram: soldados correndo pelas ruas e intimidando a multidão; grandes tumultos; gritos histéricos, típicos de almas em desequilíbrio; sujeira para todo lado; algo que eu jamais achei que veria um dia na Grande Ilha.

Aquela cena causou-me imenso mal-estar, provocando rememoração inconsciente de nosso exílio de Tríade, no sistema de Capela. Evelyn também sentiu semelhante desconforto e me abraçou, preocupada.

— Isso é muito triste, Andrey! Eu tenho certeza de que fomos todos orientados por grandes mestres, antes de reencarnar, para evitar esses desatinos. Infelizmente, a cegueira espiritual da nova geração a levou a esquecer a mensagem imorredoura de Antúlio.

Eu concordei com um gesto e disse:

— Sim, com certeza. Mas isso é o reflexo da natureza de cada um. Poucas são as almas de fibra, que estão dispostas a lutar contra o maior inimigo: o próprio ego. Vencer o monstro que vive dentro de cada um é muito difícil. No entanto, é bem fácil ceder às tentações oferecidas pelas vaidades da vida humana. Creio que os grandes mestres sempre souberam que o destino de Atlântida nas mãos da geração oriunda de Capela seria este mesmo: a destruição.

Eu meditei por alguns instantes e prossegui:

— Acho que não deveríamos ter fugido desse campo de batalha. Não podemos nos esconder das tentações humanas. A vitória somente ocorrerá se vencermos todo o tipo de assédio que tente nos unir a essa barbárie.

Com olhar que misturava tristeza e desilusão, concluí:

— Eu olho para o que a terra de Poseidon se tornou e sinto apenas piedade e tristeza. Creio que por nada nesse mundo me aliarei a homens como Gadeir e Atlas. Sinto-me seguro para ficarmos aqui e lutarmos até o último de nossos dias pelo bem de nossa pátria e de nosso povo. Farei o que for possível para me opor a essa insanidade que parece ter enfeitiçado a tudo e a todos.

Evelyn sorriu e me falou, enquanto beijava meu rosto:

— Eu também sinto isso! Ryu estava certo, naquele dia, antes de partirmos. Se nós nascemos na terra de Poseidon é porque essa é a vontade do Espírito Criador. Somente temos que ter o coração focado no amor e na paz, para não nos tornarmos instrumentos das trevas.

Abraçado à minha esposa, acariciando seus sedosos cabelos, eu acompanhava com olhar chocado as pessoas pelas ruas, apoiando o caos em que se encontrava a capital da Grande Ilha. Realmente, todo o povo tem o governo que merece. Nada acontece por acaso. O estado das coisas não era fruto apenas da vontade de Gadeir ou de Atlas, eles eram apenas maestros que conduziam a população atlante ao seu triste destino. Naqueles dias, os sábios ensinamentos de amor e paz de Antúlio, o grande avatar de Atlântida, tinham sido definitivamente esquecidos. Somente imperavam os desejos imediatistas de poder, riqueza e luxúria.

Em uma época não muito distante, as ruas e praças que observávamos eram palco de encontros culturais, debates filosóficos e manifestações artísticas. Nobres anciãos debatiam com espírito fraternal sobre a filosofia atlante; atores e atrizes representavam a beleza da vida em peças artísticas com profundo valor espiritual, debaixo das acolhedoras sombras das árvores e sobre um gramado verdejante.

Lembrei-me dos maravilhosos festivais de música e dança que eram realizados no parque central, próximo à Grande Pirâmide, onde as belas meninas atlantes dançavam com seus graciosos vestidos brancos e com tiaras de flores a prender seus encantadores cabelos. Os jovens, alegres, sempre as cortejando, com olhares apaixonados, em uma verdadeira e sincera demonstração de amor. Todas essas atividades sempre enriquecidas com muita paz e alegria. Porém, com o avanço crescente da ação do mal sobre Atlântida, em breve aquelas mesmas ruas, que então começavam a viver o caos, estariam manchadas de sangue. Era só uma questão de tempo para a asa negra do mal encobrir totalmente a outrora gloriosa terra de Poseidon.

Minha mente, então, pareceu dar um salto para o futuro, assim como fazem os profetas, e pude ver aquelas alvas calçadas maculadas pelo sangue de nossos irmãos, por causa de uma louca guerra fratricida, confirmando minha intuição. Mães chorando a morte dos filhos; os olhos enlouquecidos de ódio dos agressores; o pânico das vítimas; armas em punho. Era o fim da era da paz, fim da era do amor. O reino da Luz começava a apagar-se, para o nascimento da ação sorrateira das trevas.

À medida que a aeronave se aproximava lentamente da gigantesca pirâmide da capital, percebemos que os tumultos cessaram. Certamente Gadeir protegia a região central da cidade, em que estava o coração administrativo da Grande Ilha. No momento, gerenciava somente a Atlântida Ocidental, já que Atlas tinha proclamado, há alguns anos, a independência da região oriental da Grande Ilha, instaurando, definitivamente, um governo independente.

Depois que aterrissamos, rapidamente corremos para os veículos de transporte local e os encontramos completamente abandonados. Posteriormente, seríamos informados sobre o quão grande tinha sido o abalo sofrido no Vril. À medida que Atlântida descia sua vibração, o poder de manipular o quinto elemento também diminuía.

Só então percebi que muitas pessoas se locomoviam pelas ruas montadas em cavalos, em uma demonstração nítida de que o ingresso de Atlântida no mundo primevo era apenas uma questão de tempo. Em breve, a única energia que moveria o reino de Posseidon seria a gerada a partir de meios mecânicos. O Vril se recolhia, abandonando a Grande Ilha, a qual serviu por séculos.

Dessa forma, armas primitivas foram desenvolvidas, e a luta passou a ser homem a homem, enquanto os poucos sacerdotes do Vril que ainda conseguiam manipular o quinto elemento realizavam duelos com as cada vez mais escassas "forças mágicas".

Eu, então, disse à Evelyn:

— Vamos entrar no veículo. Iremos operá-lo manualmente.

Não tivemos nenhuma dificuldade para isso, no entanto, logo chamamos a atenção das equipes de combate. Poucas naves voavam, naqueles dias, pelos céus de Atlântida, ainda mais uma de passeio e abandonada.

Fomos abordados por três aeronaves militares. O soldado que nos interceptou era um sacerdote do Vril, a quem eu tinha dado lições básicas, quando ele ainda era apenas uma criança. Ele rapidamente me reconheceu, talvez por causa de meus marcantes olhos azuis, e logo esboçou um largo sorriso. Olhou minhas roupas de camponês e, estranhando-as, fez uma apressada reverência, dizendo:

— Mestre Andrey! Não sabíamos que estava de volta.

Eu fiz um sinal afirmativo com a cabeça, observando o uniforme de guerra utilizado por ele, com símbolos de imposição militar. As gêmeas foram espertas e esconderam-se nos bancos traseiros de nosso veículo. Não seria interessante que elas fossem descobertas por Gadeir.

O soldado logo liberou passagem, depois de uma amistosa conversa, e disse-me:

— Apenas informarei o chefe da guarda sobre o retorno de vocês.

Eu concordei, com um olhar, e perguntei:

— Quem é o chefe?

— Arnach! Ele ficará muito feliz em saber que o senhor está de volta.

Eu olhei para Evelyn com preocupação e falei, antes de partirmos:
— Diga a Arnach que em breve irei visitá-lo. Estou com saudades de meu grande amigo.

O soldado sorriu abertamente e sinalizou às demais naves para que abrissem passagem. Assim, em poucos minutos, aterrissamos próximo à Grande Pirâmide e fomos ao encontro de Ártemis.

Não tivemos problemas para entrar na gigantesca estrutura. Mas, quando coloquei os pés dentro da pirâmide, percebi que a energia Vril me envolveu, fazendo uma sondagem e, depois, recombinações de meu DNA. Por sua vez, nem sequer se aproximou de Evelyn ou das meninas.

Eu, então, corri até um painel de controle e analisei os procedimentos que a Grande Energia realizava, conforme programação feita pelos antigos sacerdotes do Vril, séculos antes.

Evelyn me acompanhou e disse:
— São toxinas da alma que estão descendo para teu corpo físico.
— Mas como? — perguntei, em tom decepcionado. Vivemos um período tranquilo e voltado para bons sentimentos, nesse longo estágio no mundo primevo.

Evelyn sacudiu a cabeça e falou, com carinho:
— É algo que mora em seu inconsciente, Andrey. Muitas noites eu tenho acordado por causa de seus pesadelos. Você não percebe, mas, durante o sono, afloram em seu íntimo vibrações sombrias, que causam sofrimento e intoxicam sua alma. Talvez seja alguma bagagem espiritual que você trouxe de nossas existências em Tríade. Você precisa se libertar disso.

Apoiei as mãos no painel de controle e disse-lhe, cabisbaixo:
— Procure por nossa mãe. Vou me deitar na maca, para que o Vril realize seu trabalho. Não posso passar da antecâmara da Grande Pirâmide com essas toxinas. Estamos em um ambiente sagrado. Você bem sabe o que acontecerá, se eu não respeitar esse procedimento.

Ela beijou meu rosto e falou:
— Sim, meu amor, eu sei. Descanse aqui. Eu já volto.

Enquanto Evelyn e as graciosas gêmeas penetravam no

amplo saguão da maior pirâmide já construída na Terra, joguei-me na maca e aguardei o silencioso trabalho do Vril. Antes de recostar a cabeça, pude ver as três adentrando nas áreas reservadas da pirâmide, envolvidas por uma luz cintilante. Somente ali, no ambiente sagrado, percebi como meu corpo estava pesado. Amaldiçoei a mim mesmo, e o Vril reagiu de forma negativa, estremecendo meu corpo. Pedi desculpas à força viva e depois fiquei em estado de oração, para auxiliar no processo.

A salutar prática de entrar em comunhão com Deus serenou meu espírito, e caí em profundo sono. Acordei três horas depois, com Evelyn e Ártemis ao lado da maca, conversando alegremente, enquanto as meninas brincavam com o Vril. Dentro da pirâmide, o poder para manipulá-lo quintuplicava. As gêmeas estavam deslumbradas com a facilidade em realizar suas proezas, que tanto treinaram no mundo primevo.

Eu sorri para minha segunda mãe e levantei-me para abraçá-la. Entre lágrimas, disse-lhe:

— Saudades, minha mãe! Que a paz do Espírito Criador esteja com você!

Ártemis me abraçou com lágrimas nos olhos.

— Que assim seja, meu filho. Evelyn me falou sobre a intenção de vocês de ficarem na Grande Ilha até o momento extremo. Isso é muito arriscado e de nada adiantará. O destino da terra de Poseidon já está escrito, e nada poderá mudá-lo.

Eu concordei, com um gesto, enquanto alongava meus braços, e falei:

— Sim, eu sei. Não podemos mudar o destino coletivo de nossa pátria. No entanto, quero estar aqui para fazer história. Deve haver um propósito para eu e Evelyn termos nascido na Grande Ilha. Não faz sentido, para filhos de Poseidon, o deus dos mares, abandonar o barco em momento de tormenta. Nossa raça é de homens que lutam por seus ideais. Prefiro mil vezes morrer aqui, defendendo minhas convicções, do que passar minha velhice escondido no mundo primevo.

Ártemis me abraçou e disse:

— Sim, meu filho, eu entendo você.

Eu sorri, feliz pelo apoio de minha mãe, e perguntei:

— E onde estão Atônis e Criste? Espero que estejam em segurança.
Evelyn segurou minha mão e disse-me:
— Tranquilize seu coração, meu amor. Nossa mãe já me informou, enquanto você dormia, que eles foram para a colônia, nas montanhas de Kandur, levando consigo um pequeno grupo de atlantes, para construir as instalações onde viverão os escolhidos, na tarefa de legar aos povos primitivos o conhecimento atlante.

Ártemis concordou, com olhar marcante, e falou:
— Seu pai conseguiu manipular o Vril de forma única, neutralizando toda a região montanhosa, para que nenhum artefato de espionagem possa nos localizar.

Ela sorriu e completou:
— Na verdade, ele fez algo mais impressionante. Atônis, utilizando-se dos poderes solares, em consórcio com o Vril, conseguiu elevar aquela região a uma frequência acima da Grande Ilha. Ele abriu um novo campo dimensional, que só pode ser acessado por um portal muito difícil de ser localizado.

Eu suspirei aliviado e disse-lhes:
— Excelente! Assim que eu realizar o que me traz aqui, poderemos todos nos exilar nas montanhas de Kandur e lá trabalhar por esse projeto. Será uma forma de ocupar nossas vidas com uma missão digna e de grande valia para as gerações futuras do mundo primevo. Apesar de tudo o que já fizemos pelos povos simples do mundo, ainda é necessário dar continuidade ao trabalho de civilizá-los.

Ártemis concordou com minhas palavras e depois me perguntou:
— Mas diga-me, Andrey, o que o traz aqui? Não entendi o que você quis dizer com isso.

Eu me sentei em uma cadeira, pois ainda estava muito cansado da drenagem das toxinas realizada pelo Vril, e disse-lhe:
— Minha mãe, Arnach e Ryu são meus amigos. Sinto também que meu destino está atrelado a Gadeir e Atlas. Não sei o que devo fazer, mas algo me impele a interagir com eles. Talvez eu possa ajudá-los de alguma forma.

Ártemis caminhou, de forma elegante, de um lado ao outro,

demonstrando preocupação.

— Lembre-se, Andrey, esse contato será muito arriscado para você. O lado sombrio pode ser muito fascinante e sedutor, caso você não esteja em completa paz e equilíbrio.

Eu ergui o queixo, de forma arrogante, e falei, com firmeza:

— Esse período na Terra da terceira dimensão enriqueceu minha alma com valores sólidos. Nada mais no reino de Poseidon me atrai. Creio que venci os desejos humanos. Sinceramente, não desejo perder os valores que conquistei por causa dessa luta insensata pelo poder, que Atlas e Gadeir estão travando.

A sábia mentora entristeceu-se com minha ingenuidade.

— Meu filho, ao entrar na pirâmide, o Vril detectou desequilíbrios em sua contextura espiritual. Você acredita mesmo que está em condições de enfrentar o assédio de Gadeir, Atlas e de teus amigos?

Eu fiquei em silêncio por alguns instantes, sentindo-me vencido pelos argumentos de Ártemis. Entretanto, não quis dar o braço a torcer e disse-lhe:

— Se nem eu confiar em mim, minha mãe, quem confiará? Eu preciso cumprir meu destino. Creio estar fortalecido para resistir. Além do mais, Evelyn jamais cederá. E eu não suportaria viver sem ela. Enquanto ela estiver do lado da Luz, estarei a salvo da ação do mal.

Ártemis ficou sem argumentos, mas percebi que ainda reinava em seu semblante uma ponta de preocupação.

— Você me convenceu, Andrey, entretanto, já conversamos diversas vezes sobre seu sentimento em relação à Evelyn. Seu apego é demasiado e preocupante. Da mesma forma que ele pode ser sua âncora segura em meio a uma tempestade, lembre-se de que esse sentimento também pode arrastá-lo para as profundezas dos mares.

E, fazendo apenas uma alusão ao deus de nossos antepassados, reforçou:

— Que o grande Poseidon, senhor dos mares, te proteja!

O apego gera medo, e o medo gera sofrimento. Essa é uma porta perigosa para o lado negro. O verdadeiro sábio se completa por si só. Ele não depende de nada nem de ninguém. Ele é soberano ao lado de todos e na solidão; em meio à beleza da natureza ou encarcerado em uma cela escura. O homem que venceu a si mesmo necessita apenas de sua integração com o Espírito Criador para estar em paz.

Enquanto Ártemis proferia seus sábios ensinamentos, poderosa luz irradiou-se do alto de sua cabeça, pelo chacra coronário. As gêmeas se deslumbraram com a cena inusitada, e cada uma pegou em uma das mãos de nossa iluminada mãe e beijou. Eu e Evelyn nos ajoelhamos, em sinal de gratidão por aquelas palavras. Nada mais tínhamos a dizer.

Capítulo 14

Reencontros com Arnach

Dois dias depois, quando estávamos descansando em um sítio nos arredores da capital, recebi um convite de Arnach, que dizia o seguinte:

"Irmão Andrey, fico feliz com teu retorno à Grande Ilha! Aguardo-te em meu escritório, para matarmos a saudade e colocarmos os assuntos em dia. Tenho muitas novidades para lhe contar. Abraços de teu grande amigo Arnach!"

Eu não podia negar que aquele convite me trouxe boas lembranças. Apesar de tudo, Arnach era um grande amigo. Eu gostava de sua companhia e também de suas brincadeiras inconsequentes. Por um momento, minha mente viajou à nossa adolescência, quando apenas tínhamos que estudar no templo e nada mais era motivo de preocupação. "Bons tempos que não voltam mais" — pensei.

Naquela mesma tarde, dirigi-me ao encontro dele. Ao chegar lá, fui logo recebido pelo chefe dos exércitos da Atlântida Ocidental. Ele não vestia roupas militares, mas, sim, um elegante conjunto de calça e casaco negros, muito brilhantes. Os calçados também eram pretos, e essa roupa escura realçava-lhe a pele branca e os longos cabelos louros. Percebi também que seu corpo estava mais atlético, típico de um guerreiro que necessita usar a força. Para completar sua vestimenta, uma capa preta por fora e vermelho-escarlate por dentro. No futuro, aquela seria a vestimenta sagrada dos senhores da escuridão, os mestres do Vril do lado negro.

Senti-me como um mendigo em sua presença. Eu ainda usava as roupas simples que eram habituais no mundo primevo: macacão rústico e surrado e, nos pés, sandálias gastas, típicas de camponeses acostumados à dura lida do campo.

Arnach percebeu meu constrangimento e logo chamou um de seus serviçais. Rapidamente, ele me trouxe um uniforme utilizado pelos sacerdotes do Vril. Arnach me repassou a elegante vestimenta, com educação, dizendo:

— Para você, meu querido irmão. Você me disse, na última vez que nos encontramos, que eu não era mais digno de usá-lo. Assim o fiz, em respeito à tua advertência: nunca mais vesti o uniforme sacerdotal. Seria uma honra para mim se você o vestisse, ainda mais que temos a mesma altura e compleição física. Vai servir-lhe muito bem.

Aquele gesto agressivo e, ao mesmo tempo, gentil de Arnach me desconcertou. Eu agradeci e pedi licença para vestir-me. Assim que retornei, ele me esperava com duas taças de bebida nas mãos. O líquido era de um amarelo muito vivo.

— Venha, Andrey, quero que você experimente a bebida dos deuses. Você nunca provou algo igual. Chama-se guaianás. É feita a partir da fermentação de um fruto raro, que só se encontra na região do portal ocidental.

Eu estranhei sua linguagem, referindo-se a deuses. "Será que as crenças pagãs do mundo primevo haviam infestado a Atlântida?" — pensei. Enquanto isso, sorvi um gole, e aquele líquido desceu queimando por minha garganta. Arnach sorriu e falou:

— É o efeito causado pela fermentação. Aquece o sangue e eleva o astral. Além do mais, o fruto dessa bebida é altamente energético. Trata-se de um combustível excelente para nossas festas. Lembra-se delas, Andrey? Não vejo a hora de vê-lo divertindo-se novamente. Esse semblante carregado não combina contigo.

Eu, então, coloquei o copo sobre a mesa, evitando fascinar-me pela bebida.

— Arnach, eu agradeço o convite, mas minha vida mudou muito desde a última vez que nos vimos. Hoje em dia, as festas agitadas, os sentimentos pueris e a arrogância do *status* que possuíamos não mais me atraem. Eu vejo que nosso país mergulhou em trevas, realizando guerras. Irmãos matando irmãos! Não podemos ser felizes, beber e festejar com um cenário desses lá fora. Eu lamento! E não consigo entender como isso pode ser natural para você.

O ardiloso amigo colocou seu copo também sobre a mesa e, de forma séria, repousou as mãos sobre meus ombros, antes de falar:

— Eu fico feliz que pense assim, Andrey! E foi Deus quem te chamou para retornar à terra de Poseidon. Imaginei que você estivesse aqui somente para tratar de assuntos pessoais, pensando apenas em si mesmo, contudo, vejo com alegria que o grande idealista de outrora, meu irmão do coração, jamais abandonaria seus compatriotas.

E, dando ênfase teatral à sua fala, concluiu:

— Sim, Andrey, é possível acabar com essa matança insensata. E você pode ajudar-nos a realizar esse feito, que será lembrado para sempre pelas mãezinhas que terão seus filhos de volta ao lar, ilesos.

Eu fiquei confuso e perguntei a ele:

— Aonde você quer chegar?

Ele ajeitou sua elegante capa e passou a falar de forma objetiva:

— Você já deve saber que o poder do Vril está minguando por todo o continente. A cada dia, um novo sacerdote perde o domínio do quinto elemento, assim, do nada. Na verdade, eles sempre tiveram poder limitado sobre a Grande Energia, e, à medida que a terra de Poseidon está baixando sua frequência, torna-se mais difícil manipular o Vril. Logo, os sacerdotes que só conseguiam realizar isso em uma frequência alta tornam-se inaptos no novo cenário. Isso obviamente não acontecerá contigo, pois, como todos sabemos, você materializou o Vril no mundo primevo. Ninguém poderá realizar mais que isso. Você jamais perderá esse poder.

Aquela conversa começou, então, a me preocupar.

— Mas o que isso tem a ver com a guerra?
— Tudo, meu amigo! — respondeu Arnach. A cada dia, a luta está se tornando inevitavelmente homem a homem, causando mais mortes e mais sofrimento. A batalha do Vril está travada. Há um equilíbrio de forças entre nós e o time de Atlas. Ele possui menos sacerdotes habilitados, mas sua força com o quinto elemento é enorme, e não temos ideia de qual é seu limite.

Eu meditei por alguns instantes e disse-lhe:
— Não sei como poderia ajudar. Envolver-me com a guerra somente esquentará mais os ânimos, provocando mais baixa para ambos os lados.

Arnach sorriu, feliz com minha disposição para o diálogo, e convidou-me:
— Venha, veja com seus próprios olhos.

Subimos ao terraço de seu escritório e lá entramos um veículo com perfeito *design* aerodinâmico. Logo percebi que era uma nave muito veloz, supersônica.

Arnach, sempre divertido, brincou comigo, dizendo:
— Você quer dirigir essa belezinha?

Aceitei. Sempre adorei pilotar. Abracei Arnach, contagiado por sua alegria. Eu precisava me divertir. Ultimamente, andava muito calado e sorria pouco. A companhia do velho amigo pareceu me levar a um estado de espírito que eu não sentia desde a adolescência.

No mesmo instante, fiquei magnetizado por aquele painel ultramoderno, por onde fluía poderosa energia Vril. Eu acariciei o centro de comandos da nave, para sentir a fascinante energia que ali percorria. A nave reagiu de forma positiva, talvez identificando que ali estava um dos mais poderosos sacerdotes do Vril de toda a Atlântida. Arnach percebeu, sorriu e não perdeu tempo para dizer:

— Vocês se dão muito bem. O reino do Vril estava com saudade de você. Teu exílio no mundo dos macacos foi penoso para todos nós.

Eu agradeci as palavras sinceras de Arnach e falei:
— Sim, meu amigo, este é meu mundo, e a força do Vril corre em minhas veias. Ele vibra em minha corrente sanguínea, eu sei disso.

Já mais solto, perguntei-lhe:
— Quais são as coordenadas, chefe?

Ele, então, passou-me o plano de voo, sob forte animação, e pediu-me para utilizar a velocidade máxima. Foi o que fiz. A nave rasgou os céus de Atlântida em velocidade supersônica, absolutamente sem solavancos, por causa da sutil atmosfera da quarta dimensão e também pela perfeita aerodinâmica do veículo. Chegamos ao nosso destino em pouco mais de cinco minutos.

Arnach gritava como uma criança em uma montanha russa. Sempre admirei sua facilidade em divertir-se com tudo. Mesmo os assuntos mais sérios ele levava "na flauta", enquanto eu parecia sempre estar carregando meus tenebrosos fantasmas.

Quando desacelerei aquela potente aeronave, quase um foguete, percebi que adentrávamos em um imenso campo de batalha. Minha animação desapareceu. Milhares de soldados enfileirados, assim como nas guerras históricas que todos conhecemos, armados com lanças, espadas e algumas poucas armas de disparos de projéteis apareceram.

As oficinas ainda não tinham desenvolvido tecnologias bélicas mais avançadas, por causa do gradual enfraquecimento do poder do Vril. Mas isso era só uma questão de tempo. Um novo mundo, mais sombrio, estava surgindo na terra de Poseidon.

Chegamos ao momento em que a batalha estava mais ensurdecedora. Creio que Arnach sabia disso. Ataques por todos os lados, matança desenfreada, sangue por toda a parte. Eu ouvia o tilintar alucinante das espadas em contato feroz. Fiquei chocado.

Eu já tinha visto semelhantes enfrentamentos no mundo primevo, em algumas expedições que realizamos, principalmente na região do atual México. Durante os longos anos que moramos no vale do Nilo, por diversas vezes acompanhei expedições de atlantes para aquelas regiões. Nunca fui muito dado à monotonia. Sempre que podia, escapava com as equipes que visitavam a colônia do Vale do Nilo para conhecer outros povos do mundo primevo e viver novas experiências.

Mas ali a luta estava tendo consequências aterradoras. A tal ponto que a frequência tornou-se baixíssima. A impressão que eu tinha era de que tínhamos saído de Atlântida e estávamos no mundo da terceira dimensão.

Esfacelamentos de corpos, mortes cruéis, irmãos das raças branca e vermelha trucidando-se como se fossem animais irracionais. Aquela cena dantesca causou-me forte apreensão e me fez pensar como o pacífico povo de Atlântida poderia ter se tornado tão selvagem, no espaço de uma única geração.

Cheguei a imaginar que, em minha ausência, todos tinham sido infectados por um vírus alienígena, que provocava raiva incontida e irracional, assim como vemos em alguns filmes modernos de ficção científica.

Naquele momento, eu nem imaginava que, nos séculos futuros, muitas vezes eu estaria no alto das colinas, acompanhando o movimento das tropas em batalhas. Primeiro, durante a unificação do Alto e Baixo Egito, pelo faraó Menés, reencarnação futura de Atlas; depois, ao lado do general Horemheb, que era reencarnação de Nereu, na época do Egito de Akhenaton; e, posteriormente, ao lado de Moisés e Josué (Atlas e Nereu), durante a implantação do monoteísmo na Terra. A vida realmente é uma caixinha de surpresas!

Fiquei ao lado de Arnach, em silêncio, por longos minutos, observando a movimentação das tropas, os ataques sorrateiros e muitas vezes desleais, algo jamais passível de ser imaginado, envolvendo atlantes da era de ouro. Como mestre Násser disse-me, certo dia: "Eles têm o poder sobre o Vril, mas não sabem lutar". Bem diferente daqueles estranhos seres advindos de outro planeta, do sistema de Capela, que passaram a habitar aqueles corpos, para promover dor e destruição. Irônico, nós, os espíritos advindos de Capela, éramos o vírus alienígena que invadira a pacífica terra de Atlântida e infestara aquela linhagem branda e pacífica com ódio e destruição.

Perdido em minhas reflexões íntimas, nem percebi quando Gadeir aproximou-se de nós.

— Fico feliz em vê-lo, Andrey. Nós precisamos acabar com essa insanidade.

Eu me virei para o dissimulado líder da raça branca e afirmei-lhe:

— É muito simples, mande nossos exércitos recuarem. Es-

tamos em terras orientais. Esse é o domínio de Atlas.
Ele sorriu, de forma astuta, e disse:
— Fico feliz que você já se considere um dos nossos, mas essa não é a solução. Recuar seria entregar a vitória para Atlas, e isso nós não permitiremos, pelo bem de nossa pátria.
Eu fiquei confuso e falei:
— Não estou de lado algum, somente não posso ficar calado, enquanto meus irmãos de raça se digladiam contra os vermelhos.
Gadeir fez sinal para Arnach, e este se afastou. Ele, então, colocou a mão sobre meu ombro, chegou ao meu ouvido e disse, de forma conciliadora:
— Andrey, todos nós já estamos cansados dessa matança sem fim. Você pensa que eu não me entristeço ao ver esses jovens morrendo, dia após dia, e ter de levar a triste notícia a seus familiares? Arnach já te explicou agora há pouco, nada podemos fazer, enquanto existir o equilíbrio de forças com Atlas. Nossa ação com o Vril é nula. Basta você erguer as mãos e manipular o quinto elemento, e tudo poderá mudar. Você é o peso que falta nessa balança, para modificar o rumo da batalha. Eis seu destino. E esse é o motivo pelo qual você voltou à terra de Posseidon. Você salvará Atlântida de décadas de luta. Una-se a nós e cumpra seu destino. Talvez você esteja querendo se enganar, não faça isso!
A fala macia e conciliadora de Gadeir, carregada de comandos hipnóticos, mais aquela triste cena dos corpos caindo, golpe após golpe de espada, foram derrubando as barreiras que me isolavam da realidade da guerra. Sim, eu precisava fazer algo. Como voltar para casa e dormir o sono dos justos, se eu não fizesse minha parte para impedir aquela chacina?
Gadeir percebeu minha dúvida e prosseguiu:
— Atlas já enxergou que o caminho da vitória dar-se-á pela guerra fratricida. Nossos informantes nos relatam que ele está, inclusive, desenvolvendo projetos para criar exércitos de clones e estudando a possibilidade de invadir e anexar povos do mundo primevo ao seu império, para auxiliá-lo na luta, assim que a Grande Ilha descer definitivamente para a terceira dimensão.
Aquela triste perspectiva relatada pelo ardiloso líder da

raça branca fez-me perder o controle. Naquele momento, nem parei para pensar se suas afirmações eram verídicas ou apenas tinham a intenção de dominar meus sentimentos, com o objetivo de direcioná-los para atender aos seus interesses. Minhas mãos começaram, então, a suar, e eu as ergui para o céu e gritei:

— Parem!

Minha voz ecoou por todo o vale, superando, inclusive, o barulho estridente das armas de guerra. Naquele instante, um vento soprou, como prenúncio de uma tempestade. O Vril se preparava para servir-me. Ártemis sempre me dizia: "Andrey, nós temos de servir ao Vril, e não o contrário. Não force o quinto elemento para atender às tuas vontades". Mas, agora, não poderia dar ouvidos aos apelos de minha querida mãe.

As armas de todos os soldados foram arrancadas de suas mãos e manipuladas pela força mágica. Elas subiram aos céus. Lá foram desmaterializadas como por encanto, transformando-se em breve e inofensiva chuva.

Pouco depois, uma onda energética ergueu todos os guerreiros de Atlas e os afastou dos exércitos de Gadeir. Eles foram conduzidos a mais de dez quilômetros de distância e lá foram largados. Assustados, retornaram para sua base militar, encerrando-se ali aquele confronto.

Imperou, então, silêncio absoluto naquela planície. Era possível apenas ouvir o sutil e inconfundível som do Vril, assim como estávamos acostumados dentro da Grande Pirâmide. Uma incontestável demonstração da força invencível do quinto elemento.

Claro que Atlas e os sacerdotes do Vril da raça vermelha só foram pegos de surpresa. Assim que possível, eles providenciariam novas cadeias energéticas do Vril para restabelecer o equilíbrio perdido com minha intervenção. Mas aquela ação já era algo para eles se preocuparem, ainda mais que não sabiam até onde poderia ir minha colaboração.

Nossos guerreiros ficaram boquiabertos e olharam para a colina onde estávamos, procurando uma resposta para aquele auxílio inesperado. Ao me verem, passaram a gritar meu nome, atiçando ainda mais meu volúvel ego.

Gadeir e Arnach apenas sorriram de satisfação. Poucos

minutos depois, surgiu Ryu, que avaliava a batalha de outra colina. Com olhar empolgado, ele me abraçou e falou, quase às lágrimas:
— Meu irmão, que alegria revê-lo! Saudade, Andrey!

E, olhando para Arnach, complementou, com forte empolgação:
— Agora ninguém mais nos segura. Essa guerra é nossa!

Eu me virei para Arnach e olhei profundamente em seus olhos. Depois, girei sobre os calcanhares e embarquei em sua veloz nave, retornando sozinho para a capital Posseidonis.

Arnach tentou me dissuadir, dizendo:
— Meu irmão, ninguém te enganou ou quis se aproveitar. Essa atitude estava dentro de você e era a decisão mais acertada.

Ele tentou me seguir, mas Gadeir segurou seu braço, gesticulando para que não interviesse. Eu precisava pensar sobre o acontecido.

Minha mente trabalhava alucinadamente em busca de respostas. Mil dúvidas povoavam meus pensamentos. Meus dilemas eram tão grandes que, enquanto a aeronave executava seu traçado de voo, eu apoiei a cabeça nos instrumentos de navegação e disse para mim mesmo:
— O que fazer, meu Deus?

Capítulo 15

Primeiros conflitos

Assim que voltei para casa, fui recebido pelos mestres, que rapidamente repreenderam minha atitude, demonstrando grande apreensão. Indignado com a censura, disse-lhes:
— O que eu deveria fazer? Ficar assistindo aquela chacina insana e nada fazer para evitar?

Em seguida, arremessei longe uma cadeira, revelando meu visível descontrole, e gritei:
— Por que, então, Deus me deu esse maldito poder, se não posso usá-lo para evitar mortes e destruição? Eu não posso calar frente a tudo isso. Ficar impassível a essa situação é como assistir a uma criança se afogando no mar, e não jogar uma corda para salvá-la! Meu Deus! Meu Deus! Por que Você me coloca nessa situação?

Násser se aproximou com carinho e falou:
— Andrey, já lhe afirmamos que sua ação com o Vril não mudará o destino da Grande Ilha. Gadeir está jogando com seus sentimentos, para tê-lo ao seu lado nessa guerra insana. Nós sabemos que os poderes de Atlas são imensos. Certamente, ele não está utilizando todos os seus recursos com o Vril e não o fará, até ter absoluta certeza de até aonde vai o poder de seus rivais. Essa será uma longa guerra, que não será vencida apenas em uma batalha. Eles sabem disso.

O pai de Evelyn colocou a mão em minha cabeça atormentada e concluiu:

— Meu filho, volte para o mundo primevo! Você não está em condições de enfrentar essa delicada situação.

Eu, então, desvencilhei-me dos braços de Násser e disse, com certa irritação, mas em tom respeitoso:

— Vocês já opinaram demais sobre minha vida. Agora, deixem-me pensar.

Os mestres da paz, então, retiraram-se profundamente preocupados. Evelyn acompanhou-os até a porta e prometeu que conversaria comigo, assim que eu me acalmasse. Depois, mais tarde, ela se aproximou, com carinho.

— Meu amor, você está transtornado. Ouça a voz da razão. Meu pai está certo. Você está se deixando levar pela conversa ardilosa de Gadeir.

Eu segurei sua mão e disse-lhe, com os olhos fixos no chão, como se estivesse revendo cada cena do que narraria:

— Evelyn, você não imagina o que eu vi nos campos de batalha, algo inacreditável. Irmãos matando irmãos, com ódio enlouquecedor no coração. Parecia até que todos estavam hipnotizados. Sim, não eram homens, e, sim, seres irracionais, beirando a animalidade.

Ela me abraçou, com lágrimas nos olhos, e falou:

— Andrey, eles escolheram esse caminho. Nada podemos fazer a respeito. Por favor, ouça a voz da experiência de nossos pais.

Eu fiquei alguns segundos com o olhar perdido, através da janela, apreciando a beleza da capital Posseidonis e refletindo sobre o ocorrido.

— Minha querida, você já parou para pensar que nós dois juntos poderíamos pôr fim a essa luta? Você materializou o Vril no mundo primevo também. Se uníssemos nossas forças com o quinto elemento, poderíamos desestabilizar o equilíbrio entre Gadeir e Atlas, para assim finalmente pormos um fim nesse impasse que está destruindo nosso mundo. Se a balança do Vril pender definitivamente para um dos lados, a guerra acabará no mesmo instante.

Então, olhei profundamente em seus olhos e disse-lhe:

— Evelyn, nós podemos restabelecer a ordem e a harmonia na terra de Posseidon e mudar o destino de nossa humanidade.

Veja o poder que temos nas mãos. Depois, poderemos instaurar um reinado sob nosso controle, fazendo toda a população seguir nossas diretrizes.

Ela passou a destra em meu rosto, apiedando-se de minha ingenuidade, e perguntou:

— Meu amor, você acha que os milhões de habitantes de nosso país tornar-se-ão mansos e pacíficos somente porque nós iremos cercear seus impulsos guerreiros usando a força? Você pretende instaurar um regime de terror para subjugá-los? É isso que você quer para o futuro da Grande Ilha?

Eu fiquei um tanto confuso e disse-lhe:

— Se for necessário, controlá-los-emos com o poder do Vril, até que aprendam a amar uns aos outros. Cercearemos a liberdade individual até que aprendam a comportar-se com dignidade.

Evelyn abaixou a cabeça e concluiu:

— É por isso que o Espírito Criador planeja extinguir a terra de Posseidon. Nós, capelinos, não merecemos esse paraíso e não somos dignos dele. Nosso lugar é no mundo primevo, no universo da terceira dimensão. Apenas isso, Andrey. É muito simples. Você é que não quer ver. Nós mesmos não estamos à altura deste mundo. E, na verdade, você não está preocupado com o destino de toda a população da terra de Posseidon. Você sabe que eles não merecem viver aqui. O que te preocupa é ver esse mundo maravilhoso desaparecer da face da Terra. Você é um cientista, ama o progresso e não quer aceitar que o retrocesso é o único caminho para a evolução da humanidade terrena. Os atlantes-capelinos são como macacos em um palácio de cristal; eles precisam ser removidos para uma dimensão rústica, para não destruírem sua própria casa. Sem o Vril e as tecnologias de que dispomos, eles destruirão a si mesmos apenas com tacapes ou facas feitas de lascas de pedra. Assim, o planeta será preservado como um todo. O Espírito Criador é sábio, temos que respeitar Sua vontade!

Eu me lembrei, então, do que Arnach me falara sobre as "bombas magnéticas". Eles desenvolviam uma técnica com a Grande Energia para gerar uma reação em cadeia com o elemento primordial do Vril. O objetivo era gerar grandes explosões magnéticas para destruir os exércitos rivais, sem preocupar-se com os danos irreversíveis que ocasionariam à atmosfera do planeta e aos povoados indefesos da região que seria afetada.

Sim, Evelyn tinha razão: os atlantes-capelinos eram macacos em um palácio de cristal. A dimensão superior de Atlântida era uma estrutura muito delicada e avançada para abrigar espíritos embrutecidos pelo ódio e a ganância. Ademais, todo o delicado ecossistema do planeta estaria correndo sérios riscos enquanto espíritos sombrios dominassem o Vril. O fim de Atlântida era a decisão mais acertada.

Eu, então, levantei-me, voltei até a janela e fiquei a observar aquele lugar maravilhoso, que aprendi a amar desde criança. Os imponentes e belos prédios, os veículos com tecnologia avançada, a vegetação exuberante, os pássaros de rara beleza, que jamais veríamos novamente na Terra, além do clima aprazível. Então, pensei: "Evelyn tem razão, mas será uma perda lamentável para a humanidade de todo o planeta".

No livro *Akhenaton - A Revolução Espiritual do Antigo Egito,* tecemos alguns comentários sobre os grandes atrasos evolutivos que nosso planeta sofreu por causa da ignorância humana, sempre reprimindo o progresso. E o passo inicial para isso ocorreu com a derrocada de Atlântida.

Se tivéssemos a grandeza de evitar o afloramento de nossa natureza bélica, vaidosa e arrogante, talvez a Grande Ilha não tivesse sofrido seu triste destino e viríamos a nos tornar, no futuro, os responsáveis por um rápido processo de evolução do mundo primevo da Terra. A face de nosso planeta, nos dias atuais, seria completamente outra. Mas infelizmente não foi assim.

E os gestos estúpidos e retrógrados se seguiram, século após século, vindo a culminar nas más interpretações religiosas, tanto durante o fanatismo da igreja cristã, durante os mil anos da Idade Média, o período das trevas, como também entre os povos muçulmanos, que pouco compreenderam a importante mensagem espiritual de Maomé, mais uma das encarnações de Atlas, após ter vivido na personalidade de Moisés.

Uma prova dessa intolerância e falta de bom-senso foi o gesto insano de Amru, um dos conquistadores de Alexandria, local onde havia a maior biblioteca da Antiguidade, com mais de um milhão de volumes. Ele usou os manuscritos clássicos como combustível, durante seis meses, para aquecer os quatro mil banhos públicos da cidade. Em uma lamentável demonstração de sua ignorância, alegou que, se os livros antigos continham informações que estavam no Alcorão, então, eram supérfluos, e, se detinham conhecimentos que não se encontravam no livro sagrado islâmico, não possuíam valor algum para os verdadeiros crentes.

Ninguém sabe quantas referências a Atlântida podem ter sido usadas para esquentar a água dos conquistadores árabes, pois Alexandria não era só um centro literário, mas também um importante pólo científico. Essa bárbarie ocorreu no século VII, sendo que, três séculos antes, o imperador romano Teodósio já havia cometido semelhante atrocidade contra esse magnífico acervo literário da humanidade.

Certamente, a destruição da biblioteca de Alexandria agravou ainda mais o atraso da humanidade terrena nos séculos futuros, fazendo com que, doze mil anos depois da submersão de Atlântida, ainda não se tenha evolução semelhante à daquela época, no continente perdido.

Em seguida, dirigi-me até Evelyn, segurei suas mãos, beijei-lhe a fronte e falei:

— Agora preciso descansar. O dia de hoje foi muito agitado.

Ela concordou, com um sorriso amável, e foi cuidar de seus afazeres. Deitei na cama, mas não consegui pregar o olho. As imagens e os sons dos guerreiros se matando no campo de batalha não saíam de minha cabeça. E não eram somente homens; jovens mulheres, com seus cabelos presos à moda rabo de cavalo, lutavam ferozmente, de igual para igual com os homens, com olhar demoníaco.

Nem pareciam as doces e elegantes damas da sociedade atlante, aquelas que aprendi a amar e respeitar. Sim, realmente parecia que todos tinham sido picados pelo inseto do ódio e, agora, extravasavam índole virulenta. Mas era apenas a real natureza dos exilados capelinos, aqueles que morderam a maçã do pecado, envenenada pela serpente mitológica, e sofriam o trauma inconsciente de terem rejeitado o paraíso em Tríade e nas outras escolas evolutivas do sistema de Capela. Tão somente isso.

Atlântida - No reino da luz

Só reconhecemos o verdadeiro caráter de alguém quando lhe é retirado tudo o que mais deseja. Sim, o apego, algo que transforma as almas, revelando seu verdadeiro temperamento. Por esse motivo, somente espíritos que são livres e amam de forma desprendida tornam-se verdadeiramente felizes. Quem precisa da posse para amar geralmente se desilude e perde o rumo de sua caminhada em direção à luz de Deus.

Nos dias seguintes, os conflitos cessaram. Uma trégua informal entre as duas raças se estabeleceu. Isso apenas reforçou ainda mais minha ideia de que eu estava no caminho certo para apaziguar os ânimos na Grande Ilha. Mas, na verdade, os dois lados estavam apenas se estudando. A paz estava com os dias contados.

Gadeir ficou ainda mais convencido de que precisava de meu apoio para "pender o peso da balança do Vril" para seu lado, e Atlas ficou tão preocupado que veio falar comigo pessoalmente, porém de forma muito discreta, sem chamar a atenção de ninguém. Apesar de seu tamanho descomunal e de seu jeito grosseiro, ele sabia ser elegante e discreto, quando queria.

Eu estava sentado em um dos bancos do belo parque do complexo da Grande Pirâmide, com gramados verdejantes, quando se aproximou um homem vestindo longo manto, pesado e rústico. Ele se sentou ao meu lado, retirou o capuz e falou:

— Salve, Andrey! Aqui estou, assim como você esperava.

Atlas sabia como me desconcertar. Eu olhei para ele e fiquei sem palavras.

— Eu percebo mais coisas do que você imagina. Inclusive, sei o que se passa em sua cabeça. Só não tenho como convencê-lo de que sou a melhor opção para o futuro da terra de Poseidon.

Eu rapidamente atalhei, de forma sombria:

— A terra de Poseidon não tem futuro.

Ele sorriu de forma sarcástica e me perguntou:

— Se acreditas tanto nas profecias dos velhos atlantes, por que não aceitas o conselho deles e partes para o mundo primevo em definitivo?

Mais uma vez, Atlas me desarmava. Como ele poderia saber sobre essas coisas?

Ele percebeu meus pensamentos e disse:
— Você desconheces meu poder sobre o Vril. Eu te aconselho a não crer que, aliando-se a Gadeir, podereis me vencer. Nem mesmo juntando suas forças aos imensos poderes de tua esposa, triunfareis. No máximo, retardareis minha vitória. Eu sei o tamanho do poder que tendes, mas desconheceis o meu. Como ele poderia saber todas essas coisas? Somente eu e Lua conhecíamos o poder de Evelyn sobre o Vril.

Ele apreciou a paisagem, por alguns segundos, sentado ao meu lado, no banco, depois prosseguiu:
— Não se iluda, meu jovem. Essa luta não será vencida apenas pelo poder excepcional de uma única pessoa. Somos dois grandes exércitos de sacerdotes do Vril. Alguns possuem mais poder, outros os estão perdendo, por causa da descida vibratória de nosso mundo. A raça vermelha é mais preparada para viver na dimensão mais grosseira, e, no momento em que o Vril desaparecer e a luta for homem a homem, Gadeir perderá.

Ele, então, colocou a mão em meu ombro e concluiu:
— Andrey, fica do meu lado e terminaremos já com esse estado de sofrimento e caos. Caso contrário, essa luta arrastar-se-á por muitos anos. Se juntarmos nossos poderes, isso, sim, pode fazer a diferença. Agora, se te unires a Gadeir, só atrasarás ainda mais o desfecho dessa guerra. Eu sei que você queres a paz imediatamente. Você só a encontrarás ao meu lado.

Eu fiz sinal de que tinha entendido seu recado e disse-lhe:
— Vou pensar em suas palavras. Os dois lados me apresentam muitas crenças pessoais de vitória, entretanto, preciso de fatos concretos para tomar minha decisão.

Ele fez um gesto de concordância e arrematou, com palavras que me causaram estranha desconfiança.
— Está certo, aqui termina a trégua. Os combates recomeçarão. Lembre-se de que irei até as últimas consequências para atingir meu objetivo. Eu nasci para ser o imperador da Grande Ilha, vou cumprir meu destino e restabelecer a ordem, a qualquer preço.

Por fim, ele falou, olhando em meus olhos:
— Vou fazer de tudo para tê-lo ao meu lado, e nós governaremos juntos a terra de Poseidon.

No momento, aquelas palavras não tiveram muito impacto, mas, em razão dos imprevistos acontecimentos dos meses seguintes, elas me levaram a crer que Atlas era meu inimigo. Ele só desejava convencer-me, mas, um tempo depois, vi segundas intenções naquela sua última frase. O ardiloso jogo das palavras e das percepções individuais. Nem sempre entendemos o que as pessoas querem dizer e nem sempre sabemos nos expressar de forma clara, como gostaríamos. Eis a difícil arte da comunicação.

Guerras se iniciam, a história segue por rumos equivocados, tudo porque o homem entende mal algumas simples afirmações, em conversas do cotidiano. Somente almas sábias entendem as coisas como elas realmente são; as demais alucinam, veem o que não existe. Infelizmente, certas vezes, deparamo-nos com fantasmas que existem apenas dentro de nossas mentes perturbadas.

Capítulo 16

Em busca da cura

Nas semanas seguintes, Arnach e Ryu tentaram, de todas as formas, convencer-me a retornar aos campos de batalha. Como Atlas havia prometido, os combates reiniciaram. Eu me mantive evasivo, sem dar resposta definitiva.

Gadeir voltara a afirmar, por meio de recados trazidos por Arnach, que minha participação colocaria um ponto final naquela luta sangrenta, em poucas semanas. Algumas vezes, ele sutilmente tentava me responsabilizar pelas mortes, alegando que minha indecisão somente adiava o fim da batalha.

Como eu não me posicionava, eles se ocuparam em atrair outros raros sacerdotes do Vril, que estavam neutros e ainda possuíam algum poder. Sábios foram aqueles que não se deixaram seduzir pelo canto sinistro da guerra. Todos os sacerdotes que utilizaram o Vril para o mal se tornariam, no futuro, magos negros das trevas do mundo primevo. A utilização do quinto elemento para o mal, aliada às poderosas energias telúricas, enredou, por séculos, essas almas no serviço das trevas.

Enquanto as tristes batalhas prosseguiam, Evelyn me ofereceu o elixir da paz. Minha bela esposa lembrou-se de nossa conversa anterior ao retorno definitivo para Atlântida e lançou-me um instigante desafio.

— Andrey, vamos trabalhar na Grande Pirâmide, para encontrar uma forma de manipular o Vril com o objetivo de neutralizar a ação das toxinas da alma que destroem os órgãos internos, assim como você sempre quis. Esse foi o mal mais devastador que presenciei nesses anos de estudo, no mundo primevo. Se desenvolvermos uma técnica curadora semelhante à recombinação do código genético que ocorre ao entrarmos na Grande Pirâmide, será ótimo para aliviar o sofrimento desses povos e poderemos utilizá-la dentro das pirâmides que foram construídas por nosso povo na terceira dimensão.

Eu vibrei com a ideia, e, a partir daquele momento, começamos a dividir nosso tempo entre incansáveis pesquisas dentro da Grande Pirâmide e rápidas viagens ao mundo primevo, onde levávamos cristais, energizados com as manipulações do Vril, para realizar testes nos pacientes.

Nossos pais tranquilizaram-se com minha sincera disposição de retornar ao meu verdadeiro ofício, deixando de lado aquela batalha que nada tinha a ver comigo.

O retorno ao contato com os mais necessitados trouxe-me novo ânimo para viver. Sempre que eles me agradeciam, eu pensava, com sincero sorriso no rosto:

— Eu é que devo lhes agradecer por serem instrumentos divinos que me fazem recobrar a paz de espírito e a alegria de viver.

Assim, eu e Evelyn passávamos horas e horas sentados nas cadeiras inclinadas da Grande Pirâmide, a fim de estudar e manipular as misteriosas facetas da Grande Energia, em busca de uma solução. Depois de muitos estudos, concluímos que a forma mais eficaz de obter a cura que desejávamos era provocando desagregação molecular nas células em desarranjo, justamente aquelas que se degeneravam e promoviam crescimento desordenado, alastrando-se pelo corpo e causando a morte do paciente. Essa específica desagregação molecular causaria a eliminação da célula enferma, rompendo com sua contínua e desordenada multiplicação.

Vez por outra, Ártemis abandonava seu trabalho com os pupilos que estava treinando e dava-nos algumas orientações. Ela mesma sentia-se fascinada por aqueles estudos. Com um brilho de felicidade no olhar, ela nos visitava na Grande Pirâmide e debatia conosco por longas horas.

Nem percebíamos o tempo passar. Naqueles dias, poucos

sacerdotes se dedicavam a trabalhos naquele templo sagrado, já que a grande maioria havia se entregado ao fascínio da guerra, que transcorria sem maiores novidades, ou, então, tinham se afastado para a região campestre.

Assim, todo aquele colossal centro de pesquisa estava à nossa disposição. A Grande Pirâmide era a "casa do Vril", e lá ele possuía vida própria, sendo alimentado pela energia cósmica universal. Dentro da pirâmide, ninguém conseguia utilizá-lo para o mal, por causa de uma intrincada programação de segurança, codificada séculos antes, por sábios sacerdotes. Logo, ela foi desprezada por aqueles que lutavam ao lado de Gadeir ou Atlas. Inclusive, quem estivesse sintonizado com a guerra não conseguia ultrapassar o átrio de entrada desse majestoso templo.

Nossas primeiras experiências práticas com a solução da desagregação molecular foram realizadas com pedras colocadas dentro de uma sala de vidro, onde descarregávamos a energia Vril trabalhada para esse fim. Em poucos segundos, os átomos se desuniam, transformando a pedra em pó monoatômico.

Eu e Evelyn retirávamos os óculos de proteção contra a intensa energia desprendida no fenômeno e vibrávamos de alegria pelos resultados. Era apenas uma questão de tempo para conseguirmos direcionar aquele processo apenas aos núcleos celulares enfermos dos pacientes. Agora, já tínhamos franca luz no fim do túnel, para alcançarmos os resultados almejados.

Às noites, durante os jantares em família, eu narrava, animadíssimo, para nossos pais e amigos, como mestre Kundô, os avanços que obtínhamos. Em alguns dias, também nos dedicávamos ao incansável trabalho de preparar os eleitos para levarem nossa cultura e nosso conhecimento ao mundo primevo.

Eu não imaginava que o treinamento fosse tão árduo. Era necessária muita nobreza de caráter, amor aos semelhantes e determinação para vencer nos testes. Aqueles que eram reprovados não recebiam segunda chance. Eu questionei Ártemis sobre isso, e ela me disse:

— Andrey, nós não podemos correr o risco de contaminar o mundo primevo com atlantes voltados para o mal, os quais possam vir a utilizar nosso legado para objetivos negativos. Nem mesmo sabemos até onde o que ensinamos a eles poderá ser aplicado. O poder que eles têm com o Vril não é igual ao nosso, mas não custa tentar.

E, assim, nossas vidas transcorreram tranquilas, por longos meses, mesmo em meio ao caos da guerra.

Até que, certo dia, Gadeir convocou uma reunião com seus sacerdotes mais próximos, para avaliar a situação da guerra. Ele estava ansioso para obter logo um desfecho favorável, contudo, só via avanços de Atlas.

Muito irritado, andando de um lado a outro em busca de soluções, ele se lembrou novamente de mim e perguntou para Arnach:

— E os progressos com Andrey como estão? Já estou cansado de sua indecisão.

O sedutor amigo o colocou a par de minha atual posição, dizendo-lhe que estava cada vez mais difícil convencer-me a entrar na guerra.

Gadeir socou a mesa e disse, com irritação:

— Precisamos convencê-lo, de alguma forma. Arnach e Ryu, vocês, que são amigos dele desde a infância, digam como podemos fazê-lo mudar de ideia.

Os amigos se entreolharam, indecisos, mas, para não perder a confiança de Gadeir, Arnach falou:

— Sem dúvida, a única forma é convencendo Evelyn. Ele estará onde sua esposa estiver. Essa é a única forma de conquistar o apoio de Andrey. E será uma dupla vitória, porque Evelyn é, também, muito forte com o Vril.

Fez-se um longo silêncio e, depois, Gadeir falou, com voz decepcionada:

— Essa é uma tarefa impossível. Eu conheço a determinação da filha de Násser. Ela não cederá.

O líder dos atlantes ocidentais olhou para o teto, meditando sobre a situação e, depois, desconversou, entrando em outros assuntos. Arnach respirou aliviado, por acreditar que seu líder estava satisfeito com a questão.

Entretanto, ao final da reunião, quando todos já tinham saído da sala, Gadeir pediu à Electra que aguardasse, pois precisava falar a sós com a poderosa sacerdotisa do Vril, que havia sido uma das primeiras a seguir para o lado negro, no início dos conflitos. Ela era absolutamente fiel a Gadeir, seguia suas ordens sem questioná-lo e ainda odiava Evelyn, por desejar-me. E ele sabia disso.

O sinistro mago das trevas, então, olhou com indisfarçável desejo para aquela bela mulher loura, vestida com trajes que, pouco a pouco, foram se tornando exclusivos dos sacerdotes do lado sombrio: calças e casacos justos e negros, muito brilhantes, tal qual napa sintética, e suntuosa capa, preta por fora, como a asa de um corvo, e escarlate por dentro. As mulheres usavam botas de salto alto que iam até a altura dos joelhos, enquanto os homens, apenas sapatos discretos.

Ela sorriu para ele e perguntou, com tom irônico:
— O que você pretende? Quer que eu seduza Andrey?

Gadeir se levantou, segurou o queixo dela de forma delicada e falou em seu ouvido:
— Para essa tarefa você já se demonstrou ineficaz. Até hoje ele nem ao menos olhou para você como mulher. Talvez Andrey até nem tenha se dado conta de sua existência. Ele só tem olhos para Evelyn, que é o amor de sua vida.

A bela loura se ofendeu e olhou para Gadeir com raiva e indignação. Em seguida, perguntou, sem esconder a irritação pelos comentários:
— O que deseja, então, meu mestre?

Gadeir sentou-se na beirada da mesa e falou, sem preocupação nenhuma:
— Faça o que deve ser feito, mate Evelyn. Só assim Andrey virá para nosso lado, e você terá alguma chance com ele. Mas faça com que ele não saiba que fomos nós. Ele precisa crer que o assassinato de sua amada foi a mando de Atlas.

Electra sorriu e logo entendeu a ideia sinistra. Depois de meditar por alguns segundos, ela sinalizou uma solução.

— Nós aprisionamos, faz poucos dias, um sacerdote da raça vermelha. Podemos realizar uma lobotomia em seu cérebro, para robotizá-lo, assim, ele cumprirá todas as nossas ordens, e atingiremos nosso objetivo.

Gadeir concordou com a ideia e complementou:
— Depois da lobotomia, não se esqueça de utilizar pro-

Atlântida - No reino da luz 213

fundas técnicas de hipnose, também, e certifique-se de que isso ocorra em uma situação em que Andrey veja. Logo após, mate nossa isca. Isso nos livrará de alguma prova futura e, ao mesmo tempo, acenderá as energias do lado negro na alma de Andrey. Depois, será só uma questão de tempo para ele juntar-se a nós.

Gadeir suspirou e disse para si mesmo:

— Sim, sim, Andrey, eu conheço teu íntimo mais do que você pode imaginar.

Electra, então, saiu de onde estava, diante de Gadeir, com passos largos, queixo altivo e um sorriso sombrio no rosto. Ali, naquela sala sinistra, nasceu a conspiração que me levaria à experiência mais traumatizante que vivi em todas as minhas vidas na Terra.

Capítulo 17

Ensinamentos de luz

Em determinada manhã, Atônis e Criste, acompanhados pelas gêmeas, entraram sorridentes em nossa sala de pesquisas, no templo da Grande Pirâmide, e disseram, enquanto observávamos o resultado de uma desagregação molecular ao microscópio:
— Meus filhos, vocês precisam de um descanso. Queremos convidá-los a viajar conosco para as montanhas de Kandur. O ambiente está preparado, e iremos levar os primeiros alunos para lá se instalarem.
Eu me levantei da cadeira, preocupado, e perguntei:
— Meu pai, vocês sofreram nova ameaça?
Ele fez sinal para eu me tranquilizar e falou:
— Não, meu filho, mas é bom nos precavermos. Em breve, a situação ficará insustentável, e será mais difícil levarmos todos os aprendizes, sem despertar a atenção dos soldados que nos monitoram a distância.
Eu concordei, com um gesto de alívio, e falei para Evelyn:
— Acho que vai ser um bom passeio. Precisamos mesmo arejar a mente. Andamos muito cansados e, naturalmente, produzindo menos.
Sol e Lua fizeram uma festa com nossa decisão, e, no dia seguinte, pegamos um dos antigos veículos de turismo e seguimos viagem. Aquelas notáveis aeronaves, antes da guerra, eram utilizadas pela feliz população atlante, para diversos passeios re-

creativos. Agora, estavam jogadas nos estacionamentos, cobertas de poeira, por causa da escassez do Vril. Naqueles dias, somente raros sacerdotes tinham a capacidade de erguê-las do solo.

Criste informou aos soldados que iríamos levar os alunos para um exercício de oração e meditação nas montanhas. Meus pais e seus discípulos eram tratados cada vez mais com pouco interesse. Gadeir estava se convencendo de que não tinha como utilizar os poderes dos velhos atlantes para o mal e achava que os discípulos eram almas fracas, que não desejavam lutar pela glória de Atlântida. Além do mais, eles pareciam não possuir nenhum poder com o Vril, portanto, ele não dava muita atenção às atividades daquela escola filosófica.

Assim, desde a prisão de Atônis, Gadeir resolveu esquecer-se de nós e concentrar sua atenção na batalha, ainda mais que, a cada dia, a balança do Vril pendia mais para o lado de Atlas, complicando suas estratégias de guerra.

Quanto às gêmeas, felizmente ele as esqueceu. Entretanto, jamais as deixávamos aparecer em público. Viviam escondidas nos templos e, durante as viagens, acobertávamo-nas entre a bagagem. Elas adoravam a brincadeira. Falávamos a elas que esse era o preço da fama. Caso elas fossem descobertas, teríamos que nos atrasar para elas darem autógrafos para a multidão de fãs.

Lua e Sol riam da brincadeira e diziam:

— Andrey, nós não somos bobas, sabemos que temos de nos esconder de Gadeir e seus magos negros.

Eu as beijava e dizia-lhes:

— Meninas espertas!

Dessa forma, realizamos uma viagem tranquila até as magníficas montanhas de Kandur, um local belíssimo da Terra de outrora. Assim que a nave se aproximou, Atônis mostrou-me uma área descampada, no alto das montanhas, cercada por extensa floresta, de onde podíamos enxergar o mar de um lado e o extenso continente do outro. Aquela era uma zona bem selvagem e pouco habitada, menos ainda no topo da região montanhosa.

Adentramos, então, misteriosamente, em uma frequência superior e ficamos isolados da dimensão normal de Atlântida. Meu pai não me explicou o processo de ingresso àquela faixa vibratória, e nem achei também relevante perguntar. A nave aterrissou em um recanto aprazível, onde foram construídos alojamentos e um pequeno templo sagrado. Eu sorri para Atônis e perguntei:

— Eis o novo templo da colina do Sol?

Ele sorriu e falou, com satisfação:

— Não é tão belo e imponente como o da capital, mas, no momento, tem energias mais puras e salutares.

Eu concordei, com um gesto, e o abracei. Ele deixou escapulir uma lágrima e falou com emoção:

— Estou muito feliz por você, meu filho. Parabéns por ter conseguido reverter seus sentimentos e por ter encontrado o equilíbrio nesse abençoado trabalho que realiza ao lado de Evelyn.

Eu fiquei com os olhos marejados e falei, com a voz embargada pelas lágrimas:

— Obrigado, meu pai. Só Deus sabe o quanto tem sido difícil para mim.

O sonhador Atônis deu-me um forte abraço e disse-me:

— Sim, meu filho querido, aproveite esses dias de descanso para se integrar ao Espírito Criador e enraizar a paz em seu coração.

E assim aconteceu, passamos agradáveis dias de descanso naquele paraíso. Evelyn adorava observar os pássaros. Ela ficava horas andando pelos bosques, a fim de examinar a beleza e os cantos das aves, sempre fazendo anotações em seu computador portátil.

Enquanto Evelyn se distraía com seu afazer, eu ficava junto dela, brincando com as gêmeas, que não desgrudavam um minuto sequer.

Estar ao lado de Evelyn, compartilhando de sua rotina, era algo que valia para mim mais que todos os tesouros do mundo. Segurar sua mão, ouvir sua voz, sentir o cheiro de seus cabelos, observar seu olhar amoroso sobre toda as coisas, a delicadeza e a elegância de seu andar, tudo nela me encantava e me fazia feliz, transformando minha atormentada existência em um inesquecível conto de fadas.

E, sem perceber, cada dia mais eu depositava toda a minha felicidade no apego ao amor que sentia por ela, em vez de en-

Atlântida - No reino da luz

contrar meu próprio equilíbrio interior. O amor entre meus pais biológicos, Atônis e Criste, deveria ter me servido de exemplo. Eles se amavam intensamente, mas eram completos por si só. Jamais a perda de um causaria o desequilíbrio do outro. Eles compreendiam que não somos metades que necessitam se completar, mas, sim, seres integrais que apreciam andar lado a lado com aqueles que possuem especial afinidade. Esse é o verdadeiro conceito de almas gêmeas.

Mas eles eram atlantes da era de ouro, plenamente realizados, e eu, apenas um capelino passando por difícil provação na esfera do poder. Seria mil vezes mais fácil ter reencarnado na Terra como um daqueles simples camponeses que viviam naquelas mesmas montanhas por onde passeávamos e que, ao nos avistar, faziam mil reverências, ao sentir nosso elevado *status* sacerdotal.

Porém, Deus quis outro destino para mim. Em sua augusta sabedoria, quis testar-me no campo do amor, em oposição a todo conhecimento que eu havia adquirido por séculos. Para nos tornarmos anjos, é necessário desenvolver as duas asas: a do amor e a da sabedoria, caso contrário, a queda será inevitável. Eu tinha amplo conhecimento e noção da sabedoria das coisas, mas o puro e verdadeiro sentimento de amor ao próximo, indistintamente, ainda era algo estranho para mim.

O orgulho e a vaidade constantemente bloqueavam minha visão, fazendo-me não enxergar que somos todos irmãos, dentro da família universal, e que temos um único Pai, que se encontra nos Céus e em toda a Criação, observando nossos passos e velando por nós. O Espírito Criador, em sua suprema justiça e sabedoria, oferta-nos várias encarnações para aprendermos as lições que transformam o animal em homem e o homem em anjo.

Aquela viagem estava sendo especialmente proveitosa para eu aprender coisas que jamais encontraria em livros, pois estão na alma das pessoas e da vida. Somente com um olhar voltado para os detalhes sutis da vida é que enxergamos esses belos ensinamentos. Aquele momento de introspecção, em contato com a natureza e longe dos laboratórios do Vril, permitia-me ver o mundo sob outra ótica, em uma tentativa desesperada de libertar-me das tentações que me afligiam a alma.

No dia seguinte, ao final da tarde, Criste falou para os jovens discípulos no recém-inaugurado templo das montanhas de Kandur.

Talvez, se estivéssemos na capital Posseidonis, eu não encontraria tempo para ouvi-la, por causa de minha intensa dedicação ao trabalho como cientista do Vril. Mas ali, de mãos dadas com Evelyn, passeando com passos lentos pelas hortas recém-plantadas, chamou-me a atenção aquela prédica de minha mãe.

Aquele ambiente bucólico e acolhedor desacelerou meu ritmo mental, despertando-me para a beleza de pequenas coisas, que antes me passavam despercebidas, assim como se fosse possível colocar em "câmera lenta" o movimento frenético das asas de um beija-flor.

Aproximamo-nos calmamente e nos sentamos junto dos discípulos, nos simples bancos artesanais. Olhei ao redor e observei com atenção aquele seleto grupo de almas eleitas, que caldeariam nossa cultura com a dos povos primitivos da Terra, com o objetivo de promover o progresso. Observei-os, admirado, principalmente pela harmonia do grupo, ainda mais que existiam discípulos das duas raças: a branca e a vermelha, e todos se amavam indistintamente.

"Sim" — pensei — "não é porque somos capelinos que estamos fadados ao fracasso. Existem almas determinadas que lutarão por sua redenção espiritual com todo empenho. Quero estar entre elas, ao lado de Evelyn."

Criste, então, fez uma singela oração, enquanto eu fazia estas reflexões:

— Grande mãe, nós estamos aqui, cumprindo tua vontade, que nos foi trazida do mundo dos imortais.

Aproveito para recordar ao leitor, mais uma vez, que, para os atlantes, Deus possuía natureza feminina e masculina, dependendo do enfoque que Lhe era dado. Assim como Ele realmente o é! A palavra, na língua atlante, era unissex.

Geralmente, quando era observado seu aspecto Criador, Ele era visto pelo enfoque feminino, porque são as adoráveis mulheres as criadoras da vida no mundo físico.

O povo que melhor herdou a visão feminina do Criador

foi a civilização dos celtas, da antiga Bretanha, que também recebeu, em seu passado distante, as visitas dos atlantes. Após a submersão da Grande Ilha, alguns dos discípulos que ali ouviam as palavras de minha mãe foram habitar aquela região e caldearam nossa cultura com a deles, assim como aconteceu com os egípcios, gregos, sumérios, incas, maias e demais povos do mundo que receberam a avançada herança atlante.

Em seguida, Criste prosseguiu:

— Abençoe, Mãe Querida, nosso esforço pela manutenção da Luz. Enquanto nossos irmãos lutam pelo poder, movidos pela ambição de serem melhores que os outros, nós estamos aqui, cumprindo Tua vontade, estabelecendo alicerces para civilizar o mundo da dimensão mais grosseira. Percebemos que a terra de Posseidon, este lindo paraíso, está descendo para a esfera comum. Em breve, ela deixará de ser um mundo de sonhos, uma lenda mágica para os habitantes primitivos da Terra, e fará parte integrante do cenário da vida humana, em seus últimos momentos. E é com o objetivo de salvar parte do patrimônio intelectual da Grande Ilha que aqui, neste santuário sagrado, treinaremos e cultivaremos a essência de Teus ensinamentos e de Teu amor. Que Teus olhos estejam sempre sobre nós, Grande Mãe, protegendo-nos, assim como a águia faz com seus filhotes indefesos, até que possam voar. Livra-nos da ação dos inimigos do amor e inspira-nos a sempre caminhar em sintonia com Teus passos. Que assim seja!

Todos fizemos uma reverência, ao final da oração, envolvidos em profunda paz, e, logo em seguida, Criste passou a falar, de forma descontraída, com sua doce e encantadora voz. Os atlantes da era de ouro pareciam não envelhecer. Ela tinha as mesmas feições do tempo em que eu era apenas uma criança.

— Meus filhos amados, eu acredito que aqui iniciaremos um profícuo período de aprendizado. Longe das pesadas vibrações da capital, estaremos mais integrados às energias salutares dos planos superiores, que abençoam e torcem pelo sucesso de nosso empreendimento. Em contato com esse ambiente sagrado, com energias puras, poderemos meditar e comungar com Deus, sintonizando-nos para melhor compreender a mensagem de amor trazida a nós pelo grande Antúlio. Por sua abençoada canalização, entendemos de forma mais profunda a essência divina e o que o Espírito Criador espera de nós, durante a jornada imortal que devemos realizar, rumo à sua Luz. Longe do conforto e das tentações de Posseidonis, nós poderemos voltar nossos corações para os verdadeiros valores da alma. Eis o maior patrimônio da humanidade: os bens da alma, que são imperecíveis, eternos, pois jamais morrem, os quais carregaremos conosco para a Vida Maior. O homem verdadeiramente feliz é aquele que já percebeu que o verdadeiro tesouro é a paz de espírito, obtida pelo cultivo do equilíbrio da alma. Aquele que se deixa seduzir pelas ilusões da vida humana abandona seu tesouro eterno para adorar algo que o fascina momentaneamente, mas que, em breve, murchará e morrerá, assim como ocorre com a mais bela flor, levando-o ao sofrimento.

Sim, as palavras de Criste faziam pleno sentido. Quantas vezes abandonamos a paz dos valores espirituais eternos para nos escravizar na vaidosa glória do mundo das formas, que, cedo ou tarde, perde seu encanto por ser naturalmente perecível?

Nos dias seguintes, sempre ao final da tarde, eu me aproximava do pequeno templo e sentava bem ao fundo. Discretamente, eu ficava ouvindo com atenção o que os mestres tinham a ensinar aos seus discípulos. Criste, algumas vezes, cruzava seu olhar com o meu e ficava com os olhos úmidos de emoção, por ver minha atenção e meu interesse.

Creio que, naqueles dias, ela se sentiu muito feliz por poder, de alguma forma, contribuir, com seu conhecimento espiritual, para o enriquecimento de minha alma. Desde muito cedo, eu fiquei sob a orientação de Ártemis, e isso a fez ter pouca participação em minha educação. Criste foi a mãe que me gerou, mas não a que me criou.

Apesar de seu elevado quilate espiritual, acredito que, bem lá no fundo de seu coração, ela tinha algum ressentimento com essa situação. E, ali, nas plácidas montanhas de Kandur, a doce Criste sentiu-se redimida por meu olhar de admiração e atenção aos seus belos ensinamentos. Sem dizer uma única palavra, percebi que ela entendeu a mensagem explícita de meu olhar, que dizia: "Obrigado, minha mãe, por tudo o que você me ensinou, principalmente por seus exemplos de vida".

E, assim, naquele período em que descansamos em Kandur, senti paz interior e segurança incrível. Os pesadelos cessaram, e, às noites, eu dormia feliz nos braços de Evelyn.

No dia do regresso para a capital, conversei com Evelyn, e decidimos que retornaríamos somente para concluir as pesquisas com a desagregação molecular que dependessem do potencial energético da Grande Pirâmide, depois, retornaríamos para a colônia de Kandur. Ali seria nosso novo lar e de lá realizaríamos nossas expedições ao mundo primevo.

Como Atlântida estava cada dia mais integrada ao restante do globo, poderíamos realizar as viagens com aeronaves comuns. Os portais talvez nem fossem mais necessários, já que até alguns navegadores do mundo primevo haviam ancorado suas embarcações em nossas praias e explorado as matas, deslumbrando-se com a beleza da Grande Ilha.

Nesses dias, o mundo da terceira dimensão começou a descobrir aquela terra mística, antes sempre invisível, envolta em brumas, em uma dimensão superior, abrindo, assim, as portas para os diversos relatos que, milênios depois, serviriam de inspiração para os famosos textos *Timeu e Critias*, de Platão, que até hoje fascinam a humanidade.

Capítulo 18

Fim do sonho

Nos meses seguintes, trabalhamos de forma incansável em nossas pesquisas. Os avanços eram lentos, mas sabíamos que estávamos no caminho certo. Era só uma questão de tempo para encontrarmos a técnica definitiva para manipular o Vril, com o objetivo de provocar a desagregação molecular das células enfermas nos habitantes do mundo primevo. Depois, era só levarmos os equipamentos necessários para as montanhas de Kandur e de lá realizarmos expedições ao restante do planeta, a fim de melhorar a qualidade de vida daqueles povos sofridos.

Evelyn estava muito ansiosa, parecia uma menina prestes a ganhar seu presente de Natal. Somente quem observou sua luta, nos anos em que vivemos na colônia, às margens do Nilo, pode mensurar o quanto aquele era o sonho de sua vida. Sua alma generosa sofria por ver aquelas pobres crianças, em tenra idade, sendo levadas pela sinistra doença. Quando ela realizava exames e constatava a grave toxina astralina descendo do corpo espiritual para o físico, seus olhos se enchiam de lágrimas. Em algumas noites, ela chorava em silêncio, enquanto eu dormia, por causa do triste destino daquelas pobres crianças.

Apesar de nosso entendimento sobre as diversas encarnações e resgates cármicos de vidas passadas, era impossível não se sensibilizar com o sofrimento tão precoce daqueles infelizes irmãos, endividados segundo a contabilidade divina. Desde que tomamos consciência de que também poderíamos ter renascido naquela situação, ficamos ainda mais motivados a ajudá-los. Essa era nossa missão primordial: ajudar no progresso do mundo primevo.

E, assim, tudo parecia estar sob controle. Era apenas uma questão de tempo para darmos esse importante salto rumo à evolução da ciência médica humana. Até que um dia acordei um pouco mais tarde, por causa do cansaço, e percebi que Evelyn não estava mais em casa.

Ela havia deixado um recado, avisando-me de que não tinha conseguido dormir por causa de novas ideias que surgiram em sua cabeça e que ela iria ao laboratório mais cedo, para avaliar a viabilidade dos testes que projetou durante a noite.

Eu, então, levantei-me calmamente, tomei um banho, fiz uma rápida refeição e me dirigi à Grande Pirâmide. Contudo, ao colocar os pés na rua, um estranho aperto no coração me provocou intensa angústia.

Estaquei o passo e fiquei preocupado, pensando qual poderia ser o motivo daquele estranho presságio. Logo imaginei que poderia ser algo ligado à guerra e refleti:

— Ainda bem que agora falta pouco para sairmos deste triste cenário. A cada dia, a paisagem da capital Posseidonis se torna mais sombria diante de meus olhos.

Eu caminhei com passos rápidos, preso a meus pensamentos, procurando afastar aquele pressentimento desagradável. Enquanto isso, Evelyn estava concentrada em seus estudos no laboratório e nem percebeu quando o atlante da raça vermelha, lobotomizado por Electra, invadiu a restrita área de pesquisa.

Não nos preocupávamos com a segurança, porque almas com sentimentos impuros não conseguiam ultrapassar o átrio da Grande Pirâmide. No entanto, o assassino programado por Electra agora era pouco mais que um robô, enganando o sistema de controle do Vril.

Precavendo-se contra isso, Electra, inclusive, utilizou-se de procedimentos mágicos, para aprisionar, em um laboratório distante, o espírito de seu robô. Agora, ele era pouco mais que um zumbi, vagando sem alma a serviço do mal.

Ele caminhou de forma sorrateira pelo laboratório e aproximou-se dos painéis de comando, fora da sala envidraçada, onde as experiências eram realizadas. Infelizmente, Evelyn estava ali, ajeitando os tecidos cancerígenos dos pacientes, trazidos para testes, posicionados em cima da mesa, no centro da sala.

Electra, a distância, acompanhava os acontecimentos por meio dos circuitos internos de segurança da Grande Pirâmide.

Assim que ela observou, por uma das câmeras de segurança, que eu estava prestes a entrar no laboratório, dirigiu uma ordem mental ao seu "robô", para que este executasse o crime.

De forma mecânica, ele disparou o raio energético do Vril, atingindo em cheio o delicado corpo de Evelyn. Naquele mesmo momento, eu abri a porta do laboratório, e nada pude fazer, além de presenciar a triste cena, que ofuscou meus olhos, já que não usava os óculos de proteção.

Evelyn desfaleceu no centro da sala envidraçada, após o forte clarão, enquanto, ao fundo, do outro lado do compartimento de vidro, o zumbi sinistro acompanhava o desfecho de seu ato vil. Em seguida, ele me viu e tentou fugir.

Infelizmente, naquele momento, não consegui perceber seus gestos mecânicos, típicos entre criaturas que foram lobotomizadas e sofreram intensa indução hipnótica. Naquela época, isso não era algo comum em Atlântida. Se fosse à época do "reino das Trevas", eu identificaria com facilidade, no mesmo instante.

Além do mais, toda a minha atenção estava voltada para Evelyn, sem contar o grande choque emocional que eu sofria. Na verdade, até hoje ainda não me lembro com clareza do que aconteceu naquela fatídica manhã.

A partir desse acontecimento, o leitor poderá entender melhor o drama vivido por mim, Andrey, durante a encarnação como Radamés, no antigo Egito, quando Evelyn, na personalidade de Isetnefret, foi morta ao lado de Ramósis (Ártemis/Hermes), emparedada viva no anexo do templo de Amon, conforme conta o livro *Akhenaton - A Revolução Espiritual do Antigo Egito*. Radamés sofreu profundo abalo psíquico, passando vários dias entre a vida e a morte, com febre alta e delírios, por causa das rememorações inconscientes do que aqui estamos narrando. Mais uma vez, ele perdia a companheira de sua vida, e não tinha aprendido a libertar-se do apego, fato que o levou, nessa vez, no antigo Egito, à prática desventurada do suicídio.

Os fatos que se seguiram àquela explosão de luz se passaram em minha mente como em "câmera lenta", em preto e branco e sem brilho, com o som muito abafado e distante. O corpo de Evelyn caiu lentamente no solo do laboratório, enquanto o assassino fugia.

"Deus, conceda-me forças para narrar esse doloroso fato!"

Eu corri até a porta da sala de experiências e tentei abri-la. Nós a lacrávamos por segurança. Somente um minuto depois do experimento, ela se abria automaticamente. Eu, então, gritei desesperadamente, como uma ave ferida, enquanto socava a porta com toda a força:

— Não! Não! Não!

Naquele dramático instante, um sentimento de ódio correu por minhas veias, como se fosse um fogo vertiginoso, e eu me virei para o assassino, enquanto ele fugia pelos corredores.

Com os olhos vermelhos, injetados para fora das órbitas, eu gritei, com toda a força de meus pulmões:

— Morra, desgraçado!

A onda de raiva que percorreu meu corpo induziu o Vril a transformar-se em uma força destrutiva e irradiar-se em direção ao alvo. O corpo do assassino, então, explodiu em mil pedaços, ensanguentando as paredes do corredor que levava à porta de saída.

Até hoje não compreendo como o Vril atendeu ao meu pedido, já que a Grande Pirâmide era protegida contra ações voltadas ao mal. Talvez seja pelo mesmo motivo de ela não perceber a entrada do assassino: ele era pouco mais que um zumbi, apenas um robô. O sistema de segurança deve ter achado que o Vril estava destruindo um objeto, apenas um elemento sem vida.

Naquele mesmo instante, Electra entrou em contato com Gadeir e disse-lhe:

— Serviço concluído. A prova está destruída.

Ele sorriu e ordenou:

— Bom trabalho. Agora, afaste-se da Grande Pirâmide, imediatamente, e viaje para sua casa de campo. Andrey poderá perceber seus pensamentos em desequilíbrio. Apesar do pouco contato que vocês têm, não sabemos até onde vai seu poder telepático, ainda mais em um momento tão intenso como este. Electra saiu rapidamente do centro de segurança, localizado em um prédio anexo à Grande Pirâmide, e desapareceu por meses.

O sistema de proteção da Grande Energia, então, despertou para meu desequilíbrio e tentou controlar minha reação raivosa, utilizando-se do sistema de inteligência artificial, programado há séculos pelos antigos sacerdotes do Vril. Entretanto, eu estava bloqueado de tal forma que nada conseguia atingir-me.

As forças do bem e do mal que habitavam meu coração colocaram as forças do Vril em um misterioso estado de impasse; logo, ele optou pela neutralidade, algo realmente muito estranho. Aquela magnífica energia parecia ter vida própria e reconhecer-me.

Imediatamente, percebi que Evelyn estava sofrendo total desagregação molecular. Juntei, então, todas as minhas forças para manter as moléculas de seu corpo coesas. Em seguida, ergui-a com o Vril, sem entrar na sala, e a coloquei sobre uma maca ao lado.

Aquietei meu espírito, sabendo que necessitava de todas as forças possíveis para sustentar a vida de minha esposa. Entrei em profundo estado de meditação e assim fiquei, enquanto tentava imaginar uma forma de reverter aquela terrível tragédia.

Mantive-me assim por um tempo que nem sei precisar, sem nem ao menos piscar, enquanto, por dentro, minha alma gritava em completo desespero.

Nesse ínterim, Ártemis sentiu forte aperto no coração e abandonou o treinamento dos jovens, que ainda se encontravam na capital. Em poucos minutos, ela entrou no laboratório e percebeu a dimensão da desgraça. Ao ver sua filha sobre a maca, entre a vida e a morte, soltou um grito contido de dor.

Ela tentou falar comigo, mas logo percebeu que eu estava mantendo artificialmente a vida de sua filha. Ártemis, então, correu para os centros de controle e viu as filmagens de tudo o que tinha acontecido.

Pouco tempo depois, Atônis, Criste e Násser chegaram. Todos tentaram me dissuadir da intenção de segurar Evelyn. Ártemis, com os olhos úmidos, falou-me:

— Andrey, meu filho, você tem de se conformar. Foi uma

triste tragédia que se abateu sobre nós, mas temos de aceitar o destino. Você não é Deus. Aceite, meu filho. Isso que você está fazendo só vai prolongar nosso sofrimento e o de Evelyn.

Eu apenas virei levemente o olhar para ela e disse-lhe:

— Não, eu não permitirei que Evelyn morra assim.

Naquele breve segundo que me desconcentrei, minha esposa soltou um gemido sofrido, provavelmente porque desestabilizei o Vril. Rapidamente, voltei à concentração máxima e não lhes dei mais ouvidos.

No silêncio de meu difícil trabalho de sustentação da vida de Evelyn, fiquei relembrando nossos momentos felizes, cada pequeno detalhe de nossas vidas em comum. Desde que nasci ela estivera sempre comigo, como uma verdadeira companheira, apoiando-me nos momentos difíceis e vencendo todas as batalhas ao meu lado. Éramos inseparáveis, mas o destino, então, traçava roteiros diferentes para nós dois, e eu não podia aceitar. Eu não teria como viver sem ela.

Será que estávamos sendo punidos por tentar mudar a inexorável lei de ação e reação? Os capelinos que reencarnavam no mundo primevo sofriam com a ação das toxinas da alma, por causa do carma que traziam do passado, e nós procurávamos abreviar esse sofrimento.

Não, meus pais haviam nos ensinado que Deus é magnânimo e bom. Quando o homem alcança alguma tecnologia mais avançada na medicina ou em qualquer área do conhecimento humano, é porque Deus assim quis. Talvez seja essa a questão: o Espírito Criador apenas não desejava que esse fosse o momento.

Era ainda necessário que o homem aprendesse, por milênios, por meio da dor, a tornar-se melhor, já que o caminho do amor e da sabedoria espiritual ainda está tão longe de seus corações. Nossa iniciativa era louvável, mas para outra época, não para o mundo de há doze mil anos.

Quem sabe agora, no advento da Nova Era, com a chegada de espíritos voltados para o amor e a sabedoria, essa doença sinistra finalmente possa ser debelada? Creio que sim, conforme explica o livro *A Nova Era - Orientações Espirituais para o Terceiro Milênio*, nos capítulos que abordam os avanços científicos nos campos da Engenharia Genética e da Clonagem.

Enlouquecido pela aflição de ver Evelyn sofrendo fortes dores, pensei em acionar o desagregador molecular novamente sobre nós dois, assim, iríamos juntos pelo mesmo caminho, como fora desde sempre. Entretanto, eu queria viver e desejava que fosse ao seu lado. Eu tinha de achar uma solução, uma forma de reverter aquele processo de desagregação, mas, no máximo, conseguia evitar a total dispersão atômica de seu organismo.

No segundo dia de vigília, Evelyn milagrosamente despertou, mas qualquer movimento causava-lhe fortes dores. Conversamos mentalmente por diversas horas, procurando uma alternativa, mas ela, então, falou algo que me cortou a alma:

— Lamento, Andrey, mas não há solução. A única coisa que você pode fazer por mim agora é deixar-me partir para a terra dos imortais. Essa é a vontade da Deusa, a Criadora da vida!

Eu tentei relutar, mas ela não me deu ouvidos e pediu a presença de nossos pais, para despedir-se. Pouco depois, estávamos todos reunidos à sua volta, e ela se sentou na maca, mesmo sentindo fortes dores, a cada singelo movimento. Disse-nos, por meio de linguagem telepática, olhando em nossos olhos:

— Eu sou muito feliz, porque vivi intensamente todos os momentos que Deus me permitiu nesta vida. Amei e fui amada por pessoas maravilhosas. Não trocaria essa existência, mesmo tendo esse fim, por nada deste mundo. Obrigado, minha mãe, meu pai e você, amor da minha vida, por tudo de bom que me proporcionaram.

Uma lágrima solitária desceu por seu rosto, e ela completou, enquanto esboçava discreto sorriso; o máximo que conseguia, sem sofrer:

— Só consigo lembrar-me dos bons momentos. Nada de ruim habita meu coração. Vou em paz, com a paz de Deus.

Ártemis beijou os dedos e soprou para a filha amada. Ela retribuiu com um olhar de gratidão e, depois, disse-me com carinho, telepaticamente:

— Andrey, agora me liberte. Tenha a certeza de que estarei sempre ao teu lado, acompanhando teus passos e abençoando tua caminhada.

Eu estava com o rosto lavado pelas lágrimas e disse-lhe, sacudindo a cabeça, de forma negativa:

Atlântida - No reino da luz 229

— Não posso! Eu não posso!
Criste e Ártemis me abraçaram, e eu comecei a chorar de forma descontrolada. Logo percebi que isso só causaria mais sofrimento à Evelyn e rapidamente me recompus.
Sequei as lágrimas do rosto e, sem falar nada a ninguém, abri a porta da sala de vidro que nos isolava de Evelyn e entrei. Meu pai tentou me dissuadir. Eu apenas disse a todos:
— Não me impeçam. Nada pior pode me acontecer. Em verdade, já estou morto, minha alma está morta. Só o que vocês veem aqui é o triste corpo que terei de carregar até o último de meus dias.
Criste colocou as mãos nos lábios, chocada com minhas palavras, e apoiou o rosto no peito de Atônis.
Eu entrei, então, na sala, aproximei-me de Evelyn, que estava sentada sobre a maca, e disse-lhe, com um sorriso forçado no rosto:
— Meu amor, nós ainda podemos lutar. O Vril é nosso aliado.
Ela esboçou breve sorriso e falou de alma para alma, para poupar forças:
— É inútil, Andrey. Isso levaria muitos meses, e você, em breve, precisará dormir. Faz dias que você está em vigília. Ninguém conseguirá me manter assim por longo tempo, nem mesmo você, mesmo que queira. Lembre-se de que para tudo na vida existe um propósito. Talvez esse seja o roteiro para nossa evolução. Eu devo partir, e você deve ficar para aprender a viver sozinho. Jamais esqueça que, se estamos com Deus, jamais estaremos sós. Faça como o mestre Kundô, que jamais teve uma companheira e está trabalhando para conquistar um grande progresso espiritual.
— Você sempre tem razão. Nós tentamos localizá-lo, mas ele não chegará a tempo.
— Eu já me despedi dele, por linguagem telepática.
Evelyn, então, ficou em silêncio, mirando-me com seus lindos olhos castanhos, convidando-me a um último beijo. Eu encostei meus lábios nos dela e senti um estranho esfarelamento, como se estivesse beijando uma estátua de areia. Ao me afastar, abri os olhos e percebi o quanto aquele beijo lhe tinha sido doloroso. Em seguida, ela deixou escapar duas grossas lágrimas,

que criaram vincos em seu rosto, como se fossem canais de água correndo por solo arenoso.

Eu passei as mãos nos lábios e só então percebi a extensão da tragédia que ela estava vivendo. Evelyn disse-me, com uma ponta de agonia, tentando controlar a dor:

— Eu te amo muito. Queria ficar, mas é impossível. Só estou ainda viva por tua interferência.

Eu mordi os lábios e falei:

— Eu te amo mais que tudo e sempre vou te amar, mas entendo que devo deixá-la partir.

Ela sorriu, com o rosto já se tornando desfigurado, e agradeceu:

— Obrigada, meu amor. Que a paz do Espírito Criador esteja sempre com você.

Mal contendo as lágrimas, eu lhe disse:

— Você sempre me perguntava no que eu pensava no momento em que beijava seus olhos, antes de dormimos, e eu nunca te respondi.

Eu levei minha mão até seu rosto, mas logo me lembrei de que não poderia tocá-la e recuei. Apenas disse-lhe, cabisbaixo, vencido pela dor:

— Todas as noites eu agradecia a Deus por estarmos juntos.

Evelyn estremeceu e sussurrou:

— Eu te amo. Eu te amo e sempre vou te amar.

Eu, então, falei-lhe pela última vez a frase de nossa infância, conjugando-a no passado, demonstrando meu iminente fracasso espiritual, em sua ausência:

— Eu "estava" a meio caminho do paraíso...

Ártemis apertou a mão de Criste, com apreensão. As duas sabiam o significado oculto daquelas palavras. Eu estava implicitamente afirmando que, sem Evelyn, não conseguiria continuar minha caminhada rumo ao equilíbrio espiritual, rumo à paz de Deus. A partir daquele instante, minha harmonia estaria sob constante risco. O lado negro teria ainda mais poderes sobre meu instável ser.

Evelyn começou a chorar de forma mais intensa, sentindo fortes dores, pelo abalo emocional que sofrera com minhas palavras, e falou, com a voz entrecortada:

— Por favor, Andrey, não desista, seja forte...

Não consegui mais vê-la naquele doloroso estado, o rosto havia se desfigurado ainda mais, e liberei a poderosa ação coercitiva do Vril sobre seu organismo. Em uma fração de segundos, as moléculas se desagregaram, e seu corpo se desfez, restando apenas um pequeno morro de pó.

Caí de joelhos e gritei novamente, como uma ave ferida, extravasando toda a minha dor. Nossos pais, do lado de fora da sala, ficaram inconsolados com a tragédia. Minhas duas amadas mães se abraçaram, mortificadas pela dor da perda daquele pequeno anjo, um doce beija-flor que havia sido abatido pelos monstros que agora dominavam a outrora gloriosa Atlântida.

Em seguida, passei a mão por entre aquele pó monoatômico, que até alguns segundos manifestava a vida física do espírito que mais amei, e disse a mim mesmo:

— Meu amor, eu não conseguirei encarar a vida sozinho. Sem você, sinto-me fraco e longe de casa.

Desabei ali mesmo. Só acordei dias depois, em um aposento, na colônia das montanhas de Kandur. A primeira coisa que passou por minha cabeça foi pedir desesperadamente a Deus que aquilo tudo tivesse sido apenas um terrível pesadelo. Entretanto, poucos segundos foram suficientes para eu me convencer de que era inútil negar a realidade. Evelyn estava morta, e agora eu deveria iniciar a difícil tarefa de superar a perda.

Sentei na cama, coloquei as mãos entre meus longos cabelos louros e chorei como uma criança; a primeira de muitas vezes, por um longo, longo tempo...

Capítulo 19

Reaprendendo a viver

Depois da morte de Evelyn, dediquei-me a constantes caminhadas pelos bosques de Kandur. Todas as manhãs, eu passeava em silêncio por aqueles mesmos locais que foram cenários de encontros mágicos, procurando rememorar os últimos bons momentos que vivemos juntos. Algumas vezes, eu me surpreendia, rindo sozinho de nossas brincadeiras; em outras, uma melancolia profunda me invadia a alma, dobrando minhas pernas e puxando-me ao solo, onde eu chorava como uma criança.

De vez em quando, eu fazia o passeio na companhia das pequenas gêmeas, que procuravam me alegrar a todo instante. Lua era tão sentimental que chorava só de sentir minha tristeza, impedindo que eu externasse minha dor. Em alguns momentos, isso era bom; em outros, não. Mas era difícil evitá-las. Algumas vezes, espiava para os lados, para ver se poderia passear sozinho, e saía nas pontas dos pés, para não chamar a atenção, mas logo elas surgiam de trás de alguma árvore, arteiras como sempre.

Então, fazíamos nosso passeio até próximo a uma cachoeira, onde eu e Evelyn costumávamos tecer planos para o futuro. Lá ficávamos, nós três, apreciando a bela queda d'água. Lua deitada sobre minha perna, sempre meditativa, despetalando alguma flor, e Sol corria atrás dos pássaros, com seus gritinhos pueris.

Na verdade, eu devo muito às meninas. Sua espontaneidade era algo muito natural, por serem crianças. Eu não via suas brincadeiras como algo ofensivo à memória de Evelyn. Esse clima festivo, principalmente de Sol, resgatava-me de momentos de profunda tristeza, em que meu coração parecia desejar parar de bater para sempre.

Durante a tarde, eu participava dos estudos ministrados por meus pais. A vida precisava continuar. E elas estavam sempre ali, ao meu lado. As gêmeas não desgrudavam de mim um minuto sequer, pareciam duas guardiãs; cada qual sentada a um lado, como se estivessem ali com a tarefa de me proteger. Sol guarnecia o flanco esquerdo, e Lua, o direito. Sempre foi assim. Nunca compreendi por que elas escolheram essa forma. Não me lembro de tê-las visto em posições trocadas. Se eu virasse para o lado de olhos fechados, saberia quem encontraria à esquerda ou à direita.

E, à noite, eu continuava ensinando-lhes tudo o que sabia sobre o Vril. Em alguns momentos, esquecia que eram apenas crianças e explanava sobre conhecimentos avançados. Sol ficava perdida em seus pensamentos infantis; já Lua captava tudo com imensa profundidade, formulando, inclusive, perguntas que eu jamais esperaria de uma criança, mesmo sendo uma atlante.

Certo dia, enquanto as meninas brincavam pelos extensos gramados, no topo das montanhas de Kandur, fiquei a observar, com olhar perdido, a majestosa vista da floresta na encosta, com o oceano ao fundo.

Naquele mágico local, Ártemis havia feito um memorial à Evelyn, depositando suas cinzas. Minha esposa adorava aquela vista e dizia que, às vezes, sentia vontade de abrir os braços e voar com a força do vento, assim como fazem os pássaros, que tanto a encantavam.

Relembrando essas suas palavras, nem percebi quando comecei a materializar o Vril em minhas mãos, como se estivesse brincando com aquele imenso poder, realizando movimentos semelhantes aos de um ilusionista, com seu baralho. Então, parei e olhei a energia pulsante do quinto elemento, que parecia observar-me também, e disse para mim mesmo, envolvido em profunda tristeza:

— Eis o poder que cria e destrói.

Naquele instante fugaz, recordei-me das palavras do pai de Ártemis, no dia em que fui sabatinado pelo Conselho do Vril: "Espero, meu filho, que nunca chegue o dia em que você irá amaldiçoar essa energia poderosa que hoje o fascina".

Sim, o dia de amaldiçoar o Vril havia chegado. Ali, recostado na relva, observando as gêmeas brincarem, pensei que seria mil vezes melhor ser um simples camponês, sem poder nenhum, mas ter Evelyn ao meu lado, até o fim de meus dias.

Meus olhos se encheram de lágrimas e nem percebi quando Lua se aproximou e disse, com sua voz sussurrante, enquanto envolvia seus bracinhos em volta de meu pescoço:

— Evelyn se foi, mas nós estamos aqui, meu amor. A vida continua.

A maturidade com que a pequena morena falou aquilo me causou forte impressão. Ela não parecia uma criança. Sol também era uma menina notável e provaria isso com o passar dos anos. No entanto, Lua parecia ter pulado a fase da infância, com seu comportamento notadamente maduro.

Eu sorri, concordando com suas palavras, e lhe dei um carinhoso abraço.

— Obrigado, Lua. Não sei o que seria de mim sem vocês. Minhas doces meninas são agora minha única alegria.

Enquanto isso, Arnach e Ryu começaram a suspeitar de meu desaparecimento. Gadeir e seus asseclas desejavam acompanhar todos os meus passos, mas, por mais que monitorassem toda a ilha de Poseidon, não encontravam vestígios de meu paradeiro.

A colônia de Kandur realmente estava bem protegida, em dimensão superior. Estava em uma frequência similar àquela onde se encontra, atualmente, a arca da Aliança, construída a mando de Moisés, conforme narra o livro *Moisés - Em Busca da Terra Prometida*. No futuro, quem sabe aquele fantástico artefato retornará à dimensão primeva da Terra, assombrando os arqueólogos modernos.

E fiquei nesse clima de nostalgia até que, em uma tarde ensolarada, observamos aeronaves do exército da Atlântida Ocidental sobrevoando as montanhas de Kandur. Eu olhei para meu pai e disse-lhe, com serenidade:

— Devo voltar para a capital. Eles sabem que costumávamos trazer os alunos para cá. Devem suspeitar de que criamos uma colônia nessa região, ainda mais que o centro de treinamento na capital está praticamente abandonado.

Meu pai fez um sinal de negação com a cabeça:

— Não é necessário. Eles não têm como nos descobrir. É impossível acharem o portal de acesso e o código da frequência.

Eu concordei, mas insisti:

— Sim, eu sei, mas é melhor não despertarmos suspeitas desnecessárias. Vai ser bom eu voltar. Preciso rever a capital da Grande Ilha. Essa mudança de ares vai ser importante para minha recuperação. Não posso viver eternamente isolado aqui em Kandur, preciso oxigenar meu cérebro com novas paisagens.

Atônis concordou, mas disse, compadecidamente:

— Vá, meu filho! E, caso a tristeza te assalte, retorne imediatamente. Não permita que a depressão se instale em teu coração, justamente onde a sedução das sombras possa te conquistar.

Eu concordei com suas advertências e disse-lhe a saudação sagrada dos atlantes da era de ouro:

— Que a paz do Espírito Criador esteja com você, meu pai.

Em seguida, fui me preparar para a viagem. As gêmeas prontamente arrumaram suas malas e estavam juntas comigo, no momento do embarque. Ártemis sabiamente as proibiu. Elas torceram o nariz, com a negativa de nossa grande mãe. Sol cruzou os braços sobre o peito e perguntou, com seu jeito infantil:

— Como vamos proteger Andrey, se não podemos acompanhá-lo?

Todos riram, divertindo-se com a seriedade da pequena lourinha. Anos depois, elas provariam a todos que aquela determinação não se tratava apenas de um capricho infantil, mas, sim, de um impulso natural de sua vocação nata.

Antes de partir, renovei meu compromisso de que retornaria imediatamente, em caso de qualquer problema emocional. Beijei as gêmeas, prometendo-lhes que voltaria em breve e lhes traria algum mimo da capital.

Parti com uma nave esportiva de alta velocidade e cheguei rapidamente a Posseidonis. Sem demora, encontrei-me com Arnach, para assim evitar novas expedições militares pelas montanhas de Kandur.

    Ele me recebeu com um grande e afetuoso abraço e falou:
— Andrey, meu irmão, você não sabe o quanto sofri com a notícia. Evelyn era alguém muito especial para mim também. Eu sentia grande afeto por sua esposa, apesar de ela sempre me recriminar.

    Eu fiz sinal de agrado, pela sincera expressão de pêsames de meu amigo.

— Sim, ela era especial para todos, uma mulher única. Talvez jamais encontre alguém semelhante, em toda a minha vida. E, na verdade, nem desejo isso. Acho que agora meu coração se fechou para sempre. Vou apenas dedicar-me ao trabalho, para tentar esquecer essa tragédia.

    Arnach, então, percebeu que era o momento de semear discórdia e falou:

— Andrey, eu percebo que o choque da morte violenta de Evelyn fez você apagar da mente as causas de semelhante desgraça. Pelo que fiquei sabendo, foi um homem da guarda pessoal de Atlas quem assassinou sua adorada esposa.

    Ele, então, mirou profundamente meus olhos e falou:

— Meu irmão, você precisa de um motivo para viver; vingar Evelyn é esse motivo. Se você realmente a ama, desejará, até o último de seus dias, derramar o sangue do mandante do crime. Você já destruiu o instrumento do ato vil, mas o mentor ainda vive. Atlas deve pagar pelo mal que fez à nossa querida Evelyn. Lembre-se do sofrimento por que ela passou em decorrência da ambição desse maldito camponês.

    Enquanto Arnach falava, parecia que o filme da tragédia voltava a se desenrolar em minha mente. Ele percebeu e disse-me:

— Venha, vamos rever o filme dos acontecimentos daquela manhã, para que você se conscientize do que deve fazer.

    Eu fiquei confuso e disse-lhe, meio gaguejando:

— Arnach... Eu não sei se estou pronto para rever aquela cena.

    Ele não me deu opção e praticamente me arrastou para uma sala preparada para aquela ocasião. Em silêncio, acompanhamos cada lance daquele triste momento, despertando monstros que estavam adormecidos dentro de mim.

Arnach apenas observava minhas reações, raramente olhando para a projeção das cenas à nossa frente. Ele queria estudar minhas reações, para ver em que pontos, especificamente, ele deveria trabalhar para finalmente convencer-me.

E não fazia isso por mal. Em sua cabeça, aquele era o caminho mais interessante e acertado para nós dois. Além disso, Arnach sentia muita falta de nossa parceria e desejava dividir essa experiência comigo. Ryu era um grande amigo em comum, mas eu e Arnach éramos como verdadeiros irmãos, apesar da diferença entre nossas personalidades.

A projeção ficou se repetindo na tela de cristal, desde o momento em que entrei no laboratório até o instante em que explodi o assassino e gritei desesperado para socorrer Evelyn.

Virei o olhar para não mais ver aquela traumática cena, e Arnach disse-me, com seu habitual tom irônico:

— Belo fim teve esse assassino. Gostei da explosão interna. Vou treinar essa técnica também.

Eu, então, joguei-me na poltrona, olhei para o teto e suspirei, sem nada dizer. Depois de alguns instantes, voltei-me para Arnach e falei:

— Entendo o que você quer fazer e não o recrimino, apenas te peço um tempo. Eu preciso meditar. Você me entende?

Arnach ergueu os braços e falou, de forma amável, com sua tradicional teatralidade, sempre dando entonação especial às palavras:

— Mas é claro, meu irmão. Fique à vontade. O que você precisar é só pedir. Eu estou às tuas ordens.

Eu, então, levantei-me e já estava me retirando, quando resolvi perguntar-lhe:

— Arnach, que motivo o levou a aceitar entrar na guerra? Conheço você desde a infância, sei que isso não lhe interessa em nada.

Meu amigo de infância ficou sem palavras, por alguns instantes, indeciso se falava ou não sobre aquele assunto comigo. Depois de breve reflexão, ele disse-me:

— Andrey, sente aqui.

Eu retornei para as poltronas e aguardei suas palavras.

Arnach ficou em silêncio por alguns segundos, com seu olhar perdido, voltado para a paisagem lá fora, tentando rememorar os acontecimentos e planejando a melhor forma de me contar.

— Você se lembra de Ariane, irmã de Nereu? Fazia tanto tempo que eu não me inteirava das conquistas de Arnach, que mal fazia ideia. Apenas disse-lhe:

— Se bem me recordo, acho que você a namorou há alguns anos. Lembro-me dela durante a cerimônia do ano novo solar, na época em que eu ainda era noivo de Evelyn.

Ele concordou com um gesto.

— Sim, essa mesma. Pois bem, tivemos um breve relacionamento naquela época, mas logo me afastei, como sempre. Anos depois, tentei seduzi-la novamente, mas ela foi resistente. A cada nova tentativa de conquistá-la, parecia que ela se tornava ainda mais distante, certamente por não confiar mais em mim. Isso me deixou, no início, desconcertado e, com o passar dos meses, desesperado. Nunca tinha recebido negativa de uma mulher; não estava preparado para ser rejeitado. Quase surtei. Nessa mesma época, Gadeir já tentava me convencer a apoiá-lo. Ele nem tinha ainda deposto o Conselho de Anciãos. No início, resisti, mas ele logo descobriu o motivo de minhas aflições e me ensinou uma técnica de hipnose irresistível. Ariane cedeu, então, aos meus desejos, mas, depois que me saciei, voltei a perder o interesse por ela.

Arnach ficou alguns instantes em silêncio, aumentando minha curiosidade. Fiz-lhe um sinal afetuoso e falei:

— E o que mais, meu irmão? Fique à vontade para desabafar, você precisa resolver esses dilemas amorosos. Essas paixões que surgem e desaparecem na velocidade de um relâmpago não são normais. Trata-se de um perigoso distúrbio psicológico e emocional.

Meu gesto amigo o encorajou, e ele prosseguiu:

— Sim, você tem razão. Bom, deixe-me continuar. Poucas semanas depois, Ariane apareceu grávida. Você não sabe como isso me deixou perturbado. Eu não desejava ser pai, muito menos de um filho de uma mulher da raça vermelha. Como aceitar a ideia de ser pai de um mestiço? Ainda mais com a guerra entre as raças ganhando cada vez mais força. Ter essa criança seria uma loucura. O ódio racial aumentava rapidamente a cada dia, entre os dois lados. Assim, recorri novamente a Gadeir, e ele me aconselhou a provocar um aborto em Ariane, utilizando-me sutilmente do Vril.

Eu coloquei as mãos na cabeça e exclamei:

— Meu Deus, Arnach, o que você fez? O Vril é sagrado, ele representa a vida, jamais você poderia ter cometido esse sacrilégio!

Ele deu de ombros e continuou:

— Já estamos fazendo coisas bem piores, agora, com a guerra. O que estou lhe contando foi apenas meu passo definitivo em direção ao lado sombrio, o momento em que constatei que não teria mais volta.

Ele suspirou e prosseguiu narrando sua desgraça.

— Naquela noite, Ariane abortou a criança, sentindo fortes cólicas. Ela perdeu muito sangue e quase morreu. Contudo, percebeu que eu, no dia anterior, havia feito algo. Não consegui disfarçar, durante os momentos em que passei ao seu lado. Alguns dias depois, ela me procurou e disse que contaria a Nereu que eu a usei para saciar meus desejos sexuais e que quase tinha lhe causado a morte, para livrar-me do fruto da relação. Prometeu-me também que seu irmão me destruiria, quando soubesse do fato. Então, eu me desesperei e cometi nova profanação do Vril. Utilizei a Grande Energia para provocar um dano no cérebro de Ariane. Eu desejava causar-lhe apenas uma amnésia na área responsável pela memória recente, com o objetivo de fazê-la esquecer-se de tudo. Infelizmente, o nervosismo fez-me errar o procedimento, e ela teve uma paralisia geral e entrou em estado vegetativo. No dia seguinte pela manhã, ela morreu.

Ele silenciou, mirou-me os olhos e disse:

— Por favor, Andrey, não me olhe como se eu fosse um monstro!

Eu apertei o ombro de meu amigo, suspirei e falei:

— Não aceito o que você fez, porém entendo que você foi vítima de sua fraqueza sexual. Por isso os mestres sempre nos aconselhavam na escola do Vril a dominarmos nossas paixões inferiores. Eles temiam que um dia nos tornássemos escravos do mal e utilizássemos o poder do quinto elemento para saciar nossos desejos, em vez de promover o bem, que é sua aplicação natural.

Ele fez um sinal sincero de que reconhecia em minhas palavras a verdade e concluiu:
— Eu pensei que o assunto tinha se encerrado ali, com a morte de Ariane. Entretanto, ela já tinha revelado o fato a uma prima, que, ao descobri-la morta, imediatamente informou Nereu de tudo. Ele é mais forte que eu com o Vril. A única forma de escapar de sua ira foi aliar-me a Gadeir. Desde então, virei seu fiel assessor e, ao mesmo tempo, refém dessa situação. Afastar-me de Gadeir significa assinar minha própria sentença de morte.

Arnach me olhou com os olhos úmidos e falou:
— Nossa força unida poderia evitar a vingança de Nereu, mas, meu irmão, você não estava mais aqui, já havia partido para o mundo primevo. Não pude nem ao menos me aconselhar com você. Não tive escolha, entreguei-me docilmente ao rigoroso comando de Gadeir.

Ele silenciou e ficou aguardando minhas palavras. Eu me levantei e aproximei-me da janela, olhando para o parque em frente, perdido em meus pensamentos, imaginando como tudo aquilo poderia ter acontecido e me perguntando sobre que forças sinistras viviam dentro de nossos corações, para sermos alvo de tantas desgraças.

Arnach não resistiu aguardar minha manifestação e disse:
— Você deve estar me odiando.

Eu saí de minhas reflexões e falei, de forma amável:
— Não, na verdade, sinto apenas pena; pena de você e de mim. Veja no que nos tornamos! Nascemos para sermos personalidades fundamentais no futuro de nossa pátria, mas nos transformamos em marginais, criaturas sombrias. Fracassamos em nossa missão. Era para sermos luz, mas nossas almas imperfeitas só conseguiram vibrar na frequência das trevas. Por um tempo, enganamos todos e nós mesmos, mas a verdade sempre aparece. Nossa real condição espiritual falou mais alto e abafou os anseios que tínhamos de vencer o mal que estava enraizado nas profundezas de nossos corações. A máscara caiu! Só nos

resta sermos nós mesmos e contar com a infinita misericórdia do Espírito Criador.

Eu, então, agradeci-o por sua sinceridade em me contar francamente aquela história, dei-lhe forte abraço e saí do prédio. Caminhei pela esplanada dos edifícios administrativos da capital atlante e, depois, segui para a Grande Pirâmide.

As pessoas que passavam por mim realizavam escandalosas reverências, como se estivessem na presença de um rei. Os guardas tratavam-me como um comandante superior. Todos aguardavam ansiosos que eu fosse o peso que faltava na poderosa balança do Vril, para que a raça branca ganhasse a guerra.

Ao chegar diante de meu antigo local de trabalho, dirigi-me ao templo da Chama de Antúlio e lá observei que o local de meditação estava abandonado, com objetos derrubados ao chão e a chama eterna apagada.

"Se até mesmo os imortais tinham nos abandonado, por que prosseguir lutando contra nosso destino?" — pensei.

Depois, segui até o amplo salão, onde eu e Ártemis tínhamos penetrado no misterioso espelho de cristal, adentrando na dimensão superior do mundo espiritual. Retirei a cortina delicadamente e me ajoelhei em frente ao imponente espelho. Fiquei ali, por muitos minutos, a olhar minha imagem e orando fervorosamente para que o portal se abrisse e eu pudesse me encontrar com Evelyn, no reino dos imortais, pelo menos uma única vez.

De joelhos, com as mãos unidas e com o rosto banhado em lágrimas, implorei, com todas as minhas forças, a benção de encontrar a luz de meu viver, nem que fosse apenas por um breve minuto, mas nada aconteceu. O espelho nem mesmo ficou opaco.

Irritado e ainda deprimido com a história de Arnach, levantei-me e arremessei um pesado castiçal contra o espelho, rachando-o de cima a baixo. Em seguida, caí de joelhos e comecei a chorar de forma descontrolada, até que senti uma delicada mão tocar meu ombro. Era o mestre Kundô. Ele sorriu e me disse, com sua voz sempre suave e carinhosa:

— Algumas vezes, ele também não me responde. Nem sempre os imortais podem atender-nos. Temos de ter fé e confiança no Espírito Criador, pois Ele sabe melhor que nós quais experiências podemos ou não vivenciar, em determinados momentos de nossas vidas.

Compadecido com as tragédias que eu estava vivendo, ele prosseguiu dizendo:

— Andrey, meu filho, coloque teu destino nas mãos de Deus e não se desespere quando as coisas não acontecerem como você desejar. Os desígnios do Criador, vez por outra, são-nos estranhos, porém existe uma finalidade maior para isso: educar nossas almas.

Eu me sentei no chão, enxuguei as lágrimas e disse-lhe:
— Compreendo a sabedoria divina, o problema é aceitá-la. Algo me impede de conformar-me. Já começo a sentir...

Kundô percebeu minha indecisão em completar a frase e falou:

— Entendo. Você começa a sentir o desejo de vingança pela morte de Evelyn.

Eu abaixei a cabeça e gritei:
— Sim! Sim! Eu sei que é um ato irracional e que só vai me prejudicar, mas não consigo controlar esse vulcão que nasce dentro de mim com tanta força.

O mestre atlante sentou-se ao meu lado, no chão, e falou, com serenidade:

— Os capelinos que reencarnaram na terra de Poseidon foram abençoados, você sabe bem. Tiveram a oportunidade de renascer em um ambiente propício à felicidade e à paz, mas não se conformaram com o paraíso. Receberam a dádiva de evoluir pelo caminho do amor e da sabedoria, auxiliando os pobres irmãos que reencarnaram no mundo primevo, porém desprezaram essa benção e seguiram pelo caminho das lutas fratricidas. Na vida futura, nascerão no mundo das dores, para evoluir por intermédio dos mecanismos de dor e sofrimento que elegeram para si mesmos.

Ele suspirou, olhou para o teto, ricamente ornamentado com prata, ouro e oricalco, e prosseguiu:

— Uma vez, um aluno me perguntou por que Deus permitia que os povos do mundo primevo da Terra sofressem tantas privações. Eis aí a resposta: porque eles não sabem viver em paz, seguindo o caminho do amor, então, surge o sofrimento como a natural resposta às suas ações. Almas imperfeitas necessitam da dor para despertar. O caminho da sabedoria e do amor lhes é tedioso e incompreensível.

Eu olhei para o mestre com atenção e falei-lhe:

— Sim, isso é simples e óbvio, assim como sabemos que o Sol nascerá no horizonte todas as manhãs. Talvez seja este meu caso. Evelyn apenas mantinha-me naturalmente sob controle; sua simples presença era suficiente para me afastar do caminho das sombras. Mas agora...

Ele concordou, com um gesto, e exclamou:

— Exatamente. Agora, a decisão depende somente de você. Luz ou treva? Amor ou ódio? Compreensão ou vingança? E digo-lhe mais, Andrey, não será uma resposta racional, porque você conhece os mecanismos da vida criada por Deus. Você sabe onde se encontra a razão. Sua decisão será fundamentada nas conquistas de seu coração, onde simbolizamos as emoções humanas. É lá que brotará o caminho que você seguirá. Cabe somente a você decidir.

— E você não vai tentar me dissuadir de seguir pela estrada do mal?

Kundô sorriu e respondeu:

— Você já tem todas as informações, nada mais tenho a lhe dizer. Agora, só resta saber se você vai seguir o caminho do bom-senso, com base em fatos, ou decidirá alucinar em cima de uma realidade imaginária que você criou dentro de sua cabeça. Evelyn morreu. Isso é um fato. Você se deprimir e ir para o lado negro é apenas uma crença pessoal sua, não é um fato inevitável. Você já recebeu todos os alertas possíveis, e, como lhe disse, sua decisão não vai tramitar pelo caminho da razão. As palavras de nada servirão neste momento. Se quer salvar-se, ouça a voz de seu coração.

Ele, então, levantou, beijou minha cabeça e se retirou, dizendo:

— Que a paz do Espírito Criador esteja com você.

Interessante que esse aspecto específico de minha personalidade me acompanhou por diversas vidas, durante os séculos seguintes, até minha última encarnação, anterior a essa atual, quando, durante os eventos da Revolução Francesa, o mesmo mestre Kundô, então na personalidade de Conde de Saint Germain, conseguiu, finalmente, fazer-me despertar definitivamente para essa realidade, abandonando o mundo das ilusões.

Eu, então, fiquei imóvel, sem saber o que dizer. Ele estava quase transpondo a porta, quando gritei:

— Desculpe pelo espelho!

Ele fez um sinal com a mão, demonstrando que não tinha importância, e falou:

— Ele perdeu sua utilidade. Os mestres do Mundo Maior não falarão mais conosco por intermédio dele.

Kundô olhou para o teto, como se estivesse admirando a magnitude da Grande Pirâmide, e completou:

— Em breve, essa magnífica pirâmide também será destruída. Ela já cumpriu seu papel, sendo palco de grandes serviços prestados à humanidade que viveu aqui por séculos, sempre voltada para a harmonia e a paz.

Capítulo 20

Alucinando

Resolvi não retornar para a colônia de Kandur, mesmo correndo o risco de cair na tentação do lado sombrio, e passei a procurar respostas por minha própria conta. As palavras de mestre Kundô haviam sido fundamentais. Agora, meu tempo de decidir estava acabando, e essa não seria uma decisão racional, e, sim, emocional.

Eu precisava encontrar minha luz interior, com urgência, ou, então, seria tarde demais. Meditei por vários dias e, infelizmente, a cada instante, meu desejo de vingança aumentava, como se fosse um vulcão, prestes a entrar em erupção. Meu ódio parecia não estar centrado em Atlas, porque, na verdade, no fundo de minha alma, eu sentia que ele não era o mandante daquele crime. Minha intuição fazia-me odiar Gadeir, aquele com quem eu estava a um passo de me unir.

Na verdade, eu precisava apenas de um pretexto para extravasar meu ódio e colocar para fora toda a dor que eu sentia, pela perda trágica de Evelyn. Era uma maneira de superar sua ausência repentina. Caso eu estivesse lutando para vingá-la, representaria que ela estaria junto a mim, em meu coração. Enquanto eu trabalhasse pela vingança, seu rosto angelical ficaria vivo em minha mente, e a dor da tragédia seria o combustível de meu ódio.

Naqueles inesquecíveis dias, eu usava delicada corrente no pescoço, com o símbolo do Vril, que eu encontrara em nossa antiga casa; era uma de suas joias mais queridas. Ela adorava usar aquele mimo em ocasiões especiais. Havia sido um presente de Ártemis, quando nos consagramos sacerdotes do Vril. Sempre depois de minhas meditações, eu beijava o pingente e dizia para mim mesmo, com voz sinistra e olhar vingativo:

— Sua morte não será em vão, meu amor. Aqueles que te fizeram sofrer pagarão pelo mal que te causaram. Você foi uma vítima inocente da ambição desses covardes. Matarei todos, independentemente de raça e facção política. Não terei lado nessa luta, serei o mensageiro do caos.

Assim, com o passar dos dias, fui me desinteressando por orações e práticas salutares que nos fazem encontrar a paz de espírito. Sentia motivação somente para me inteirar sobre os rumos da guerra. Desejava saber mais detalhes sobre as batalhas, queria informações sobre tudo, desde em que pé estava o equilíbrio do Vril e as ações e estratégias de Gadeir até o desenvolvimento de novas armas convencionais.

Todas as informações que eu solicitava me eram repassadas em poucos minutos. Arnach colocou, inclusive, alguns secretários particulares à minha inteira disposição. A impressão que eu tinha era de que eles pagariam com a morte, se não me atendessem imediatamente; tal era o empenho deles para servir-me e a expressão de pânico em seus rostos, quando eu solicitava algo.

Apesar de manter-me próximo da frente de comando do exército ocidental, ainda não havia tomado nenhuma posição, até que Gadeir entrou informalmente no escritório que me foi cedido e falou, com cordialidade:

— Andrey, Atlas rompeu os lacres de segurança das pirâmides regionais da Atlântida Oriental, e você sabe o que isso significa.

Eu saltei da cadeira, como se tivesse sido impulsionado por uma mola, assustado com aquela informação.

— Mas isso é impossível! As pirâmides possuem sistema de segurança muito eficiente, para que jamais sejam usadas para o mal.

O líder da raça branca sentou-se, com copioso suor na testa, demonstrando profunda preocupação, e falou abertamente:

— Andrey, eu entendo sua indecisão em definir-se com relação à guerra e também respeito sua indefinição. Sei que você passou por um grave abalo emocional, todavia, o tempo está se esgotando. Se Atlas e os sacerdotes do Vril da raça vermelha conseguirem manipular a energia das pirâmides orientais a seu favor para a guerra, será nosso fim.

Eu fiz um gesto sereno com a cabeça, demonstrando ter compreendido sua preocupação, e falei:

— Entendo. Hoje mesmo começarei a estudar uma forma de quebrar os lacres da Grande Pirâmide. Isso manterá o equilíbrio de forças com o Vril, caso Atlas consiga manipular as pirâmides orientais para o mal.

Gadeir me abraçou emocionado, algo raro naquele maldito coração de pedra, e saiu, com passos largos.

Desde aquele dia, passei madrugadas dentro da central de controle da Grande Pirâmide. Eu deitava nas cadeiras inclinadas e vasculhava, nas centrais de informação, as antigas programações realizadas séculos atrás, pela geração de ouro de Atlântida. Até que encontrei códigos antiquíssimos e identifiquei-os.

Era uma linguagem completamente esquecida, uma língua morta dos códigos computacionais atlantes. Mesmo assim, decifrei sua codificação e iniciei os procedimentos que quebrariam a segurança do Vril. O sistema de inteligência artificial perguntou, depois de poucos minutos, com sua voz digitalizada:

— Sacerdote, você tem certeza da operação? O comando designado comprometerá os níveis de segurança e colocará em risco o templo maior do Vril e todo o continente.

Eu confirmei o comando, sem nada dizer, e aguardei as palavras finais do computador.

— Sistema de segurança desativado. Tempo de permanência da programação encerrada: trinta e oito mil, quatrocentos e vinte e três anos, sete meses, vinte e oito dias e quatro horas.

Dei um salto para trás, assustado com o impressionante tempo da instalação daquele sistema de segurança. O primeiro pensamento que eu tive foi: "O que fiz, meu Deus?". Mas era tarde para retroceder.

Nós sabíamos que a pirâmide era muito antiga, mas jamais imaginei que fosse tanto.

Rapidamente, realizei uma nova programação, com as

mãos suadas e trêmulas. A pirâmide ficaria sob meu total controle. A intenção era fechar o código para somente eu poder utilizá-la com fins bélicos. Em minha mente ingênua, acreditei que jamais a usaria, que seria apenas uma forma de eu manter o controle sobre a guerra, uma forma de rivalizar com o imenso poder de Gadeir e Atlas.

Depois de dar o último comando, aliando a informação codificada ao poderoso fluxo da energia Vril que corria por entre as paredes de cristal, ouvi a voz solene do computador central informar:

— Nova programação de segurança efetuada. Sacerdote Andrey autorizado para total controle, com amplos poderes. Centrais do Vril da Grande Pirâmide sob seu comando exclusivo, para qualquer fim.

Eu dei um grito de alegria, como se estivesse comemorando um gol, e caí sentado na cadeira às minhas costas. Enquanto eu respirava ofegante, completamente suado pela emoção, com um sorriso de satisfação no rosto, percebi uma aproximação silenciosa pela porta lateral.

— Eu sempre soube que isso aconteceria um dia, mas jamais imaginei que seria por suas mãos, caro Andrey.

Era mestre Kundô. Ele estava ali, de pé, ao meu lado, com seu jeito humilde e carinhoso, que lembraria os discretos mestres chineses da Antiguidade. Eu, então, comecei a bloquear os acessos de segurança, com criptografia inquebrantável, e respondi-lhe, demonstrando insegurança e pesar:

— Mestre, eu sei que você vai me criticar por isso, mas saiba que o fiz pelo bem de nossa pátria. Jamais usarei a Grande Pirâmide para o mal, apenas preciso ter com o que barganhar. Em breve, restabelecerei a ordem e a paz na Grande ilha, pode ficar tranquilo.

Ele sacudiu a cabeça, em sinal de tristeza, e falou:

— Andrey, quantas vezes você disse para si mesmo que não faria isso ou aquilo? Para que se enganar? O maior tolo é aquele que não quer ver. Agindo assim, você termina se expondo ainda mais à ação dos inimigos da paz, você se fragiliza. A integridade moral é nosso maior trunfo contra o lado sombrio.

Eu me levantei calmamente, dirigi-me até ele e falei cabisbaixo:

— Você tem razão, no entanto, agora é tarde demais. É esse meu destino, sempre foi. Só me resta, agora, conformar-me com essa realidade.

Respirei profundamente, olhando para o teto, mantendo as mãos na cintura, e falei em tom amigável:

— Mestre, siga para as montanhas de Kandur. Atônis já lhe passou o acesso ao portal dimensional que criou. Em breve, as coisas piorarão por aqui. Você também tem o domínio sobre o Vril. Não quero que lhe façam mal.

Ele me abraçou com imenso carinho, irradiando-me paz, e disse:

— Obrigado, meu filho, por preocupar-se comigo, mas não é necessário. Eu estou com o Espírito Criador, e aquele que está com Ele nada teme.

Aquela ação generosa de Kundô me desarmou, fazendo-me cair de joelhos, em choro convulsivo. Ele tentou me consolar, mas ergui a mão, pedindo que saísse. Serenamente, ele foi embora, deixando-me ali, sozinho com meus fantasmas interiores.

Nos dias seguintes, mantive-me em profundo autismo. Isolei-me totalmente do mundo; passava horas analisando o contexto da guerra. Orientei os assessores a mim designados para impedir qualquer intromissão.

Até que, em determinada tarde, enquanto eu estava debruçado sobre os mapas de guerra, Arnach entrou na sala onde eu fazia minhas pesquisas sobre a situação do conflito, em todos os recantos da Grande Ilha. Ele jogou sobre a mesa uma roupa semelhante à sua e falou-me, com sorriso malicioso:

— Vista-a! Gadeir realizará, hoje à noite, uma recepção para os generais que atuam nas frentes de batalha por todo o continente. É um jantar informal, mas você poderá obter valiosas informações diretamente dos líderes locais.

Eu concordei, mas disse-lhe:

— Aceito o convite, mas por que devo me vestir com essa roupa? Não sou sacerdote das sombras, assim como você.

Falei aquelas palavras, mas não acreditei nelas. "Até quando mentirei para mim mesmo?" — pensei.

Ele sorriu e, antes de sair, disse-me:

— Sim, você é, olhe-se no espelho.

Eu corri até o banheiro e percebi, com espanto, que meus olhos, antes azuis como o céu, agora estavam com a íris escarlate. Eles pareciam duas bolas de fogo.

Lavei meu rosto, suspirei e falei para mim mesmo:
— Como fui permitir? Não tenho mais como evitar.

No fundo, eu ainda acreditava que agia com o coração voltado para a Luz, mas os olhos são o espelho da alma. Não havia como negar. Aquela imagem sinistra no espelho dizia tudo. Sim, eu também tinha me tornado um sacerdote das sombras.

Arnach encostou-se no marco da porta do banheiro e falou, de forma despretensiosa, com os braços cruzados sobre o peito:
— Não se preocupe, eles ficam assim somente quando estamos com muita raiva. Hoje à noite, quando você vir as lindas mulheres que te cortejarão a todo instante, eles ficarão bem azuis. Os sacerdotes da sombra são criaturas camaleônicas: anjos no campo da sedução e demônios para enfrentar os inimigos.

Arnach soltou uma sonora gargalhada e completou:
— Vejo você mais tarde. Essa noite você vai renascer para a verdadeira vida.

Aquela frase de Arnach me pareceu um tanto irônica. A verdadeira vida era a plenitude espiritual, e não aquele mundo de fantasia ao qual eu estava me entregando. Na verdade, eu estava morrendo para a verdadeira vida, mas não tinha como resistir, era meu destino. Aquela experiência me chamava todas as noites, durante o sono, como um fascinador canto de sereia. Felizmente, Deus é eterna misericórdia e compreende os rumos intricados da evolução espiritual de cada um de seus filhos. Novas oportunidades, na esteira infinita dos séculos, permitem-nos transformarmos as sombras em luz.

Eu apoiei as mãos na pia, olhei fixamente para meus olhos vermelhos no espelho e falei para mim mesmo:
— Que se cumpra meu destino e que Deus tenha piedade de minha alma.

À noite, ingressei no salão onde seria realizado o jantar, no centro administrativo de Gadeir, vestindo, pela primeira vez, os inconfundíveis trajes dos magos negros do Vril. As fúteis mulheres da nova geração atlante, entre elas a assassina de Evelyn, Electra, ficaram fascinadas com meu porte nobre e altivo. Os longos cabelos louros, os olhos azuis fascinadores, a pele irrepreensível e o porte atlético, aliados às graves cicatrizes que eu tinha sofrido na alma, criavam uma aura mística sedutora em torno de mim.

Arnach se aproximou e falou ao meu ouvido, com discrição:

— Você não tem ideia de como essa roupa lhe caiu bem! As mulheres estão todas aos seus pés. Agora sorria, não faça essa cara de mau. Elas gostam de homens divertidos. Bem-vindo, meu amigo, ao paraíso das conquistas.

Ele fez um gesto só seu, com o copo de guaianás na mão, e completou:

— Você bem sabe que essa guerra não me interessa tanto quanto uma nova conquista a cada noite.

Em seguida, ele chamou um garçom, que me serviu um copo daquela bebida envolvente, que nos levava rapidamente ao mundo da fantasia. E era lá que eu queria estar. Talvez no mundo da ilusão minha dor não fosse tão intensa e eu conseguisse passar alguns minutos em estado de felicidade, mesmo que ilusória; não aquela que Jesus, milhares de anos depois, chamaria de felicidade eterna, porque era maior que todos os reinos do mundo.

Gadeir recebeu-me com honrarias especiais, demonstrando-me que eu faria parte de seu primeiro time de magos do Vril. Apesar de não termos detalhado isso, o grupo de sacerdotes menores, ao lado de Gadeir, chegava a mais de cem. No entanto, menos de dez tinham poderes excepcionais, semelhantes ao meu. Entre eles, estavam Arnach e Ryu.

Atlas tinha poucos sacerdotes que dominavam o quinto elemento, em torno de sessenta. Contudo, só ele, Nereu e Mestor tinham amplos poderes, assim como nós. A raça vermelha era mais campestre e pouco voltada para a ciência. Entretanto, Atlas era certamente o mais poderoso sacerdote do Vril de toda a Atlântida e conseguia manter o equilíbrio de forças praticamente sozinho, já que seus homens não eram notáveis no domínio do quinto elemento.

Em seguida, todos os generais se curvaram à minha presença, excitando ainda mais minha terrível vaidade. Gadeir fez questão de passar de mesa em mesa para que todos me conhecessem pessoalmente. Não era necessário me apresentar, pois todos já tinham ouvido falar de mim. A intenção era me integrar aos aliados e obter minha adesão definitiva. Deles obtive importantes informações sobre o andamento da guerra, em todas as regiões do vasto continente atlântico.

Depois dessa parte mais formal, Arnach fez questão de me levar à companhia das mulheres. Rapidamente, entrei no obsceno jogo de sedução da decadente sociedade atlante, e aquilo anestesiou minha alma. Foi uma estranha forma de esquecer a dor pela perda de Evelyn.

Imaginei que jamais desejaria tocar outra mulher, mas foi por esse caminho que meu espírito encontrou relativa paz. Entreguei-me ao mundo das ilusões, com a esperança de que o distanciamento da realidade me fizesse acreditar que a morte de Evelyn fosse somente um terrível pesadelo. Como eu não conseguia digerir a dura realidade, resolvi enganar-me.

Naquela noite, comecei um ciclo contínuo de conquistas, assim como faziam Arnach e Ryu. Cada flerte era um desafio e, após seduzir e obter a total subjugação da mulher, o sentimento morria; assim como ocorre nas relações superficiais, em que não existe sintonia de almas. Noite após noite, eu procurava aquilo que acreditava jamais encontrar novamente, assim como acontece com todo coração vazio.

A cada nova relação, parecia que, para saciar-me, eu necessitava levar as mulheres a uma paixão enlouquecedora. Só assim eu me satisfazia. Mas o maior problema estava nos dias seguintes: um grande vazio se apoderava de meu coração, e eu ficava indiferente àquele intenso amor. Elas ficavam emocionalmente destruídas, porque sonhavam com o conto de fadas, como toda mulher, porém só podia lhes oferecer pouco mais que uma noite. Eu também sofria com aquilo, mas não podia evitar. Meus pensamentos e sentimentos estavam em desordem. O caos havia se instalado em minha alma.

Arnach cutucava Ryu e falava, divertindo-se com a situação:

— Mano, estou me sentindo um amador no campo das conquistas amorosas, perto de Andrey. Ele, em pouco tempo, vai superar-nos.

Eu me irritava com Arnach e dizia-lhe, com aperto no peito:

— Você não sabe como estou sofrendo. Não faço isso por mal, apenas não consigo mais amar ninguém. Meu coração morreu junto com Evelyn, naquele dia.

O irônico amigo sorria e falava, divertindo-se:

— Que meigo! Boa desculpa para quando elas vierem nos cobrar o afastamento, não é, Ryu? Acho que vou adotar essa tática.

Eu, então, saía da presença deles e me isolava, perdido em meus pensamentos. Ryu pedia para Arnach não me amolar e respeitar minha dor, mas ele não dava atenção, alegando que precisava fazer com que me soltasse mais, para, assim, libertar-me da dor que dilacerava minha alma. Desde a morte de Evelyn, eu andava sempre muito calado.

Nós três, então, passamos a viver apenas nos picos das relações, momento em que os neurotransmissores, como a endorfina e a dopamina, produzem sensações de prazer e satisfação. Meras "adrenalinas românticas" que mantêm satisfatoriamente a ilusão do amor. Como eu sentia grande tristeza pela perda de Evelyn, não conseguia habituar-me à rotina diária com nenhuma outra mulher. Eu as tinha à noite e, durante o dia, evitava-as. Assim passei a viver: durante a noite, risadas, flertes e diversões, sempre regadas com o inigualável guaianás; ao amanhecer, o encanto acabava, e a dura realidade de viver com todos os meus traumas interiores renascia. Meu semblante se fechava, e somente controlar os destinos de Atlântida povoava meu pensamento.

Tornei-me um triste solitário, assim como nos pesadelos que havia narrado ao mestre Kundô e que se repetiam, quase todas as noites, antes da morte de minha esposa. Evelyn havia desaparecido de minha vida, e eu passei a lamentar como um lobo ferido, no alto da colina do Sol, quando o Astro-Rei se punha no horizonte. Vestia sinistra capa negra e mantinha o semblante frio, sempre antes das noitadas em que eu afogava minhas dores.

Então, após o jantar, vários generais teceram discursos orgulhosos sobre a supremacia de nossa raça, afirmando que a Atlântida Ocidental tinha a missão divina de subjugar os camponeses do lado Oriental da Grande Ilha e que somente sob o controle de Gadeir nossa pátria viveria, nos séculos futuros, em riqueza abundante, dominando e educando os povos do mundo primevo.

Sim, pensei comigo mesmo: "Dominação, subjugação, esses são os adjetivos que melhor retratam as intenções de Gadeir". Depois ri; na verdade, quase gargalhei, disfarçando para não ser mal interpretado. Todos ali acreditavam que a grande Atlântida viveria ainda por muitos séculos. Contudo, eu sabia que a Grande Ilha, em breve, agonizaria, e nosso destino seria trágico.

Quando a noite sem fim se abatesse sobre o orgulhoso reino de Atlântida, muitos guerreiros arrogantes chorariam como crianças indefesas.

Que Hermes me auxilie a narrar com perfeição o maior apocalipse já vivido na Terra!

Desse modo, eu ouvi com interesse todos os discursos, prestando especial atenção a uma bela loura de cabelos crespos e olhos verdes, que estava sentada ao lado de Gadeir. Quando Ryu passou perto de mim, puxei-o pelo braço e perguntei quem era.

— Aquela é Maia, a irmã preferida de Gadeir — respondeu Ryu. Ele tem verdadeira adoração por ela. Maia é mais influente que seus próprios conselheiros. Eles a chamam de a "dama de ferro".

Agradeci pela informação e continuei a observar os discursos. Até que Gadeir, talvez notando meu interesse, chamou-me para dizer algumas palavras sobre a guerra.

Eu subi no palco improvisado e falei:

— Meus amigos, eu sou um homem de paz, um cientista do Vril. Dediquei minha vida para que o quinto elemento promovesse concórdia e prosperidade para a terra de Poseidon e para os povos do mundo primevo. Infelizmente, quis o destino que nos desviássemos do caminho harmônico construído por nossos ancestrais, durante séculos.

Eu sacudi a cabeça, demonstrando contrariedade, e prossegui:

— Mas o que passou, passou. Não há tempo para lamentarmos o que deveríamos ter feito para construir uma solução de paz, por meio do diálogo. A guerra está aí. Muitos de nossos compatriotas estão morrendo. Isso é triste e precisamos fazer algo para acabar logo com essa dolorosa situação. Tenham a certeza, meus amigos, de que lutarei noite e dia para fazer o equilíbrio do Vril pender finalmente para nosso lado. Somente por meio do quinto elemento essa guerra terá um fim. Os terríveis e sanguinários combates homem a homem, nos campos de batalha, servem somente para manter uma guerra psicológica, duradoura e sem resultados definitivos.

Olhei profundamente nos olhos de todos, com firmeza, e completei:

— Eu não quero mais ver a morte de meus irmãos, ter de olhar nos olhos sofridos das mães que recebem a triste notícia de que seu filho não voltará mais para alegrar o lar. Por isso, vamos trabalhar com afinco para colocar Atlas de joelhos diante de nossos pés e, assim, pôr fim a essa época sombria da história da terra de Posseidon. Que o Espírito Criador esteja conosco!

Todos, então, aplaudiram de pé, enquanto eu retornava, de forma altiva, para meu lugar junto dos amigos. Gadeir ainda fez algumas observações elogiosas a meu respeito e, depois, todos se entregaram à informalidade da festa.

Poucas horas depois, Ryu se aproximou de Arnach e disse-lhe, ao pé do ouvido, com seu jeito discreto:

— Acho que temos um problema. Andrey está seduzindo Maia, na frente de Gadeir.

Arnach dispensou a moça que estava galanteando, quase se engasgando com a bebida, e perguntou:

— Você está louco? Quanto guaianás andou bebendo?

— Eu? Pouco, mas Andrey deve ter bebido uma garrafa inteira.

Arnach só esperou que Maia fosse ao toalete, para arrastar-me ao banheiro e falar, transtornado:

— Andrey, você está maluco? Maia é irmã de Gadeir! O que você pretende? Tantas mulheres na festa para você se divertir, e você escolhe justamente ela?

Eu comecei a rir, sob o efeito da bebida, e falei:

— Relaxe, meu amigo. Estamos aqui para nos divertir.

Arnach se irritou e disse, esmurrando a parede:

— Você não pode se divertir com a irmã de Gadeir. Nós estamos do mesmo lado. Ele é nosso aliado, ele é nosso mestre!

Eu, então, arremessei Arnach contra a porta e gritei, com raiva:

— Negativo! Negativo! Gadeir não é meu mestre.
E, deixando aflorar toda a minha arrogância represada por anos, falei com convicção:
— Eu sou o mestre! Nós somos. Não vou me curvar aos pés de Gadeir. Estou do lado dele apenas por conveniência. Você e Ryu são meus irmãos, só vocês! E vocês me devem lealdade. Eu abandonei a Luz por sua insistência, Arnach. Maldito seja por isso!
Eu respirei profundamente, andando de um lado a outro, procurando realinhar os pensamentos alterados pelo guaianás. Depois, peguei as mãos dos dois com firmeza e disse-lhes:
— Vocês se lembram de quando éramos crianças e fizemos um pacto de fidelidade?
Eles me olharam, espantados, lembrando-se daquele momento.
— Quero ratificar esse pacto. Por tudo que há de mais sagrado em nossas vidas, vamos ser um só. Será nós contra todos. Independentemente de quem vença essa guerra, morreremos unidos!
Ryu adorava esses meus gestos intempestivos e falou:
— Estou com você, Andrey. Irmãos para sempre.
Arnach sacudiu a cabeça e exclamou:
— Vocês são loucos, completamente pirados!
Depois, tomou mais um gole de guaianás e apertou nossas mãos, dizendo, com sinceridade comovente:
— Que assim seja, juntos até a morte!
Eu os abracei e disse:
— Gadeir precisa de nós, não importa o que façamos. Vocês dizem que Atlas promoveu a morte de Evelyn, mas minha raiva está voltada para Gadeir. Ambos serão queimados pelo fogo de meu ódio.
Lembrei-me, então, das palavras de mestre Kundô, afirmando que eu estava mais ligado à emoção do que à razão, e completei:
— A razão indica ser Atlas, mas a emoção me faz crer que Gadeir está por trás disso. Não sei quem foi, mas ambos pagarão. Gadeir vai sentir a mesma dor que me causou. Maia será a primeira vítima.
Arnach apoiou os braços na pia, sacudiu a cabeça e, depois, escorreu as mãos pelos longos e ondulados cabelos louros, quase brancos, tentando entender minhas loucuras.

Atlântida - No reino da luz 257

— Andrey, Andrey... Eu só queria aproveitar a vida, curtir umas festas com belas companhias, e você está nos arrastando para uma luta contra os dois homens mais poderosos de todo o continente. Por que tanta insanidade? Vamos apenas curtir, meu irmão.

Eu sorri e falei:

— Relaxe, Arnach. Vamos beber mais guaianás. Essa bebida é realmente maravilhosa. Eu estava precisando disso. Além do mais, eu quebrei o lacre de segurança da Grande Pirâmide. Eu a tenho em minhas mãos. Assim que Atlas tentar utilizar a força das pirâmides orientais contra nós, eu o neutralizarei.

Arnach e Ryu falaram, a uma só voz:

— Andrey, vamos, então, ganhar a guerra agora. Por que esperar Atlas ter o equilíbrio?

Eu coloquei as mãos nos ombros dos amigos e disse-lhes:

— Vocês não conhecem Atlas. Ele já tem o poder das pirâmides nas mãos, posso sentir. Ele só está esperando o momento oportuno para usá-lo. É inútil agir agora. Vamos utilizar esse poder para barganhar com Gadeir. Lembrem-se, nós não temos líderes, nós somos os mestres!

Eu esbocei um riso sombrio e falei:

— Agora que nós vamos começar a dar as cartas, vocês querem acabar com o jogo? Nada disso!

Arnach não conseguiu esconder seu espanto com minhas palavras.

— Andrey, você é mais sinistro do que eu pensava.

Saímos os três abraçados do banheiro, entretanto, Arnach não conseguia esconder a preocupação em seu semblante. Tenho certeza de que ele achava que eu estava delirando, mas, em nome da amizade, nada falou e resolveu me apoiar, pagando o preço que fosse necessários, ainda mais que ele temia a ação de Nereu, e eu lhe era um poderoso aliado, caso ocorresse um duelo entre eles, com o uso do Vril.

Ainda naquela festa, seduzi Maia e a levei para meu quarto, ofertando-lhe a melhor noite de amor de sua vida. Nas semanas seguintes, dediquei-lhe cuidado extremo, com estudados gestos de carinho e gentilezas sedutoras, tendo tato para executar constantemente refinados comandos hipnóticos, com o objetivo de envolvê-la ainda mais, levando-a, por fim, a uma paixão incontrolável e enlouquecedora.

Aprendíamos avançadas técnicas de hipnose, como sacerdotes do Vril, com o objetivo de realizar curas também por meio da reprogramação do inconsciente. Como já narrei, isso foi muito útil durante os trabalhos realizados no mundo primevo. Ao lado de Evelyn, eu utilizava essa ferramenta para curar, porém, agora, só e revoltado, abusava da hipnose para destruir.

Quando percebi que Maia estava completamente entregue, afastei-me, desdenhando seu amor. Ela entrou em profunda depressão. Nunca mais seu rosto sorriu. Gadeir perdeu a companhia alegre da irmã. Mês a mês, ela foi definhando, até ficar com a metade de seu peso normal. Maia perdeu seus lindos cabelos cacheados, e seu rosto tornou-se uma triste caveira. Dois anos depois de nosso primeiro encontro, ela cometeu suicídio.

Gadeir desejou, com todas as forças, matar-me, inclusive, ameaçou-me verbalmente, mas eu tinha o poder da Grande Pirâmide nas mãos, e não o revelava a ninguém. Atlas já havia demonstrado ter o domínio das pirâmides orientais; eliminar-me seria perder a guerra. Então, apenas disse-lhe:

— Entenda, aprendi com meus pais que nada acontece por acaso. A toda ação corresponde uma reação de igual intensidade. O Espírito Criador nos faz colher exatamente aquilo que plantamos. O Grande Antúlio nos ensinou essa grande máxima.

E, com indisfarçável ironia, falei:

— Gadeir, você deve estar apenas colhendo o mal que me causou.

O líder da Atlântida Ocidental me olhou profundamente nos olhos e disse, com os dentes cerrados:

— Retire-se de minha presença.

Eu fiz uma sutil reverência e falei, antes de afastar-me, com sombrio sorriso nos lábios.

— Sim, milorde!

E, assim, dessa forma, mergulhei definitivamente no reino das trevas.

Obviamente que não me orgulho dessa atitude e das próximas que narrarei na continuação desta obra, mas Hermes tem razão: nossos erros, se bem analisados, tornam-se nossas mais marcantes oportunidades de aprendizado. Doze mil anos se passaram, e, hoje, sou um novo homem. Que essa confissão pública exorcize os últimos demônios que povoam meu inconsciente, permitindo minha libertação definitiva, rumo à Luz de Deus.

Para maiores informações sobre o autor, seus livros e o projeto "Universalismo Crístico na Terra", acesse o site www.*universalismocristico.com.br*.

O Homem Transcendental
EDUARDO AUGUSTO LOURENÇO
Formato 14 x 21 cm • 240 p.

O homem é um ser que transcende a matéria. E, como tal, desde sua criação está predestinado a percorrer o caminho da luz. O fisiologista cético, no entanto, insiste em enxergá-lo apenas como um aglomerado de células; o incrédulo pensa que ele se finda com a morte, e o fanático religioso ainda o condena às penas eternas. Mas, este princípio inteligente, tendo estagiado em todos os reinos, é então convidado a caminhar em uma estrutura mais elaborada – a da forma humana –, na qual poderá manifestar suas potencialidades, buscando o auto-aperfeiçoamento de sua verdadeira essência espiritual. A ciência e a religião muito contribuíram para a lapidação deste ser, embora ele ainda renegue sua verdadeira natureza, em razão de suas próprias limitações. Como a verdade sempre prevalece, de quando em quando é preciso reviver fatos que um dia assombraram a consciência humana, e que foram relegados ao nível do espetaculoso.

É isto que o autor de *O Homem Transcendental* pretende, ao trazer à tona importantes fenômenos espirituais estudados por diversas áreas da ciência, cujos detalhes "inexplicados" já foram comprovados. É a ciência terrena descobrindo a individualidade após a morte do corpo, através da experiência de quase-morte (EQM); a memória extrafísica e a sede do espírito sendo vasculhadas a fundo; a eficácia do passe magnético e da água fluidificada colocada em evidência; a comprovação da importância do ectoplasma na cirurgia espiritual; e a força da oração e a funcionalidade da meditação como agentes do equilíbrio da saúde. Enfim, uma análise sobre a formação do princípio inteligente, do macaco ao homem atual, extensiva ao campo da mediunidade e aos amplos benefícios da caridade em favor da saúde, concluindo que o homem tem uma enorme potencialidade a explorar.

Inspirada por Irmão Benedito, benfeitor espírito que já atuou como médico em encarnações pregressas, inclusive à época da Inquisição, *O Homem Transcendental* nos apresenta uma ciência que desvenda os princípios da reencarnação e sua dimensão espiritual, para entender o homem como um ser que vive e evolui.

Antiga História do Brasil
de 1100 a.C. a 1500 d.C.
LUDWIG SCHWENNHAGEN
Formato 14 x 21 cm • 192 p.

Foi Pedro Álvares Cabral quem, de fato, descobriu o Brasil, ou os fenícios teriam estado por aqui antes dele? Cabral teria chegado ao Brasil por acaso, ou já conhecia descrições da costa brasileira? Quem primeiro oficiou funções religiosas aos nossos índios: Henrique de Coimbra ou sacerdotes da Mesopotâmia? Quais os primeiros mineradores a explorar ouro e pedras preciosas no Brasil: portugueses ou engenheiros egípcios? Ficaria a lendária Ilha das Sete Cidades, uma espécie de novo Éden que os romanos tanto buscavam, nos Açores, nas Antilhas ou nas costas do Piauí? Perguntas como essas são abordadas em *Antiga História do Brasil — de 1100 a.C. a 1500 d.C.*, obra de excepcional valor como fonte de estudos sobre a descoberta e colonização do Brasil por povos antigos, considerada um verdadeiro desafio lançado aos pesquisadores pelo historiador austríaco Ludwig Schwennhagen, cujas teses têm despertado o apoio de órgãos do governo, e o interesse de leitores comuns que a vêem como uma instigante literatura que poderá reformular a História do Brasil.

Com base em manuscritos, documentos e análises de inscrições petroglíficas encontrados no norte e nordeste brasileiros, ao pesquisar durante anos a origem da língua tupi, Ludwig se diz convicto de que os fenícios chegaram aqui primeiro e habitaram o Piauí, há 3 mil anos atrás, dando início a época civilizatória brasileira. Ao tomar este livro às mãos, certamente o leitor se fará muitas perguntas, pois a História está registrada nos compêndios, mas o tempo tem demonstrado que suas verdades podem um dia ser totalmente reformuladas.

Entre Dois Mundos
A história da Atlântida e da Lemúria perdida
FREDERICK S. OLIVIER / W. SCOTT-ELLIOT
Formato 14 x 21 cm • 288 p.

Entre as civilizações perdidas do planeta, não há outra que desperte mais fascínio que a Atlântida, seguida de perto pela Lemúria.

Esta obra contém dois livros que constituem a mais autêntica e fascinante descrição, já reunida, da Atlântida. O texto de W. Scott-Elliot é um clássico: o mais abrangente e esclarecedor sobre a totalidade da civilização atlante, a quarta raça-raiz planetária. Sua descrição das sub-raças, suas características, localização e expansão; a cronologia exata, pela primeira vez devidamente esclarecida, dos quatro sucessivos afundamentos do continente atlante; os mapas que caracterizam cada um dos períodos respectivos; as migrações que vieram a originar culturas tão diversas como a dos egípcios, gregos, maias, incas, peles-vermelhas, e as inúmeras informações sobre a magia e a decadência daquela grande raça etc., tudo permite qualificá-lo como o painel definitivo mais importante da literatura espiritualista sobre a civilização atlante. O autor é um clarividente inglês reconhecido no meio teosófico, e sua pesquisa foi feita diretamente nos registros akáshicos (a memória da natureza), uma garantia de autenticidade e sobriedade.

O texto do espírito Phyllos traz o depoimento real e emocionante de um atlante da última fase; um habitante de Poseidônis que relata suas aventuras e desventuras, amores e dramas em paralelo à mais precisa e detalhada descrição do último reino atlante – seus costumes, tecnologia, sistema educacional e político, arquitetura e urbanismo, espiritualidade, naves aéreas, suas colônias americanas – e sua decadência e catástrofe derradeira. Essa obra, inspirada a um jovem sensitivo de 17 anos, tornou-se um clássico da literatura da nova era de língua inglesa, e pela primeira vez surge no Brasil.

Akhenaton
A revolução espiritual do Antigo Egito
ROGER BOTTINI PARANHOS
Formato 14 x 21 cm • 416 p.

Jesus deveria ter nascido em solo egípcio e pregado suas verdades imorredouras às margens do sagrado rio Nilo, em meio à mais desenvolvida e espiritualizada das civilizações da Idade Antiga. Esta não é uma ficção, mas sim a programação que a alta espiritualidade planejou para concretizar-se no palco terreno e que promoveria o grande avanço da humanidade encarnada nos séculos futuros, caso a ação perversa de espíritos enegrecidos pela ignorância e pelo ódio não tivessem colaborado para a derrocada do grande projeto monoteísta no antigo Egito.

Akhenaton - A Revolução Espiritual do Antigo Egito é o livro que conduzirá o leitor nesta fantástica viagem ao passado, desvendando a verdade que se oculta atrás de fatos que a História pouco registrou ou que são matéria de especulação entre os arqueólogos modernos. Impressionante por sua mensagem filosófica-espiritual, esta obra mediúnica ditada por Hermes e Radamés retrata com fidelidade a trajetória do mais brilhante e enigmático faraó, Akhenaton, o enviado do Cristo, que muito além de seu tempo revolucionou o Egito, dando início à transformação religiosa na crença a um só deus, que abalou os alicerces da sociedade egípcia no século XIV antes de Cristo.

Da extinta Atlântida, há doze mil anos, a Moisés, novo profeta do Deus único, aqui está registrada uma instigante história que o leitor nunca ouviu.

ATLÂNTIDA - NO REINO DA LUZ
foi confeccionado em impressão digital, em maio de 2025
Conhecimento Editorial Ltda
(19) 3451-5440 — conhecimento@edconhecimento.com.br
Impresso em Book Bold 70g - Bignard Papeis